下编　唐代女性遗言研究

绪 论 与 先 声

遗言，又名遗命、遗令等，是逝者临终前对亲人、朋友等的嘱咐、告诫、安排，是对其身后事的一种约定，也是对生者未来期望的寄托，包括书面与口头两种形式。有时也包括逝者在生前预先对后事的嘱托。正如日本学者西脅常记所指出的，遗言并不一定都在亡者临终的情况下完成，还有可能是"知命"之人在清醒时为防自己临终神识混乱而预留的对相关事宜的安排。[1] 这种事先留下的遗言可能在逝者卒前几天或几个月发生，甚至可能更早。在阅读墓志资料的过程中，笔者还发现有的唐人在临终前几年或平昔未感到死期将近时便提前对后人留下关于自己丧葬后事处理的安排。这些都属于较为广义的遗言范畴。另外，普通人生前所留遗书、皇帝遗诏是以文字形式留下的遗言。

古代讳谈死亡，故对死亡有属纩、启手足、捐背、薨背、弃背、隐化（佛教）、反真（佛教）、示化（佛教）、归真（道教）等隐晦性说法。《新唐书·礼乐志十》载诸臣之丧曰："有疾，斋于正寝，卧东首北墉下。疾困，去衣，加新衣，彻药，清扫内外。四人坐而持手足，遗言则书之属纩。气绝，寝于地。"[2] 属纩，指"人濒临死亡时，用新丝绵絮置于临死者的口鼻上，以验呼吸之有无"。[3] "启手启足"意为确认身体完好，是善终的代称。[4] "人之将死，其言也善"，在绝大多数情况下，遗言是对亲朋真实意思的表达与真实情感的流露，纵使

---

① （日）西脅常记《古代中国の遗言—その形式面よりの概観—》，载氏著《唐代の思想と文化》，東京：創文社，2000年，第306—315页。
② 《新唐书》卷20《礼乐志十》，第446页。
③ 《唐代婚丧》，第147页。
④ ［宋］朱熹撰《论语集注·泰伯篇第八》载："曾子有疾，召门弟子曰：'启予足！启予手！'"意为曾子平日以为身体受于父母，不敢毁伤，故于此使弟子开其衾而视之。载［宋］朱熹《四书章句集注》，北京：中华书局，1983年，第103页。

有所隐晦,一般不会作假虚美,在很大程度上可以作为在世者勘破生死的一把钥匙。《册府元龟》卷 898《总录部·治命》载:

> 古人有言曰:"死者,士之终。"又曰:"人之将死,其言也善。"故其治命可得而征矣。至有属纩忍死,反席正容,精爽不乱,教诫周悉,顾托后事,申论素志,亦有愿上爵土,悉还赐赉,固免赠谥,预为终制,或景慕前哲,因卜其宅兆,或爱乐俗化,止窆于治所,以至折券以狥义,操牍以写心,启手归全,扬名后世。书曰:"惟人万物之灵,自非有道之士,亦安能溘然死生之际,泊而无扰哉!"①

所谓治命,即遗言,这段话简要说明了古人临终之前遗言的内容种类,指出了遗言的重要意义。遗言体现了逝者的人生总结、社会认识、生命感悟、处世态度、思想智慧,故我们可以透过遗言,对死者死亡观进行思想史的解读。② 隋唐女性的社会地位在中国古代社会中相对较高,从她们的遗言中可以发现不同身份女性临终前的关注内容及不同类型的生死观及临终心态,藉助亲人对她们遗言的执行情况,可以对唐代社会及女性地位进行另一视角的考察。笔者共搜集了隋唐时期女性遗言 236 例,她们对生死的执着或勘破在遗言中有较为充分的表露,这是当时女性生活与精神面貌的一种体现。

---

① 《册府元龟》卷 898《总录部·治命》,第 10628 页。
② 借用孔毅语,载《临终遗言:汉晋之际士人死亡观演变的一个思想史解读》,《重庆师范大学学报》2007 年 6 期,第 18 页。

一、绪　　论

（一）国内外研究状况

　　学界对隋朝人的临终遗言尚无研究，关于唐人遗言的研究包括两类：一类是对唐人以临终遗嘱分析家产现象进行深入探讨，利用敦煌吐鲁番文书研究唐人遗言者多属此类，与法律问题密切相关；另一类侧重墓志资料中遗言的研究，这种情况下更多的是考察与死亡相关的文化现象。

　　关于隋唐时期分家析产的遗嘱，历史与法律学者都有关注，成果较多，如：仁井田陞《唐宋时代の家族共产と遗言法》①、《唐宋法律文書の研究》②等最早研究唐人遗言，对传世文献中遗嘱相关资料予以解说，从家族共财角度看遗嘱中的财产分配，并讨论了若干敦煌"遗言状"的内容及形式。冻国栋《读姚崇〈遗令〉论唐代的"财产预分"与家族形态》认为包括"预分"和临终遗嘱在内的唐代家族财产分割，大体以"均分"为原则。他指出唐代"遗嘱样文"的出现及"遗言法"的形成是汉魏以来遗嘱继承方式进一步发展演变的结果。③ 总体而言，唐代遗嘱继承作为唐人遗言研究的重要内容，学界对其研究数量较多，内容也比较充分。

---

① 分载《市村博士古稀紀念東洋史論叢》，東京：富山房，1933 年。
② 東京：東京大學出版社，1937 年。
③ 载朱雷主编《唐代的历史与社会》，武汉：武汉大学出版社，1997 年，第 498—511 页。

　　利用墓志资料对唐人遗言及其相关问题进行研究方面,卢建荣《北魏唐宋死亡文化史》一书是代表论著,主要利用墓志等资料中的诸多唐人遗言研究唐人的死亡文化观,重点探讨了唐人对死后世界的认识。[①] 西脅常記所撰《韓愈の遺言をめぐって》《古代中國の遺言—その形式面よりの概観—》,前者从韩愈临终遗命“丧葬无不如礼”出发,考察了唐代儒家对佛教观念冲击的应对,探讨了反佛者韩愈的临终场景及其儒学思想、佛教与中国传统丧葬礼仪的互动、墓志与神道碑的书写意义,兼及白居易、傅奕以及宋儒的自撰墓志铭等方面内容的探讨;后者对中国古代遗言的名称、形式、作成时间、对象等进行了分类梳理,指出南宋以前遗言在礼仪制度中一直是缺失的一环。[②] 其他代表性成果有:涂宗呈《唐代士人的临终场景初探——以两京地区的墓志书写为例》、刘琴丽《唐代夫妻分葬现象论析——以墓志铭为中心》等文,前者利用长安和洛阳墓志中的唐人遗言,重建墓志书写中理想与真实的临终场景,探讨唐代士人面对死亡时的遗言内容,涉及交代家庭琐事、财产分配、子女照顾、丧葬处置问题;[③]后者以墓志中的唐人遗言探讨了唐代夫妻分葬的文化现象。[④] 姚平《唐代妇女的生命历程》一书涉及不少女性遗言,可供参考分析。Jessey Choo 的博士论文 *Inscribing Death : Burials , Texts , and Remembrance in Tang China* (618—907CE),计划于 University of Hawaii Press(夏威夷大学出版社)出版。还有学者对若干近似遗嘱的典型——唐代自撰墓志铭作了

---

① 　台北:麦田出版社,2006 年。
② 　载《唐代の思想と文化》,東京:創文社,2000 年,第 329—362 页,第 283—328 页。
③ 　载《兴大历史学报》2013 年第 27 期,第 29—52 页。
④ 　载《中华文化论坛》2008 年第 2 期,第 11—15 页。

分析。

　　唐人遗言对丧葬事宜多有涉及,特别是夫妻是否合葬及归葬祖茔或改葬。前人相关研究成果集中于夫妻合葬、归葬和招魂葬方面。牛志平指出:"归葬,是将亡于外地的亲人迁回乡里安葬。将夫妇葬于同一墓穴的合葬,也应属于归葬的范围。"①无论男女,死者若死于异地他乡,大多选择归葬。这与中国人传统的死后世界观有关,希望一家人在地下仍然相聚。吴丽娱《孤立四十年后的怨冢回归——从新出墓志看唐代官员的归葬问题》对归葬的含义及原因进行了探讨。其指出:归葬指归入祖茔,其意义可延伸为自异地返京或归葬家乡,并常与夫妻合葬同时进行,有时在广义上也包括改葬或迁葬。由于归葬地与家族聚居的乡土不远,归葬既是回归出生的家族,也是回归乡土。②　裴恒涛《唐代的家族、地域与国家认同——唐代"归葬"现象考察》《传统与认同:墓志中唐人的风水观与归葬东都》侧重探讨了唐人归葬两京的观念因素。③学界运用墓志材料对唐代丧葬进行研究的成果,亦有裨于对唐人遗言研究。诸如:太田有子《古代中國にわける夫婦合葬墓》、④加藤修《北魏から唐代の墓志に见る夫妇合葬の分析》、⑤陈弱水《唐代的一夫多妻合葬与夫妻关系——从景云二年〈杨府君夫人韦氏墓志铭〉谈起》、⑥陈忠凯《唐代人的生活习俗——合葬与归葬》、⑦

---

① 《唐代婚丧》,第 173 页。
② 载《隋唐辽宋金元史论丛》第 4 辑,第 7—32 页。
③ 分载《河南科技大学学报》2011 年第 6 期(第 10—17 页)、2013 年第 6 期(第 5—8 页)。
④ 载《史学》第 49 册第 4 期,东京:三田史学会,1980 年,第 143—156 页。
⑤ 载《女子美術大學紀要》2001 年第 31 期,第 142—154 页。
⑥ 《中华文史论丛》2006 年第 1 期,第 175—201 页。
⑦ 《文博》1995 年第 4 期,第 44—48 页。

姚平《唐代妇女的生命历程》第四章"琴瑟之谐"、①段塔丽《从夫妻合葬习俗看唐代丧葬礼俗文化中的性别等级差异》、②朱松林《试述中古时期的招魂葬俗》。③ 金子修一《从皇帝遗诏来看唐代的中央和地方》、④刘瑞萍《唐代遗诏的传世情况及基本模式》⑤则对唐帝遗诏进行了研究。

　　总体而言,学界以往对于唐人遗言的研究,侧重考察用遗嘱分割家产等经济与法律问题,缺乏全面系统的研究整理。以往研究的侧重点与敦煌吐鲁番文书中保存的遗书资料有关,而唐代正史和墓志资料中,有大量遗言资料未经系统搜集整理,利用墓志对唐人遗言的研究十分薄弱,有待全面综合的系统研究。不论是男性还是女性遗言,尚有不少方面存在进行继续拓宽和加深探讨的空间。学界对女性临终遗言的关注很少,死者的身份、地域、宗教信仰、婚配与否、死亡年龄、死亡地点对遗言内容的影响,尚需进一步细化研究;不同唐人临终前的心态与行为表现的差异及其原因,后人或亲朋是否依照逝者的临终嘱托行事,这些均值得进一步探究。本书稿拟在前人研究基础上,对隋唐时期女性遗言的内容、类型进行系统研究,对不同阶层、不同信仰女性遗言及其亲人对遗言的执行情况进行专题探讨,分类考察遗言中所展现的不同身份隋唐女性临终关怀的诸多内容,这涉及命妇与非命妇、僧道俗人、老幼、已婚与未婚等诸多群体的遗言,透过遗言考察隋唐时期女性在临终

---

① 上海:上海古籍出版社,2004 年,第 108—122 页。
② 《陕西师范大学学报》2005 年第 3 期,第 96—101 页。
③ 《上海师范大学学报》2002 年第 2 期,第 67—68 页。
④ 载严耀中主编《唐代国家与地域社会研究》,上海:上海古籍出版社,2008 年,第 28—43 页。
⑤ 载《黑龙江史志》2015 年第 5 期,第 99—100 页。

前的所思所想、所爱所恨、所乐所痛,并关注这些遗言的实现与否,即逝者的后代或亲朋对其遗言或遗嘱的态度。从隋唐人的临终关怀,可以看出不同身份的女性临终前所关心的主要内容及不同类型的生死观,其中展现出当时丰富多彩的思想文化,有助于增进我们对隋唐社会及女性的了解。

(二) 研究目标与基本内容

除了提出对于丧葬问题的安排及要求,遗言还体现出逝者对社会的认识,其内容涉及逝者的人生总结、生命感悟、处世态度、思想智慧等方面,逝者临终前对生死或执着或勘破,在遗言中有较为充分的表露。在前人研究基础上,本书稿试图全面搜集与整理传统文献与出土文献中的隋唐女性临终遗言资料,对遗言所体现的逝者临终关怀事项及其心态进行系统的综合研究。同时,亲朋等是否遵照逝者嘱托与愿望行事关系到遗言的实现与否,分析各种不能遵守遗言的原因,有助于加深我们对隋唐社会历史的理解与认识。

以往学者对隋唐女性遗言的关注很少,而隋唐女性地位在中国古代社会中相对较高,隋代独孤伽罗与隋文帝并称二圣,唐代出现了中国历史上唯一的女皇帝武曌,起义者陈硕真亦自称文佳皇帝,中宗之女安乐公主还曾想做皇太女,故研究者希望能够从遗言角度书写隋唐女性史。冻国栋曾在《麹氏高昌"遗言文书"试析》一文中对唐代遗言资料的情况作综括说明,认为唐代传世文献中保存下来的遗嘱或遗言类资料,除皇帝遗诏、遗制及朝臣、节帅所上遗表外有数十例,大都是节文,其内容或是嘱托薄葬,或是指明归

葬地点,还有少数几条为处分身后遗产。① 但实际情况并非完全
如此,笔者目前已搜集到隋唐人遗言 740 余例,其中,女性遗言
236 例,数量相当可观。已搜集到的遗言资料涉及诸多方面,种类
十分丰富,诸如:一些上层统治者在遗言中表露了对社稷的关心;
有读书人非常不放心自己的著述,临终前仍在坚持撰著,有的人则
选择焚毁文稿;有人会想对他人的恩情加以回报或对亲族加以赒
济;有人临终前表达了自己想要出家的愿望;自杀者会在临死之前
说明自己的死因;有人在临终前对自己的心态也有充分的表达,死
者希望身后处理的具体事务涉及较多,也有必要加以明确。笔者
在书稿中将主要讨论前人较少论及的女性遗言,对男性遗言的研
究将是下一个阶段的任务。希望相关研究有助于加深我们对隋唐
时期女性思想与精神面貌的理解与认识,增进对隋唐社会及女性
的了解。同时,透过千年前中古盛世女性遗言的研究,对死者的死
亡观进行思想史解读,将遗言作为生者勘破生死的一把钥匙,从中
汲取使生者更有价值地生活的营养元素。这也有助于今人进一步
了解古代丧葬文化和观念,从而对现代社会殡葬文化改革提供新
的思路。

　　本书稿是中央高校基本科研业务费项目《隋唐女性临终遗言
研究》的最终成果,主要对隋唐女性临终遗言中所体现的逝者的临
终关怀及其临终心态进行系统的综合研究,也涉及其亲朋对逝者
遗言所持的态度及是否执行及执行状况,试图从遗言角度探讨隋
唐女性的生活及其精神面貌,是从遗言视角撰写唐代女性史及探
究隋唐社会历史的一次努力。其基本内容主要包括以下三部分:

---

① 　冻国栋《麹氏高昌"遗言文书"试析》,武汉大学中国三至九世纪研究所编《魏晋
　　南北朝隋唐史资料》第 23 辑,《武汉大学文科学报》编辑部,2006 年,第 188 页。

一是梳理和分析隋唐女性遗言的内容及相关特点。明确每位女性遗言的内容及其时空坐标,在此基础上,分类归纳唐代女性遗言的时代特点。分地区归纳唐代女性遗言的内容,分析死者的身份及家庭背景、宗教信仰、婚姻状况、死亡年龄、死亡地点等对遗言内容的影响。

二是对后人及亲朋是否遵照逝者遗言嘱托进行考察,并对不能遵嘱行事的原因进行分析。对逝者遗言实现程度的考察,可以使对逝者遗言的研究更加完整,也有助于增进我们对隋唐社会历史及女性史的理解与认识。

三是对隋唐女性遗言中所体现的临终心态与行为表现的相关资料的整理和探讨,包括接受、遗憾、无奈、忧愁、悔恨、忧喜交加、旷达等诸种心态,分析不同唐人临终前的心态的差异及其原因。

通过对上述内容的研究,结合中古社会背景,总结隋唐女性遗言的内容特点,分析她们提出相关遗言的原因及心理状态。在此基础上,分析隋唐女性遗言的特征,包括分阶段对隋唐女性遗言内容的异同进行比较,与隋唐男性临终遗言加以比较,从而明确隋唐女性遗言在整个中国古代古人遗言中的特色、价值与闪光点。这是隋唐女性的个性与精神特征的一个展现。

二、先声:隋代女性的遗言

夹在魏晋南北朝与唐朝之间的隋朝,历时仅 37 年。隋朝二世而亡,隋文帝杨坚与唐高祖李渊的父亲李昞是联襟,所娶均为北周柱国独孤信的女儿,李渊和隋炀帝杨广是表兄弟关系,两朝属于同一利益集团,制度亦一脉相承。隋—唐朝不仅在三省六部制等政治制度上体现出承前启后的过渡性特征,在遗言上也体现出过渡期的特点。这体现在隋代女性遗言涉及的内容不够丰富,涉及的主题也具有乱世的特征。因此,本书将在绪论部分对隋代女性遗言进行说明,将之作为唐代女性遗言的先声。此时期女性遗言的主要内容,一是是否与丈夫合葬;二是不忍受辱,主动求死,也涉及遗产分配等方面。

(一) 是否与丈夫合葬

隋文帝杨坚与文献皇后第五女兰陵公主杨阿五、襄城王杨恪之妃柳氏,希望死后仍与夫君相守,提出与夫君同穴合葬的要求。杨阿五(卒于大业初)"美姿仪,性婉顺,好读书",[1]为隋文帝杨坚爱女。初嫁仪同王奉孝,不几年,夫君卒。文帝为之求夫,"选亲卫柳述及萧玚等",[2]萧玚为晋王杨广萧妃之弟,杨广主张将公主许配其内弟,杨坚最初表示同意。为谨慎起见,杨坚询问"明阴阳逆刺,尤善相术"的朝臣韦鼎的意见,韦鼎指出:"玚当封侯,而无贵妻之相,述亦通显,而守位不终。"杨坚权衡利弊之后,自认为其"位由我",[3]公主最终改嫁太子亲卫河东柳述,当时仅 18 岁。婚后,杨阿五"折节遵于妇道,事舅姑甚谨"。因爱女之故,高祖对柳述"渐见宠遇",其得以"用事",[4]初拜开府仪同三司、内史侍郎,岁余,判

---

① 《隋书》卷 80《列女·兰陵公主传》,第 1798 页。
② 《隋书》卷 78《韦鼎传》,第 1772 页。
③ 《隋书》卷 78《韦鼎传》,第 1771—1772 页。
④ 《隋书》卷 80《列女·兰陵公主传》,第 1798 页。

兵部尚书事,后摄给事黄门侍郎事,袭爵建安郡公,仁寿年间判吏部尚书事。① 符玺直长韦云起曾奏言:"柳述骄豪,未尝经事,兵机要重,非其所堪,徒以公主之婿,遂居要职。"②杨广初始"不悦"二人联姻,柳述掌权后,"弥恶"之。隋文帝崩后,杨广将之除名为民,徙于岭表。并"令主与述离绝,将改嫁之"。公主以死相拒,"不复朝谒,上表请免主号,与述同徙"。炀帝大怒,杨阿五仍不从,表示:"先帝以妾适于柳家,今其有罪,妾当从坐,不愿陛下屈法申恩。"最终,公主 32 岁便忧愤而卒。临终上表:"昔共姜自誓,著美前诗;郎妳不言,传芳往诰。妾虽负罪,窃慕古人。生既不得从夫,死乞葬于柳氏。"祈求炀帝将其葬于柳氏坟。但杨广并未准其遗奏,而是将其葬于洪渎川,且资送甚薄。③ 循州刺史柳旦之女河东柳氏(? —607),因"姿仪端丽",被娉为太子杨勇之子襄城王杨恪之妃。不久,襄城王恪被废,"妃修妇道,事之愈敬"。炀帝嗣位后,将恪徙边,并令使者杀之于道。临死前,杨恪与柳妃辞诀,柳氏曰:"若王死,妾誓不独生。"二人相对恸哭。恪既死,棺敛讫,柳氏谓使者曰:"妾誓与杨氏同穴。若身死之后得不别埋,君之惠也。"因"抚棺号恸,自经而卒"。④ 只是柳氏上吊自杀后,史书未载其是否与杨恪夫妻同穴而葬。

　　还有女性遗言不与丈夫合葬。济北府君元范之妻、齐州使君郑宝之女郑令妃(507—589),荥阳郡中牟县人,"明诗习礼",通《孝经》,开皇九年(589)七月以 83 岁高龄卒于洛阳钦政里。遗嘱其郭

---

① 《隋书》卷 47《柳述传》,第 1272 页。
② 《旧唐书》卷 75《韦云起传》,第 2631 页。
③ 《隋书》卷 80《列女·兰陵公主传》,第 1798 页。参见《资治通鉴》卷 180,隋炀帝仁寿四年八月条,第 5711 页。
④ 《隋书》卷 80《列女·襄城王恪妃传》,第 1799—1800 页。

氏女：“合葬，非古也。汝父先葬邺都，去此遥远。吾溘尽朝露，宜窆此焉。若死者有知，何忧不会？”①因洛阳距丈夫葬所邺都距离遥远，她提出不必与丈夫合葬，就地葬于洛阳。其女遵嘱，其年十月葬母于邙山之阳。另外，隋秘书正字、河间郡景城县丞孔府君之妻王氏（生卒年不详），是梁太子庶子王球之孙，陈秘书舍人、驸马都尉王彦方之女。在隋唐二代的世道轮替中，她悟出“岂久于其道恒亨者耶？尝以为生生之勤，不可以久”，于是“离形去智，宴嘿清禅，同夫大通，无累乎物”。可能是因为信仰佛教之故，王氏病逝前“遗令不祔”，遂殡于洛阳，以致“茔兆孤隔”。至唐武周末长安三年（703）方迁葬，其孙王祖舜“迁神于偃师北原之茔”，以示“不忘本”。②

（二）不忍受辱，主动求死

隋末，整个社会从上至下动荡不安，陇西郡渭源县令裴伦之妻河东柳氏、华阳王杨楷之妃元氏均在面临贼党逼婚时，因耻于被辱而主动求死，前者投井而死，后者不食而卒。因薛举在金城自称天子，割据河西，渭源县城为其所陷，县令裴伦遇害。其妻柳氏（卒于大业末）“少有风训”，“时年四十，有二女及儿妇三人，皆有美色”。柳氏谓之曰：“我辈遭逢祸乱，汝父已死，我自念不能全汝。我门风有素，义不受辱于群贼，我将与汝等同死，如何？”其女等听从母命。

① 《故郑夫人墓志》，王其祎、周晓薇编著《隋代墓志铭汇考》第 1 册，084，北京：线装书局，2007 年，第 330—331 页；韩理洲辑校编年《全隋文补遗》卷 2，西安：三秦出版社，2004 年，第 126 页。并见《隋唐五代墓志汇编·洛阳卷》第 1 册，第 12 页。
② 《隋故王夫人墓志之铭》，《洛阳流散唐代墓志汇编》，第 118—119 页。

"柳氏遂自投于井,其女及妇相继而下,皆重死于井中。"①黄门侍郎、龙涸县公元岩之女河南元氏(? —618),"有姿色,性婉顺",被选为华阳王杨楷之妃。杨广即位后,将公主杨阿五的驸马柳述除名,徙于岭表,而元岩"坐与柳述连事,除名为民,徙南海"。其后会赦,方还长安,却被落井下石之人谮言其逃归,因而被杀。不久,华阳王楷被幽废,元氏"事楷逾谨",不时慰谕杨楷。宇文化及发动江都之乱,弑杀杨广,杨楷遇害,宇文化及以其妃赐其党校尉元武达(? —619)。元武达起初将元氏"置之别舍,后因醉而逼之"。元妃"自誓不屈,武达怒,挞之百余,辞色弥厉",并"取甓自毁其面,血泪交下",武达方释之。元妃羞于被辱,谓其徒曰:"我不能早死,致令将见侵辱,我之罪也。"因不食而卒。②

历阳郡丞赵元楷之妻清河崔氏则因拒为贼妇,而为贼所杀。崔氏(? —616)是员外散骑侍郎崔儦之女,齐高阳太守崔仲文孙女。越国公杨素因"重儦门地,为子玄纵娶其女为妻"。③ 崔家有素范,子女皆遵礼度,故"家富于财"的赵家亦重其门望,以厚礼聘崔氏女为赵元楷之妻。赵元楷"性机辩,明于簿领",以干理见称。④ 入唐后官至司农少卿、蒲州刺史、括州刺史,惜崔氏未能得见。宇文化及谋反后,赵元楷随至河北,将归长安,"至滏口,遇盗攻掠,元楷仅以身免",而崔氏"为贼所拘,贼请以为妻"。崔氏自言可杀不可辱,谓贼曰:"我士大夫女,为仆射子妻,今日破亡,自可即死。遣为贼妇,终必不能。"群贼"毁裂其衣,形体悉露,缚于床箦之

① 《隋书》卷80《列女·裴伦妻传》,第1810页。
② 《隋书》卷80《列女·华阳王楷妃》,第1800页。
③ 《隋书》卷76《文学·崔儦传》,第1733页。
④ 《册府元龟》卷777《总录部·名望二》,第9233页。

上，将凌之"。崔氏惧为所辱，诈之曰："今力已屈，当听处分，不敢相违，请解缚。"被释后，崔氏着衣，取贼佩刀，倚树而立曰："欲杀我，任加刀锯。若觅死，可来相逼！"贼大怒，以乱箭射杀。[1] 崔氏欲自杀不成，为贼射杀。

上述柳氏、元氏、崔氏均出身名门，在动乱的时代，为免受贼人侮辱，选择主动结束生命。而梁给事黄门侍郎，陈羽林监、太中大夫、卫尉卿、领大著作许亨（？—576）之妻范氏（527—618）则为儿子死于国难而欣慰，并选择绝食而亡。她是南乡舞阴人，梁太子中舍人范孝才之女，南朝梁尚书右仆射范云孙女，"博学有高节"。高祖杨坚知其名，常遣尚食分赐所献的时新食物。并尝诏范氏入内，侍独孤皇后讲读，封其为永乐郡君。但在其子许善心（568—618）九岁时，许亨便离世，年轻守寡的范氏独自鞠养幼子成人。许善心仕隋为通议大夫、行给事郎。大业十四年（618）三月，右屯卫将军宇文化及率部分官员以骁果作乱，[2] 在扬州弑君后摄政，"合朝文武莫不咸集"，隋官尽诣朝堂谒贺，唯独许善心不愿至。其侄许弘仁驰告之，仍不肯随去，后为宇文化及遣人就宅执之至朝堂。宇文化及令释之，许善心亦"不舞蹈而出"，遂被化及之党所害。这时他61岁，范氏已92岁，临丧不哭，抚柩曰："能死国难，我有儿矣。"因卧不食，十余日后亦终。及越王侗称制，赠许善心左光禄大夫、高阳县公，谥曰文节。[3] 范氏博学，深明大义，受隋朝之恩，不齿于与弑君贼子为伍，为儿子死于国难而欣慰，主动选择结束自己的生命，十分难能可贵。

---

[1]　《隋书》卷80《列女·赵元楷妻》，第1811页。
[2]　《隋书》卷4《炀帝本纪下》，第93页。
[3]　《隋书》卷58《许善心传》，第1431页。

(三) 财 产 处 置

北周宣帝皇后、隋乐平公主,隋文帝与皇后独孤伽罗长女杨丽华(561—609)大业五年从炀帝幸张掖,49 岁殂于河西。[①] 她临终前最关心其与周宣帝所生独女,遗言其弟炀帝杨广将自己的汤沐邑回赐给女婿卫尉卿李敏:乐平公主之将薨也,遗言其弟炀帝曰:"妾无子息,唯有一女。不自忧死,但深怜之。今汤沐邑,乞回与敏。"炀帝从之。李敏后来食五千户,摄屯卫将军。[②] 可惜,因为人所陷害,其女宇文娥英和女婿李敏后来先后死于非命,结局十分悲惨。

隋朝之后,唐朝登上历史舞台,成为世界性帝国,唐时期的女性更加大放异彩,不仅出现了女皇武曌,各阶层女性也展现出自己的风采,这些透过不同地区、不同阶段的女性遗言均有所体现。本书正文包括两部分:第一部分,分帝都长安、东都洛阳、两京以外地区,对唐代女性遗言进行分区域探讨,对于每位女性的遗言,均列出其卒地与死亡时间作为坐标,对其进行准确定位,力图呈现一个立体的唐代女性遗言世界;第二部分则在全面梳理唐代女性遗言的基础上,对唐代遗言女性的临终心态、遗言执行及遗言的内容特点进行进一步探讨。

---

① ［唐］令狐德棻等撰《周书》卷 9《皇后·宣帝杨皇后传》,北京:中华书局,1971 年,第 146 页。
② 《隋书》卷 37《李敏传》,第 1124 页。

上　编

遗 言 叙 录

第一章　唐都长安女性遗言

　　帝都长安是唐朝时期的国际化都市,传统文献和唐人墓志中关于长安官员及其家眷的记载较多。我们搜集到唐代长安遗言女性 69 人,这些女性中,病死、老死等正常死亡者 64 人,占 92.75%;被害死者 4 人,[①]占 5.80%;自杀身亡者 1 人,[②]占比为 1.45%。以安史之乱为界,卒于唐前期(618—755)138 年者 35 人,卒于唐后期(756—907)152 年者 34 人。其中,有 7 名后妃卒于皇宫,有 2 名后妃卒于宫城之外;其余 60 位女性中,除 8 人所卒里坊未知外,其余 52 人分布于 39 个里坊之中。因长安城实行里坊制度,皇宫位于城北的中间,以下对长安女性遗言的记述,先后妃,然后按里坊位置,依从北往南、先中间后两侧予以排序。[③] 应该指出,在 69 人中,除 8 人[④]葬地未知外,归葬或迁葬洛阳者 11 人,[⑤]占比

---

① 包括 3 号高宗王皇后(? —655)、4 号高宗萧淑妃(? —655)、34 号广德公主(? —881)、57 号封绚(卒于 881—882 年间)。

② 即 7 号武宗王才人(? —846)。

③ 前三章中,在遗言女性名字之后,标记⑭,表示该人信仰佛教;标记⑲,表示该人信仰道教;标记㊉,表示该人卒时尚未婚配。同一标记的含义相同,以下不另出注。

④ 编号分别为 3、4、8、10、15、33、58、63。

⑤ 编号分别为 5、14、21、25、26、29、44、48、64、67、68。

15.94％;归葬鼎州、恒州、商州、咸宁郡各 1 例,[1]分别占比
1.45％;其余 46 人全部葬于雍州京兆府境内,占比 66.67％。

宫　城

　　皇帝及其后妃居于长安的宫城,五位皇帝的 7 位后妃留有
遗言。

1. 太宗长孙皇后(601—636)

　　长孙氏,祖籍河南洛阳,后为长安人,隋右骁卫将军长孙晟
(552—609)[2]之女。其父早卒,曾随母、兄到舅舅高士廉家生活,
她 13 岁时,其舅高士廉"见太宗潜龙时非常人,因以晟女妻焉"。[3]
武德元年(618),册为秦王妃。贞观十年(636),36 岁崩于长安立
政殿。将大渐,与太宗(598—649)辞诀,遗言"死不可厚费","请因
山而葬,不须起坟,无用棺椁,所须器服,皆以木瓦,俭薄送终,则是
不忘妾也"。[4]当年十一月,葬于京兆府醴泉县昭陵。[5]长孙皇后
在遗言中还在朝廷用人方面提出看法。因时值房玄龄以谴归第。
她固言于太宗:"玄龄事陛下最久,小心谨慎,奇谋秘计,皆所预闻,
竟无一言漏泄,非有大故,愿勿弃之。又妾之本宗,幸缘姻戚,既非

---

① 　编号分别为 16、45、55、40。
② 　《隋书》卷 51《长孙晟传》载长孙晟大业五年卒,时年五十八岁,第 1336 页。
③ 　《旧唐书》卷 65《高士廉传》,第 2441 页。
④ 　《旧唐书》卷 51《太宗文德顺圣皇后长孙氏传》,第 2164、2166 页。并见《资治通
　　鉴》卷 194,唐太宗贞观十年条,第 6233 页。
⑤ 　《旧唐书》卷 3《太宗纪下》,第 46 页。

德举,易履危机,其保全永久,慎勿处之权要,但以外戚奉朝请,则为幸矣。"①希望太宗善待和保全房玄龄,并勿以其兄长孙无忌为权要大臣。这一方面是为了保护自己家人,另一方面也是为大唐江山考虑。最后,她还希望太宗纳谏、省游畋作役,"又请帝纳忠容谏,勿受谗,省游畋作役,死无恨"。② 太宗成为善于纳谏的英主,也有长孙皇后的作用,可惜太宗仍重用了长孙无忌。

2. 徐惠(627—650)

徐氏,水部员外郎徐孝德之女,唐高宗徐婕妤之姊,③擅属文,先后拜唐太宗才人、婕妤和充容,深受太宗"顾遇"。太宗 52 岁崩逝后,她因哀生疾,不自医,病甚,谓所亲曰:"吾荷顾实深,志在早殁,魂其有灵,得侍园寝,吾之志也。"并做七言诗及连珠以见其志。贞观二十四年(650),徐惠 24 岁病逝。高宗诏赠贤妃,陪葬于昭陵之石室。④

3. 高宗王皇后(? —655)

王氏,并州祁县人,申州罗山令王仁祐之女,唐高宗(628—683)⑤皇后。其从祖母同安长公主"以后有美色,言于太宗",得为晋王李治妃。⑥ 永徽初,立为皇后,无子。永徽六年(655),武曌成

---

① 《旧唐书》卷 51《太宗文德顺圣皇后长孙氏传》,第 2166 页。《资治通鉴》卷 194,唐太宗贞观十年条略同,第 6233 页。
② 《新唐书》卷 76《太宗文德顺圣皇后长孙氏传》,第 3471 页。
③ 《新唐书》卷 76《徐贤妃传》,第 3472—3473 页。
④ 《旧唐书》卷 51《贤妃徐氏传》,第 2169 页。参见《新唐书》卷 76《后妃·徐贤妃传》,第 3472—3473 页。
⑤ 《旧唐书》卷 4《高宗本纪上》,第 65 页。
⑥ 《旧唐书》卷 51《高宗废后王氏传》,第 2169 页。

功打败政敌及王皇后,被高宗立为皇后,当年十月,废王皇后和萧良娣皆为庶人,囚禁于皇宫别院。^① 但高宗对二人"尤念之,至其幽所",呼曰:"皇后、淑妃何在,复好在否?"皇后泣言:"妾得罪,废弃以为宫婢,何敢窃皇后名!"^②希望高宗将别院改名回心院。武后得知后,"促诏杖二人百,剔其手足,反接投酿瓮中",二人数日后死。赐死诏旨到时,王皇后已经预见到武曌上位后自己的结局,再拜曰:"陛下万年! 昭仪承恩,死吾分也。"王皇后是高宗为晋王时所娶,当与高宗年龄相当或略小,死时年龄当尚不足 30 岁。武后因害死王皇后与萧良娣,内心不安,"频见二人被发沥血为厉","故多驻东都"。^③

4. 高宗萧淑妃(? —655)

　　萧氏初为高宗(628—683)良娣,生高宗第四子许王素节,^④后封淑妃。永徽六年(655),赐死诏旨到时,不同于王皇后的认命和对死亡的冷静接受,萧淑妃则在临死前咒骂仇敌,声言要报复,骂曰:"武氏狐媚,翻覆至此! 我后为猫,使武氏为鼠,吾当扼其喉以报。"萧淑妃想在来世变成猫,杀死武曌变成的老鼠。武后听闻萧淑妃的诅咒,诏六宫毋畜猫。但因"频见二人被发沥血为厉",即使"以巫祝解谢,即徙蓬莱宫",仍无效,故多驻东都。^⑤ 与王皇后相类,萧淑妃被武曌害死时当年仅 20 余岁。

---

① 《旧唐书》卷 51《高宗废后王氏传》,第 2170 页。
② [唐] 刘肃撰《大唐新语》卷 12《酷忍第二十七》,许德楠、李鼎霞点校,北京:中华书局,1994 年,第 181 页。
③ 《新唐书》卷 76《高宗废后王氏传》,第 3474 页。
④ 《旧唐书》卷 86《高宗诸子传》,第 2826 页。
⑤ 《新唐书》卷 76《高宗废后王氏传》,第 3474 页。

5. 玄宗赵丽妃（693—726）道

赵氏，天水人，乐人赵元礼之女，唐玄宗（685—761）丽妃。其"本伎人，有才貌，善歌舞"。李隆基早年为潞州别驾时，赵氏在潞州铜鞮县令张暐府邸为其生下第二子李嗣谦（后改名李鸿，又改名李瑛），①于开元三年至开元二十五年（715—737）为皇太子。开元二十五年（737），李瑛被李林甫、武惠妃联手陷害，与另两位皇子一起，被诬以谋反罪，废为庶人并赐死。② 赵丽妃并未经历其子后来被贬、赐死的命运，开元十四年（726）七月，赵丽妃在太子婚后四年便去世，34 岁卒于春华殿。丽妃逝世当辰，在"答还辇之问"时，曰："生可捐于浮假，心独系于元真。神往土清，愿承恩而入道。形归下上，期去礼而薄葬。慈颜同气，奚敢为言。"表现出对道教的想望，并希望死后薄葬。玄宗虽然此时已经移爱于武惠妃，但仍"咨嗟不已"，诺其所请。他将亡妃殡于长安崇教坊龙兴观③之精屋，"从道例"，"示以出家"。玄宗命河南尹监护其丧事，河南令副之，"丧葬务约，成遗语也"。当月，丽妃便被窆于邙山之阳。④

6. 顺宗（761—806）王皇后（763—816）

王氏，琅邪临沂人，金紫光禄大夫卫尉卿王颜之女，琅邪郡公赠潞州都督王难得孙女，顺宗李诵良娣、谥庄宪皇后。据两《唐书》其本传，代宗时，王氏以良家选入宫为才人。大历十年（775）13

---

① 《旧唐书》卷 106《张暐传》，第 3247 页。
② 《旧唐书》卷 107《废太子瑛传》，第 3260 页。
③ 据《唐会要》卷 50《观》，龙兴观位于长安崇教坊。第 869 页。
④ 张说奉敕撰《和丽妃神道碑铭》，《全唐文》卷 231，第 2336—2337 页。

岁,被赐给在藩的李诵为孺人,两年后生宪宗。李诵被立为太子后,被册为良娣,柔顺有德。生两子三女,宪宗之外,另有福王绾,汉阳、云安、遂安三公主。因顺宗在位不足一年,且病不能言,未及册立其为皇后。宪宗即位后,元和元年(806)册为皇太后,居兴庆宫,"深抑外家,无豪丝假贷,训厉内职,有古后妃风"。元和十一年(816)三月,54 岁崩于南内咸宁殿,谥曰庄宪皇后。① 遗令曰:"皇太后敬问具位。万物之理,必归于有极,未亡人婴霜露疾,日以衰顿,幸终天年,得奉陵寝,志愿获矣,其何所哀。易月之典,古今所共。皇帝宜三日听政,服二十七日释。天下吏民,令到临三日止。宫中非朝暮临,无辄哭。无禁昏嫁、祠祀、饮食酒肉。已释服,听举乐,侍医无加罪。陪祔如旧制。"②后祔葬于京兆府富平县顺宗丰陵。

"侍医无加罪"是王皇后遗言中具有个性的内容,有学者以之说明皇帝身边医者们的压力之大。③ 事实确实如此。太医隶属太医署,有医官 16 人,长官太医令(从七品下)二人,有各种太医 160余员。④ 太医因未能治愈皇家成员的疾病而被杀载于史籍的典型事件是晚唐懿宗因爱女同昌公主病逝怒杀医官案。同昌公主(?—870)出降进士、右拾遗韦保衡仅一年半左右便病逝,⑤因其为"懿宗尤所钟爱,以翰林医官韩宗邵等用药无效,系之狱,宗族连

---

① 《新唐书》卷 77《顺宗庄宪王皇后传》,第 3503 页,参考《旧唐书》卷 52《顺宗庄宪皇后王氏传》,第 2194—2195 页。

② 《新唐书》卷 77《顺宗庄宪王皇后传》,第 3503 页。

③ 沈伯弘《唐代医疗设施及其效益评估》,《唐宋变革说及其宰制论述的猖獗》,第 55 页。

④ [唐]李林甫等撰《唐六典》卷 14《太常寺·太医署》,陈仲夫点校,北京:中华书局,1992 年,第 408—409 页。

⑤ 《旧唐书》卷 177《韦保衡传》,第 4602 页。参见《新唐书》卷 184《路岩传》,第 5398 页。

引三百余人"。翰林学士、户部侍郎同平章事刘瞻、①京兆尹温璋②
因上疏谏诤,均被外贬岭南为官,后者有感于生不逢时,自杀身亡。
御史中丞孙瑝、谏议大夫高湘等"坐与瞻善,分贬岭南"。③ 虽然这
是一则极端案例,但说明在唐朝因太医没能为皇室成员医治成功
有可能处于危险境地,因此,王皇后特意在遗令中指出不要加罪于
侍医。由此,一些皇室成员预感到寿命将至,临终前拒绝医治,可
能也有不想连累太医的考虑。

7. 武宗王才人(? —846)

唐武宗(814—846)李炎因服金丹而死,生前专宠善于歌舞的
邯郸人王才人。武宗疾寝时,王才人侍疾在侧,李炎与其诀别。年
少入宫的王才人一方面对其加以安慰,另一方面从容表示:"陛下
万岁后,妾得以殉。"愿意在死后追随武宗。及武宗病危,才人果然
"悉取所常贮散遗宫中,审帝已崩,即自经幄下"。翌日,37 岁的皇
叔李忱于枢前即帝位④,即宣宗,"嘉其节,赠贤妃",将之葬于京兆
府三原县武宗端陵之柏城。⑤ 因武宗病逝时年仅 33 岁,王才人应

---

① 《唐会要》卷 52《忠谏》,第 912 页。
② 《旧唐书》卷 165《温造传》,第 4319 页。《新唐书》卷 91《温大雅传》载温璋系
　"仰药死",第 3787 页。
③ 《新唐书》卷 181《刘瞻传》,第 5352—5353 页。《唐会要》卷 52《忠谏》载懿宗贬
　刘瞻为虢州刺史,第 912 页。
④ 《旧唐书》卷 18 下《宣宗本纪》,第 614 页。
⑤ 《新唐书》卷 77《武宗贤妃王氏传》,第 3509—3510 页。黄楼《唐宣宗大中政局
　研究》对王才人之死进行研究,认为实际上王才人是被赐死的,她在武宗病重
　时,通过宦官仇士良一派与后来的宣宗勾结。王才人因殉情而死是出于唐宣
　宗的编造。上海:上海古籍出版社,2012 年,第 28—29 页。笔者认为如王才
　人果与后来的宣宗有勾结,则黄楼的观点很有道理;若无,则不排除王才人因
　武宗与叔父宣宗关系不好而在武宗死后绝望自杀,殉情只是一个表象。

该也在 30 岁左右。武宗病中与王才人的对话,成了二人临终前的互相辞别。

常乐里

8. 韦美美(716—732)㈱

韦氏女,出身京兆韦氏,左威卫仓曹(正八品下)韦恂如长女,三岁丧亲,由祖母崔氏鞠育成人。开元廿年(732),17 岁病卒。大渐之际,"所寄之心,不逾孝道:儿殁之后,望就先茔,祖母恩慈,尚未能报"。遗言葬于祖母墓旁,以报祖母养育之恩,且"再三回顾,更欲申情,情未尽申,气即将奄"。次年正月三日,窆于先茔之北,"从之愿矣"。①

9. 和政公主李氏(729—764)�道

李氏,肃宗第二女,太仆卿(从三品)柳潭夫人,封和政公主。夫妻"并受法箓",为在家出家的道士。李氏尝谓驸马以忠孝,并以为"死生恒理,先后之间。若幸启手足,必当襚我以道服,瘗我于支提,往来行言,时见存恤,则所怀足矣!子若不讳,我若此身未亡,洒扫茔垄,出入窀穸,奉君周旋"。广德二年(764)二月,公主 36 岁薨于坊之私第。"有司奉诏,将厚其礼,驸马疏陈,皆蒙允许。"驸马所陈当为公主遗言,即希望卒后着道服、塔葬。半年后,其子试太常少卿柳晟、鸿胪少卿柳晕、试秘书丞柳杲、试殿中丞柳昱及三女

---

① 《左威卫仓曹参军韦恂如长女墓志铭并序》,《唐代墓志汇编续集》,开元 117,第 534 页。

等,"虔窆公主于京兆府万年县义丰之铜人原,从理命也"。①

辅兴里

10. 宋功德山居长(689—745)㊡

宋氏,京兆咸阳人,号功德山居长,15 岁归行内侍(从四品上)雷府君,封乐寿郡君。雷公既殁,她"顿悟空色,了归禅定"。天宝四载(745),57 岁卒于里之私第。临终嘱咐子女曰:"吾业以清净,心无恋者。岂以诗人同穴之言,而忘老氏各归之本。纵犹议于封树,即愿存于贞独。建塔旧茔,同尘齐化。"提出独葬、塔葬。其养子女遵嘱,"不封不祔,惟清惟净。建此灵塔,苍然旧丘"。②

11. 朱公夫人赵氏(760—834)㊡

赵氏,天水郡人,守内侍省内侍伯③(正七品下)员外置同正员朱公之妻。及笄出嫁,元和七年(812),朱公离世,权窆于京兆府长安县龙门乡石井村。赵氏守寡 17 年,信仰佛教,"专意内典"。其嗣子朱朝政奉命赴鸡林三岁,赵氏"六时礼念,冥期佑助,以福后尤。"朱朝政果然平安回归,并自宫闱令(从七品下)拜阁门使。大

---

① [唐]颜真卿撰《和政公主神道碑》,载[宋]王谠撰《唐语林校证》卷 5《补遗》,周勋初校证,北京:中华书局,1987 年,第 507—511 页。

② 中大夫守太常少卿上护军梁涉撰《唐故正议大夫行内侍上柱国雷府君夫人故乐寿郡君宋氏(功德山居长)墓志铭并序》,《全唐文补遗》第 3 辑,第 79—80 页。《新中国出土墓志·陕西〔贰〕》下册,第 93 页。

③ 查《旧唐书》卷 44《职官志三》,内侍伯,疑当作内寺伯,掌纠察诸不法之事,第 1870 页。

和八年(834)四月,赵氏 75 岁终于里之私第,遗命其子:"汝忠于国,又孝于家,海外三年,吾期重见,于此尽矣,更何恨焉?"以见到平安归来的儿子而欣慰不已。以其年十一月,改卜新阡,重安窀穸于长安县承平乡大严村,与朱公合祔。[1]

来庭里

12. 吴德墉夫人赵氏(807—863)

赵氏,游击将军、守右率府右中郎将赵庆长女,荆南监军使、行内常侍(正五品下)吴德墉之妻。初笄之年,归于濮阳公吴氏。婚后 40 年,咸通癸未岁(863)六月,57 岁终于里之私第。临终前,"盥沐焚香,斋容肃位",召左右曰:"夫万品修短,各有其分,吾于生死,苟无惑焉。□我所天,掌国命,监抚藩维,恨不得面诀存没,永谢幽明。"赵氏身殁之前领悟了生死要义,已不再困惑,另一方面又以不能面诀在外监军未归的丈夫为遗憾。长吁数声,"复以遗言诫令诸子。丁宁陨泪,掩然告终"。以其年十一月十四日,葬于京兆府万年县浐川乡南姚村。[2] 墓志载其有子六人:朝散大夫行内侍省内府局令员外置同正员吴全缋,儒林郎、行内侍省内仆局丞、员

---

① 守太子右赞善大夫兼通事舍人侍御史崔锷撰《大唐故兴元元从登仕郎守内侍省内侍伯员外置同正员上柱国朱公故夫人天水郡赵氏墓志铭并序》,《唐代墓志汇编》,大和 079,第 2153 页。并见《北京图书馆藏中国历代石刻拓本汇编》第 30 册(唐),第 162 页;《唐文拾遗》卷 18,载《全唐文》,第 10691—10692 页。

② 乡贡进士柳凤撰《唐荆南监军使银青光禄大夫行内常侍赐紫金鱼袋吴德墉妻天水郡赵夫人墓志铭并序》,《唐代墓志汇编续集》,咸通 018,第 1047 页。又见《西安碑林博物馆新藏墓志汇编》下册,第 829—830 页;《全唐文补遗》第 6 辑,第 181—182 页。《新中国出土墓志·陕西〔贰〕》下册,第 237—238 页。

外置同正员、上柱国吴全绍及吴全略、吴全泰、吴全正、吴全绲,当为其养子。

大宁里

13. 张威德山(756—811)⑲

张氏,京兆府蓝田县人,号威德山,行内侍省内常侍、守右骁卫大将军员外置同正员张令晖长女,①淄青节度监军使、行内侍省内给事(从五品下)、员外置同正员宋公之妻,因夫贵封清河县君。元和六年(811)正月,56 岁终于里之私第,至少有三子一女。张氏临圹之时,"重延亲族于家,命子弟于前,云欲寿终,与亲党男女诀别。家事去就,具留遗约;功德布施,自终其愿"。嘱咐子弟,并叮咛后事曰:"人生到此,知命如□,遂与其□。夫立身之本,以忠孝为先,但守前规,吾死无恨。吾□之后,归葬于万年县细柳乡新店原,近给事故夫茔侧置一坟墓,遣后子孙知□祭祀之分。先慈□□近盛,不须触动。葬事凶具,不要全至华饰。"七月,如其愿归葬于新店原。其嗣子承奉郎、行内侍省掖庭局丞员外置同正员宋重晏曾充任剑南东西两川、山南西道东道都监、行营招讨宣慰等使、行内侍省少监知省事俱文珍判官,奉命讨伐西川刘辟,后被任命为长武城监军使。任监军期间,其母病危,侍疾数月,张氏墓志载:"自长武城监临,因朝觐之时,具论奏母氏疾甚,遂放留数月,得亲□□终,

---

① 陆扬《从新出墓志再论 9 世纪初剑南西川刘辟事件》认为张氏为张令晖养女,载氏著《清流文化与唐帝国》,北京:北京大学出版社,2016 年,第 82 页。

恭承遗训,母畅平生之恩,子申罔极之报。"①

安兴里

14. 卢起信(? —754)道

卢氏,范阳人,陕郡陕县主簿(正九品下)卢成节之女、太子宾客卢齐卿孙女,太子中允(正五品上)谌之母。"从夫以享封",为范阳郡君,天宝十三载(754)九月,终于里之私第。玄宗以其"能归道流,乃诏许出家,以旌所愿",遂"拖霓服,笄云冠,室如玄都,庭若紫府,将受仙箓",不幸在此时仙逝。其墓志铭云其为"道师",但应只是在家出家。遗言曰:"无或怛化,吾其升真!"以其载十一月十八日,具桐棺之仪,葬于洛阳清风乡北邙之原,封墓而不树。②

15. 赵府君夫人李氏(697—768)佛

李氏,陇西人,守左骁卫翊府中郎将李玄静之女,昭武校尉、守左金吾卫盐州盐川府左果毅都尉李大广孙女,左威卫武威郡洪池府左果毅都尉(正六品上)赵府君之妻。因其子在"河洛烟尘之际"出力定乱,封陇西郡太夫人。丈夫殁后,李氏"顿悟色空,了归禅定"。大历三年(768)六月,72岁卒于里第。临终付嘱爱子:"吾业

---

① 承务郎前行大理评事张仲连撰《大唐故淄青节度监军使元从朝散大夫行内侍省内给事员外置同正员上柱国赐紫金鱼袋广平郡宋公夫人封清河县君夫人张氏墓志铭并序》,《大唐西市博物馆藏墓志》下册,第760—761页。
② 金部员外郎边斐撰《故范阳郡君卢尊师(起信)墓志铭并序》,《唐代墓志汇编续集》,天宝097,第652页;《全唐文补遗》第6辑,第85页。

以清净,心无恋著,岂以诗人同穴之言而忘老氏各归之本？纵犹议
于封树,即愿存于贞独。"这位出身武将之家并嫁给武将的李氏,其
遗言内容与 10 号宋功德山居长(689—745)的遗言极为相似,只是
前者嘱以塔葬,李氏则只是不与丈夫合葬,颇疑撰写者是用一种程
序化的语言表达遗言内容。其长子左武卫翊府左郎将赵庭璋、次
子尚舍奉御赵庭珍、季子试太常卿兼华州别驾赵庭珪遵嘱,"礼终
惟孝,口泽无衰,爰卜旧茔,勒铭大隧"。"悟有皆空,归真以正,不
封不树,惟清惟净。"①

义宁里

16. 李娘(609—693)佛

　　李氏,陇西狄道人,陇西郡君,太子右千牛卫率(四品)井陉县
开国公刘府君之妻,隋永嘉郡守李世文第五女,唐高宗从姊,卫、申
二州刺史李慧孙女。武德八年(625),17 岁归刘府君,生子刘玄
暎。"嫠居卅余年",于长寿二年(693),85 岁卒于私第。因其"夙
持善行,早构良缘",故"属纩之时,神情不挠。固言熏修之有福助,
薄葬足以光亲,咸命子孙与之离诀"。② 李氏提出熏修,即焚香礼
佛,说明其信仰佛教,遗言薄葬当与此有关。证圣元年(695)正月
底,迁祔于鼎州泾阳县杜原乡之旧茔。

---

① 　大理评事吴通微撰《大唐故左威卫武威郡洪池府左果毅都尉赵府君故陇西郡
　　李夫人墓志铭并序》,《唐代墓志汇编续集》,大历 005,第 694—695 页。
② 　《唐故太子右千牛卫率井陉县开国公刘府君夫人陇西郡君李氏(娘)墓志铭》,
　　《新中国出土墓志·陕西〔壹〕》上册,第 90 页。并见《全唐文补遗》第 3 辑,第
　　503—504 页。

崇仁里

17. 赵懿懿(646—666)

赵氏,雍州渭南人。其父赵感,"优游不仕,养素全真"。因其美貌,18 岁为司刑太常伯武安公世子殿中省尚衣局奉冕直长(正七品下)源氏侧室。但 3 年后,21 岁便卒于坊第。其诞育一女,但早夭,先母而亡。临终,赵氏"遗言敛以时服,不棺椁"。次年春葬于万年县长乐原。①

胜业里

18. 董夫人(575—661)㊣

董夫人,敦煌人,周酒泉郡太守董俭孙女、隋建安县令董恭(从六品上)之女,晚年"志尚幽玄,栖心净境,凝神释教"。显庆六年(661)二月十八日,87 岁卒于京师。临当属纩,遗言:"吾没之后,不须棺葬,致诸岩穴,亘望原野。"即将自己置于洞窟之中。其子明达极力谏止,母亲仍然坚持己见,他只好"奉遵顾命",当年二月二十五日,将母亲葬于京兆长安之城南马头空。但他自己却因承受

---

① 《司刑太常伯武安公世子奉冕直长源侧室赵五娘(懿懿)墓志铭并叙》,《唐代墓志汇编续集》,乾封 010,第 164 页。并见《全唐文补遗》第 6 辑,第 306 页。《新中国出土墓志·陕西〔贰〕》下册,第 28 页。

精神压力过大而"心府失图"。① 董氏从丧到葬的时日仅七天,可能是其早就决定好安葬的洞窟。

太平里

19. 杨十戒(587—644)

杨氏,弘农华阴人,讳十戒,卫州刺史(从三品)李君之妻,隋司徒公观德王杨雄之女。贞观十八年(644)底,58 岁卒。其子元诚、元谨遵其"遗制",厝于京兆府万年县同人原之空。②

延寿里

20. 董嘉猷夫人郭氏(755—804)

郭氏,太原人,试大理少卿(从四品上)郭侹第六女,蒲州猗氏县令郭仙舟孙女,母薛氏为隋内史薛道衡之后。西南蛮质子董家"自服冠冕,代受恩赐,荣宠甚渥,郁为豪家",意欲求娶名族,不惜"特润屋之资用,纳清门之婚媾"。孀居的薛氏同意了董家的提亲,将郭氏嫁质子末孙试将作少监兼恭州刺史(正四品下)董嘉猷

① 《大唐故董夫人墓志铭》,《唐代墓志汇编续集》,显庆 050,第 114—115 页。并见《全唐文补遗》第 3 辑,第 376—377 页;《隋唐五代墓志汇编·陕西卷》第 3 册,第 54 页。
② 《唐故使持节卫州刺史李君杨夫人墓志铭并序》,《唐代墓志汇编续集》,贞观 040,第 31 页。

（?—792）为妻。郭氏虽遵母命出嫁,但认为董家"非吾偶,郁抑不乐,而仪则趣尚,亦迁所从"。董嘉猷去世后,归葬董氏祖茔,12年后的贞元廿年（804）正月,50岁的郭氏终于里第。夫妻无子女,"其殁也,当室无孤。夫人将启手足,顾后靡托"。临终感叹:"礼有合祔,畴职其仪,庭内既愉于他人,奄岁岂烦于同穴。"显然其丈夫另有新欢,郭氏不希望与丈夫合葬。最终,"有青衣顺意者,实承其命焉"。由其奴婢卜葬吉日后,请郭氏的外家亲戚尚书吏部员外郎裴次元为其撰写墓志铭,当年十月,"遵命"将郭氏归葬于京兆府长安县义阳乡宋满村之南原。[①]

从郭氏遗言可见,虽然董家如愿以巨资迎娶名族,但这门婚姻无疑是失败的。郭氏对自己的婚姻非常不满,一是董氏子"非吾偶",二是"仪则趣尚"不同。可以说,孀居的郭母贪财许婚,使其女成为这门婚姻的牺牲品,一直"郁抑不乐",直到遗憾去世。婚姻中男女族类相当,是唐人眼中一个重要的婚姻条件。武周时期,酷吏来俊臣逼娶太原王庆诜女、左台侍御史侯思止奏娶赵郡李自挹女,都想与山东旧族联姻,"敕政事商量",凤阁侍郎李昭德与诸宰相以之为笑谈,认为是"辱国"之举。[②]至懿宗咸通中,岭南东道节度使韦宙欲以兄女妻清海牙将刘知谦时,其他人的态度是"众谓不可",[③]"其内以非我族类,虑招物议,讽诸幕僚,请谏止之"。[④]只有韦宙慧眼识珠,认为"此人非常流也,他日我子孙或可依之"。刘知

①　守尚书吏部员外郎裴次元撰《唐故试将作少监兼恭州刺史董府君（嘉猷）妻太原郭氏墓志铭一首并序》,《西安碑林博物馆新藏墓志续编》下册,第446—447页。

②　《旧唐书》卷186上《侯思止传》,第4844—4845页。

③　《新唐书》卷190《刘知谦传》,第5493页。

④　[五代]孙光宪撰,贾二强点校《北梦琐言》卷6,"韦氏女配刘谦事"条,北京,中华书局,2002年,第123页。

谦在唐末果然"以军功拜封州刺史兼贺水镇使,甚有称誉"。① 其夫人韦氏生子刘隐、刘岩,后为广帅,据有岭表四府之地,建立南汉。② 此例多用以说明韦宙鉴人眼光独到,但从众人反应可知,晚唐时期"族类相当"仍是联姻的重要基础。

平康里

21. 郑公夫人崔氏(689—755)佛

崔氏,博陵人,太子左春坊典设局典设郎(从六品下)郑公之妻,吴郡某县尉之女。"恶奢尚俭,好静忘躁,不以外荣为贵,恒以内修为德。"故居家而修梵行。大龄出嫁郑氏31年后,天宝十四载(755)七月,67岁卒于里之私第。崔氏"疾亟,内外皆归",谓其夫曰:"死生天地之理,物之自然,奚可甚哀。多藏厚亡,圣师所诫。家大周也,愿返葬焉。"言未及终便逝。崔氏视生死为自然之道,遗令薄葬、归葬洛阳,十分平静。因其离世之时,丈夫仍在,而且墓志言及"依于先茔,不忘旧也"。其中透露出崔氏所指的洛阳,应是指其本家祖茔。当年十一月,其夫遵嘱,将其"归葬于洛阳北邙之原"。③

---

① [宋]薛居正等撰《旧五代史》卷135《僭伪第二·刘陟传》,北京:中华书局,1976年,第1807页。
② 《新五代史》卷65《刘隐传》,第809—810页。
③ 太原邬贲撰《大唐太子典设郎郑公故夫人崔氏墓志铭并序》,《唐代墓志汇编续集》,天宝111,第663页。并见《全唐文补遗》第6辑,第87页。

22. 张晕夫人姚氏(722—788)佛

姚氏,华州华阴人,凉州神乌县令姚择友长女。15 岁出嫁太仓令(从七品下)张处廉第二子张晕(716—778)。其夫"少年豪侠,志气风云,弃笔从戎,留心学剑",故"应武举擢第,以常选授官,历职优深,加拜五品",为游击将军行蜀州金堤府左果毅都尉(从五品下),大历十三年(778)卒于巴蜀,"亡樗委灰,归魂未葬"。夫妻育有子女三人,姚氏"教子以义方,诫女以贞顺",孀居期间,"回心入道,舍之缯彩,弃以珍华,转法华经,欲终千部;寻诸佛意,颇悟微言"。贞元四年(788)夏,67 岁卒于里之私第。临终遗令,"属念诚深,忧之季男,恤于仲女。仲女久披缁服,竟无房院住持;季男初长成人,未有职事依附。缅想尔等,栖栖者欤!吾言及痛心,不忍瞑目,深思两遂,在尔诸男,速宣勉勖,无负吾志"。张氏临终时,丈夫已卒 10 年,"岁月滋久,神识无依",但她并未就安葬事宜留下遗言,而是最担心子女。嗣子张季良等当年秋以招魂葬,将父母合祔葬于万年县龙首乡原。[①]

23. 陈苌夫人柳氏(758—801)

柳氏,邛州临邛令之女,沧州清池令柳从裕孙女,京兆府渭南县尉(正六品上)陈苌之妻。以 35 岁高龄归陈氏,婚后九年,贞元十七年(801)九月,因痼疾病逝于平康里,卒龄 44 岁。将终,告丈夫曰:"既成妇矣,宜祔于皇姑,从兆于三原。然而不幸中道而有痼疾。既不及养于舅姑,又不得佐于烝尝。生君之子,不期月而殒。

---

① 女婿前将作监丞甘佃撰《唐故游击将军行蜀州金堤府左果毅都尉张府君(晕)夫人吴兴姚氏墓志铭并序》,《唐代墓志汇编》,贞元 018,第 1849—1850 页。

尝谓君宜有贵位,而不克见。执亲之丧,不得终纪,皆天谴之大者也。且愿杀礼,以成吾私。迩先夫人之墓而窆我焉。将俟君之不讳,而归复于正其可也。"希望降礼,将其葬于其亡母茔地,待陈苌身死再葬于陈家祖茔。当年十二月,陈苌"如夫人之志",将其"权厝于城南"棲凤原。① 墓志特意强调为权厝志,云日后还要改葬于陈家京兆三原县祖茔。

道政里

24. 刘濬夫人李氏(651—729)

李氏,太子中舍人(正五品上)刘濬(639—686)之妻,尚书左丞相司空文献公刘仁轨(602—685)②儿媳、右卫将军李扬休长姊。显庆年间(656—661),刘濬从刘仁轨平百济,因功授官,后来累迁官至秘书丞。垂拱元年(685),同凤阁鸾台三品刘仁轨病逝,刘濬丁忧在家。临朝称制的武曌"拟为改革",欲作女皇,趁派酷吏吊问之机,令刘濬拟表劝进,被其严词拒绝。因违反制敕,刘濬被长流于岭南,次年,47岁终于广州。李氏年甫初笄出适刘濬,深受舅姑

---

① 柳宗元《亡姑渭南县尉陈君(苌)夫人权厝志》,《柳河东集》卷13《志》,第208—209页。

② 《旧唐书》卷84《刘仁轨传》载:刘仁轨,汴州尉氏人也。垂拱元年,从新令改为文昌左相、同凤阁鸾台三品。寻薨,年八十四,则天废朝三日,令在京百官以次赴吊,册赠开府仪同三司、并州大都督,陪葬乾陵,赐其家实封三百户。子濬,官至太子中舍人。垂拱二年,为酷吏所陷,被杀,妻子籍没。中宗即位,以仁轨春宫旧僚,追赠太尉。濬子冕,开元中,为秘书省少监,表请为仁轨立碑,谥曰文献。第2789—2797页。据此可知,《刘濬墓志》所载刘濬之父尚书左丞相司空文献公即刘仁轨,其长子的名字传记作刘冕,墓志作刘晃,这里以墓志为准。

喜欢,公公刘仁轨对其行能非常满意。婆婆患病,李氏与刘濬一起"亲侍汤药"逾 10 年,婆婆曾在获皇后武曌召见时,云:"妾有男及妇,殊胜于女。"李氏在丈夫"枉殁南荒"后,历经四年,"携幼度岭,行哭徒跣,扶榇还乡"。永昌元年(689)后,武则天行宽典,数家"例还资荫",李氏夫唱妇随,诫其子:"用荫足免征役,不可辄趁身名,汝祖父忠贞,亡身殉国,吾今食周粟,已愧明灵,汝傥事伪朝,如何拜扫!"二子"亲承训诲,甘守乡园"。直至 15 年后,中宗李显即位,李氏率子入都,"修词诣阙"。二子各授恩命,有班秩。因在岭南日身染"瘴厉",开元十七年(729)夏,79 岁薨于里之私第。临绝之际,李氏回顾自己一生,感叹自己言行无缺,故遗言:"古有失行者,耻见亡灵,所以用物覆面。后人相习,莫能悟之。吾内省无违,念革斯弊。"子孙敬遵遗训。嗣子秘书少监刘晃、次子祠部郎中刘昂遵守将母亲归祔先茔,夫妻同穴。[1] 夫妻得以葬于京兆府奉天县刘仁轨陪乾陵旧茔西。

开化里

25. 裴公夫人彭氏(801—861)佛

彭氏,行中书舍人(正五品上)裴公之妻,河东右职兼殿中侍御史彭诜之女,天德军使兼御史中丞彭膺孙女。因"自幼日失荫",承祖母严训长大成人。咸通二年(861)正月,61 岁因病终于里之私

---

[1]　武太后家臣等纂序、外孙王进撰《大唐故十学士太子中舍人上柱国河间县开国男赠率更令刘府君(濬)墓志》,《唐代墓志汇编》,开元 304,第 1365—1366 页;《全唐文补遗》第 1 辑,第 119—121 页。

第。彭氏"虔奉内教,晨朝清净,转读讽念诸经及真言",常有愿曰:
"我一日身后,莫令受他罪,勿为人所忧觉也。"及终之日,果如是
愿。以其年四月廿八日,归葬于河南府河南县平乐乡尚店村瀍涧
里伯乐塬邙山之北原。①

通化里

26. 李琡(837—871)

陇西李氏,字德昭,宗正卿(正三品)李从义之女,进士孟启之
妻。咸通十二年(871)五月,35 岁以疾殁于里之私第。在其"将亟
之前五旬有五日,舐笔和墨",避开其夫兼表兄孟启,对自己的身后
安葬事宜作了安排:"凡衾襚之具,涂刍之列,靡不毕留其制度。俭
约下逼,谦觳难遘。"在遗书之末,是对其夫的"眷余之情,诚诀于后"。
其年七月壬申,葬于河南洛阳县平阴乡,祔于先舅姑之兆次。②

通义里

27. 尼法澄(630—729)㊫

俗姓孙,台州乐安人,同州冯翊县令(从六品上)孙同第二女,

---

① 长子裴蟾撰《唐故太中大夫行中书舍人裴公夫人彭氏墓志》,《唐代墓志汇编》,
咸通 003,第 2381 页;《全唐文补遗》第 1 辑,第 380 页。
② 夫孟启撰《唐孟氏(启)冢妇陇西李夫人(琡)墓志铭并叙》,《洛阳新获墓志续
编》,第 514—515 页。

涪州刺史孙荣孙女。上元二年(675)出家为尼,先为绍唐寺主,后为京师通义坊兴圣寺①主。开元十七年(729)冬,因风疾卧病二旬,饮食绝口,起谓弟子曰:"我欲舍寿,不知死亦大难,为当因缘未尽。"月余之后,坐绳床七日不动,唯喝水而已。忽谓弟子曰:"扶我卧,我不能坐死。"90岁卒于兴圣寺。当月葬于龙首山马头空塔所。②

崇义里

28. 韦虚舟夫人李氏(703—729) 佛

李氏,陇西人,邠州司马李思整之女,12岁出嫁户部郎中、太子右庶子韦维之子、御史中丞、尚书左丞韦虚心(? —741)之弟将作主簿(从七品下)韦虚舟为妻。李氏喜览贤妃哲妇之书,亦通佛教。开元十七年(729)九月,27岁终于里之私第,所生子女尚在童稚。李氏"临当奄忽",与"内外懿亲,平生法侣,喻存殁而同贯,申赠问以长辞"。言终而绝,葬于长安县高阳原。③

29. 卢大琰夫人李氏(797—824) 佛

李氏,陇西成纪人,大理正李佐公第四女,中书侍郎同平章事

---

① 据《唐会要》卷48《寺》,兴圣寺位于通义坊。本高祖潜龙旧宅。武德元年,以为通义宫;贞观元年,立为尼寺。第845页。
② 《大唐故兴圣寺主尼法澄塔铭并序》,《唐代墓志汇编》,开元300,第1362页。
③ 尚书左丞韦虚心撰序,正字于休烈撰铭《大唐将作主簿韦虚舟亡妻李氏墓志铭并序》,《长安高阳原新出土隋唐墓志》,第165页。据《新唐书》卷118《韦凑传》,韦虚舟为韦维之子、韦虚心之弟,第4270—4271页。

李揆孙女,肃宗称李揆"卿门第、人物、文学皆当世第一"。① 元和三年(808),12 岁出适剑南东川节度使卢坦次子守秘书省校书郎(从九品上)卢大琰(785—834)。② 生一子二女。平时"持金刚经、大悲咒,颇悟其谛,尝宗妙门"。婚后 17 年,长庆四年(824)七月,28 岁终于里之私第。其父李佐公已从"谪宦江徼",转为"宠居朝列,夫人方喜晨昏,及启手归全,意无所恨"。危亟之际,殷勤相詑丈夫曰:"他时奉我慈父无失我敬养,愿于兄弟亦无亏友于。"以其年八月廿六日,归葬于洛城河南县縠阳乡縠水之南原,祔卢氏先茔。③ 10 年后,殿中侍御史(从七品下)内供奉卢大琰卒于京师,大和九年(835)亦迁祔旧茔。

光德里

30. 罗四无量(623—688)佛

　　罗氏讳四无量,武曌为太后时期于地官④任职的刘府君之妻,本姓叱罗,河南人,右卫大将军、平氏县开国公罗俨与金明县主之女,其外祖父郑王李元懿(？—673)⑤是唐高祖李渊第十三子。贞

---

① 《新唐书》卷 150《李揆传》,第 4808 页。
② 五从兄行京兆府功曹参军卢谏卿撰《唐故剑南东川观察支使殿中侍御史内供奉卢府君(大琰)墓志铭并序》,拓片出自田熹晶《洛阳新出〈卢大琰墓志〉考述》,《书法》2013 年 3 期,第 26—27 页。
③ 文林郎守秘书省校书郎卢大琰撰《唐故陇西李夫人墓志铭并序》,《洛阳流散唐代墓志汇编续集》,第 613 页。
④ 地官即户部。《旧唐书》卷 42《职官志一》载:武曌光宅元年九月,改户部为地官。第 1788 页。
⑤ 其传记见《旧唐书》卷 64《郑王元懿传》。

观十四年(640),18 岁出适刘氏。丈夫先逝后,她"归依释道","摄心内典,屏迹外缘"。其铭文中提到:"虽示同尘,常修梵行。妄除六入,门通八正。具戒总持,双行悲敬。及乎灭度,感应征祥。中心正念,右胁安床。形神异代,道俗殊方"。说明她为受具足戒的在家出家者。垂拱四年(688)秋,66 岁终于里第,遗命天葬:"为平昔在日,□持具戒,灭度之后,令殉肌肤。"而从其墓志铭所载"敬遵遗教,建塔传芳","敬奉遗言,而崇别塔"来看,她还遗言塔葬。万岁通天元年(696)夏,窆之于京高阳原刘府君之茔东。[①]

宣阳里

31. 秦公夫人杨氏(741—807)

　　杨氏,弘农华阴人,瀛州高阳尉杨公长女,左神武军将军(从三品)秦公之妻。元和二年(807),67 岁启手足于里第。一年后,殡于京兆府万年县郑村之原,祔于先茔。次子乡贡进士秦宗衡"工文游艺",奉遗命曰:"陵谷不常,可记贞石。"由其撰写母亲的墓志铭。[②]

---

①　《大周唐故地官□□刘府君夫人罗氏(四无量)墓志》,《全唐文补遗》第 9 辑,第 435—436 页。

②　男乡贡进士宗衡撰《左神武军将军秦公故夫人弘农杨氏墓志铭并序》,《唐代墓志汇编续集》,元和 017,第 812 页。并见《全唐文补遗》第 3 辑,第 149—150 页。

安仁里

32. 张孝忠夫人谷氏(748—796)[①]

谷氏,魏郡昌乐人,左金吾卫大将军谷崇义之女,定州刺史、清江郡王谷从政姊妹,[②]成德军节度使李宝臣之妻妹。代宗时期,成德军节度使李宝臣(?—781)以之妻"以勇闻于燕、赵"[③]的飞狐、高阳二军使张孝忠(730—791)。[④] 张孝忠后官至易州刺史、恒州刺史(从三品)充成德军节度观察使、义武军节度使、支度营田易定观察处置等使、检校司空、同中书门下平章事、上谷郡王,谷氏封邓国夫人,其嗣子张茂昭封延德郡王。贞元十二年(796)二月,谷氏 49 岁殁,遗表以车服器用上献。[⑤] 因幼子光禄少卿同正张茂宗早于贞元三年(787)许尚义章公主,[⑥]谷氏亡,"遗占丐成礼"。德宗念张孝忠长子河中节度使张茂昭之勋,不顾右拾遗蒋义和太常博士韦彤、裴堪等谏疏,

---

① 谷氏的年龄在正史和其墓志中记载不同,此据权德舆撰《唐故义武军节度使支度营田易定观察处置等使检校司空同中书门下平章事赠太傅上谷郡王张公邓国夫人谷氏墓志铭(并序)》(《全唐文》卷 504,第 5128—5129 页)。而据《旧唐书》卷 141《张孝忠附子张茂宗传》(第 3860—3861 页),谷氏贞元七年三月卒,时年六十二,则其生卒年为 735—796 年。

② 《新唐书》卷 198《谷那律传》,第 5652—5653 页。

③ 《旧唐书》卷 141《张孝忠传》,第 3854 页。

④ 据《册府元龟》卷 853《总录部·姻好》,张孝忠为飞狐、高阳二军使,成德军节度使李宝臣以孝忠谨直骁勇,以其妻妹谷氏妻焉,仍令悉统易州诸镇,前后十年,威惠甚著。第 10141—10142 页。

⑤ 权德舆《唐故义武军节度使支度营田易定观察处置等使检校司空同中书门下平章事赠太傅上谷郡王张公邓国夫人谷氏墓志铭(并序)》,《全唐文》卷 504,第 5128—5129 页。

⑥ 《旧唐书》卷 141《张孝忠附子张茂宗传》,第 3860—3861 页。

借吉就婚,"即日召张茂宗为左卫将军,许主下降"。[1] 贞元十三年,张茂宗借吉就婚,于母丧中起复尚主。其年十月,光禄少卿张茂宗"恭奉裳帷",葬母于京师少陵原,不祔于太傅。[2] 张孝忠另有一子张克礼婚于顺宗之女襄阳公主,[3]其二子与皇室的联姻均为政治婚姻。

兴化里

33. 薛弘庆之女薛氏(799—822)㈩

薛氏,岭南节度使薛珏孙女,河南府缑氏县县尉(从九品上)薛弘庆第五女,母为范阳卢氏。10 岁时其父亡,后因疾未嫁,"虽有甚苦辄不出于口",忍痛不言。及既甚,人问其故,答曰:"生之短长,命也。予未大尽,天其自瘳。予命苟至矣,言之又何求耶?且吾奚忍以将尽之身前,焦吾母之心哉。"为了不让寡母担心,薛氏女忍痛不言,"疾亟",24 岁"以礼辞亲谢兄姊而殁"。[4]

长兴里

34. 广德公主李氏(?—881)

李氏,宣宗第四女,尚书右仆射于琮夫人。大中十二年(858)

---

① 《新唐书》卷 132《蒋乂传》,第 4531 页。
② 《旧唐书》卷 149《蒋乂传》,第 4026—4027 页。
③ 《新唐书》卷 83《襄阳公主传》,第 3666 页。
④ 季父行御史台主簿薛元庆撰《唐故河南府缑氏县尉薛府君(弘庆)处女墓志铭并序》,《西安碑林博物馆新藏墓志续编》下册,第 495—497 页。

三月,出适大历朝工部尚书于休烈(692—772)之孙秘书省校书郎于琼,①于琼后官至兵部侍郎(正四品下)、同中书门下平章事。广明元年(880)十二月,黄巢入关犯京师,僖宗冒夜西狩,尚书右仆射于琼"诘朝乃知",因"追帝不及",②困于长安。黄巢僭号后,召尉于琼于其第,③欲用之为宰相,于琼以病为由予以拒绝。④ 因黄巢"追胁不已",于琼曰:"吾病及矣,死在旦夕。加以唐室亲姻,义不受命,死即甘心。"故为黄巢杀害。本被赦免的广德公主视丈夫受祸,谓贼曰:"妾李氏女也,义不独存,愿与于公并命。"贼不许,公主入室自缢而卒。⑤

延康里

35. 达奚淑(590—651)㊫

达奚氏,字媛姜,河南洛阳人,黔州都督(从三品)陈密公之妻,隋石州刺史高唐公达奚隆之女。隋大业十二年(616),出嫁陈密公。贞观中,封陈国夫人。永徽二年(651),62 岁薨于里寝。"迁神之际,方复绪言。顾召诸子,勖以成德,又云合葬非古,勿行祔意,容公(陈密公)坟侧可以厝焉。庶或有知,得符勤早,成吾往志。"其遗

---

① 《旧唐书》卷 18 下《宣宗本纪》,第 642 页。参考《旧唐书》卷 149《于休烈传》,第 4009 页。

② 《新唐书》卷 185《王徽传》,第 5408 页。参考《新唐书》卷 9《僖宗本纪》,第 271 页。

③ 据杨鸿年《隋唐两京坊里谱》,于琼、广德公主宅第位于长兴坊,第 153 页。

④ 《旧唐书》卷 200 下《黄巢传》,第 5394 页。

⑤ 《旧唐书》卷 149《于休烈附于琼传》,第 4010 页。参阅《新唐书》卷 83《诸帝公主传》,第 3672 页。

言除了对诸子德行提出要求,还提出不与丈夫祔葬,葬于陈密公坟侧即可。长子陈孝俭等"敬遵窆训",次年窆之于先茔之侧。[①]

36. 尼辩惠(702—754)佛未

俗名房严净,清河郡人,太子文学(正六品)房温之女,西京法云寺辩惠禅师。九岁时,祖母琅琊郡君王氏薨,承尊命,"斋度为沙弥尼,荐以景福"。天宝十三载(754)年底53岁卒于里第。次年二月,"迁座于城南毕原,禀前命也,穿土为空,去棺薄窆"。弟子侄女昭弘照等奉其遗愿。[②]

亲仁里

37. 郭佩(761—801)佛

郭氏,字泠然,京兆人,太子宾客、赵国公郭晞与鲁郡夫人长孙氏之女,太尉、中书令、汾阳郡王郭子仪孙女,膳部员外郎(从六品上)兼侍御史(从六品下)博陵崔君(卒于贞元初)之妻。郭佩20余岁,丈夫卒,其后"归宗誓志,垂廿春"。服丧期满后,"探环中道,用乐最上真乘,以《金刚经》为本师,以宝应禅德顺公为导师"。贞元十七年(801)冬,41岁终于里第。次年夏,"顺遗言",将其归葬其父茔之侧,"克葬于城南凤栖原尊阙之左次"。[③]

---

① 族子窦明哲撰《大唐故上柱国黔州都督十六州诸军事黔州刺史陈密公夫人达奚氏(淑)墓志》,《西安碑林博物馆新藏墓志续编》上册,第85—88页。
② 《大唐法云寺尼辩惠禅师神道志铭并序》,《长安新出墓志》,第192—193页。
③ 兄前侍御史内供奉郭钧述《唐故崔氏夫人太原郭氏(佩)墓志铭并序》,《大唐西市博物馆藏墓志》下册,第718—719页。又见《洛阳新获七朝墓志》,第309页。

38. 韩自明(764—831)㊣

韩氏，果州刺史韩佾之女，太子洗马韩琎孙女，京师内玉晨观上清大洞三景法师赐紫大德仙官。22岁出适孝廉张则见为妻，不幸“既期生子而张氏卒”。因年轻守寡，遂“托孤于父母家，栖心于神仙学”。并“抚孤侄弱子，咸俾有家而居室”，还曾变卖别墅，代其兄偿还中贵人的欠债，“困忍寒馁，而色无堙郁”。其德行上闻，大和初被文宗召入宫中玉晨观，赐命服、为之筑室。大和五年(831)三月，因疾请出宫，复居于京城亲仁里咸宜观旧院，于次月中旬病逝，终年68岁。临终日，谓门人曰：“吾将无形，消息大患。尔勿致□于神舍，勿虚美于象设。清净俭薄，殓形还葬，无费财而妄期福佑，吾知所适，不假是也。”其子张行简、侄韩楚长，门弟子周玄景、孟玄简及尼戒善等“泣奉遗言，动遵理命”。当月，迁神于京兆府万年县洪固乡胄贵里之凤栖原，“不问于蓍龟，不入于先兆，言出世而达节也”。①

安邑里

39. 张知仁夫人李氏(657—739)

李氏，通州通川县丞(从八品下)张知仁(662—726)之妻，赠成纪县君。开元廿七年(739)九月，83岁遇疾终于里第。其丈夫13

---

① 前行京兆府长安县尉赵承亮撰《唐故内玉晨观上清大洞三景法师赐紫大德仙官铭并序》，《唐代墓志汇编续集》，大和033，第906页。并见《全唐文补遗》第6辑，第29—30页。

年前已经亡故,殡于龙首原,李氏遗言归葬长安凤栖原,与丈夫合葬。嗣孙塾、象、冕等"恨先君之弃殁",因父亲已故,由他们"奉遗言而归葬"。①

崇化里

40. 李楷嘉夫人张氏(740—794)

清河张氏,尚舍奉御(正五品下)张浑之女,太仆卿张去逸孙女。出嫁嗣申王李楷嘉为妻,年轻守寡。贞元十年春(794),55 岁终于里第。其墓志载"远日未融,合祔犹阻",其子张仪、张息与女王氏"从其志",当年七月权厝于城南高阳原,"迩先茔"。② 张氏与丈夫合葬的阻力在于"远日未融",不知具体所指,但显然并非经济困难。

靖恭里

41. 孙四娘(约卒于 751 年或稍前)⑲

孙氏,吴郡人,新平郡淳质府司马(从五品下)樊行淹(? —705)之妻,安定郡四门府左果毅都督孙智果之女。其娘家、夫

---

① 《唐故冀州唐阳县丞张府君墓志铭并序》,《西安碑林博物馆新藏墓志续编》上册,第 329—330 页。
② 左金吾卫兵曹边叔宝撰《唐宗室妇清河张夫人墓志铭并序》,《长安高阳原新出土隋唐墓志》,第 224—225 页。

家均为武职。因丈夫早卒于神龙初,葬于咸宁郡咸宁县龙首乡,孙氏守寡40余年,独自"鬻携一门,孕育四子"。87岁高龄卒于静恭坊私第。因其"少闲妙觉,早悟禅宗",不食辛荤,嘱其嗣子樊玄玉等"不令同穴安居"。其子依嘱,天宝十载(751)冬将亡母葬于长安城东,从先茔。"茔内别置一墓,庶几慈母之令,幸副生前之规。"①

42. 杨知退夫人卢氏(823—859)

卢氏,范阳郡人,京兆府法曹卢传素第三女、太常寺奉礼卢顼孙女。会昌二年(842),20岁适将仕郎、殿中侍御史(从七品下)内供奉弘农杨知退,后官至守亳州刺史兼御史中丞、左散骑常侍。夫妻育有子女6人。大中十三年(859)正月,37岁病逝于里第。三月后,权窆于京兆府万年县东城之陈村,祔茔之礼,则俟择良岁。卢氏尝疾之际,谓丈夫曰:"古人之制,所贵称家。送终之仪,不尚虚饰。况蒸尝所奉,方切朝夕。但一钗一梳,衣装之故者,粗备斯可矣。岂复以今日之事而务丰费以为也。"杨知退认为卢氏"知礼遵俭之意"并非突然,②而是居家始终节俭的延续。

---

① 《唐故夫人吴郡孙氏(四娘)墓志》,《西安碑林博物馆新藏墓志续编》上册,第326—327页;又见赵文成、赵君平编《秦晋豫新出墓志搜佚续编》,北京:国家图书馆出版社,2015年,第785页。

② 夫前郓曹濮等州观察判官将仕郎殿中侍御史内供奉杨知退撰《唐故范阳卢氏夫人墓志铭》,《全唐文补遗》第1辑,第418页。

安业里

43. 尼法愿（601—663）佛未

　　俗姓萧氏，兰陵兰陵人，长安济度寺①大比丘尼，据其墓志载，她是梁武帝六叶孙、司空（正一品）宋国公第三女。唐初出身萧梁后裔、被封为宋国公的萧姓大臣当为萧瑀（574—647）。② 法愿笄年于济度伽蓝出家为尼，是源于其父"爰发宏誓"，"许以出家"，此事发生在贞观后期曾向太宗请求出家的萧瑀身上并不奇怪。法愿后有持戒弟子近数十人。高宗龙朔三年（663）八月，大渐之晨，谓诸亲属曰："是身无我，取譬水萍；是身有累，同夫风叶。生死循环，实均昼夜，然则净名申诫，本乎速朽；能仁垂则，期于早化。金棺乃示灭之机，玉匣岂栖神之宅，诚宜捐躯挚鸟，委形噬兽。"交代亲属对自己进行天葬，"捐躯挚鸟，委形噬兽"，并说明了原因。其姊弟"依承遗约"，以其年十月"营空于少陵原之侧，俭以从事"。③

---

① ［宋］宋敏求《长安志》卷 9 崇德坊崇圣寺条载，济度寺本为隋秦孝王杨俊舍宅所立，位于崇德坊，至贞观二十三年（649）徙之于安业坊。载辛德勇、郎洁点校《长安志·长安图志》，西安：三秦出版社，2013 年，第 318 页。
② 《旧唐书》卷 63《萧瑀传》，第 2398、2402—2403 页。
③ 《大唐济度寺大比丘尼墓志铭并序》，《唐代墓志汇编》，龙朔 077，第 386—387页。并见《全唐文》卷 997，第 10326—10327 页。

光福里

44. 鲍宣夫人萧氏（740—797）佛

　　兰陵萧氏，偃师人，太子洗马萧希言之孙、庐州慎县令萧中和之女。16 岁出适鲍宣（？—789）为妻，德宗建中年间晋封兰陵郡夫人，其夫官至工部尚书（正三品）。贞元十三年（797）冬，58 岁寝疾终于里之私第。因其"色空双泯，得丧两亡。精意入冥，缘断相灭"，因此，临终"顾命薄敛，异其茔兆。且合葬非古，矧我修其真哉"。其子京兆府蓝田县尉鲍宗由"克遵遗旨"，当年将亡母归葬于洛阳，窆于北邙之南原，穴宣公之东北隅。①

永乐里

45. 崔公夫人郑氏（667—703）佛

　　郑氏，荥阳县君，詹府司直、司勋员外郎郑行宝之女，长安令、将作少监、检校太常少卿郑植孙女，大理卿崔公（从三品）之妻。"心存释教，早寤缘觉，常诵《金刚波若经》"。武周末期，37 岁病逝于里之私第。大渐之际，顾命长子司农丞崔璘、次子华州参军崔琔等曰："汝免过失，吾殁无恨。两房兄弟，足可协睦，若生异端，□违吾意。"又训诸女"必崇内则，尽礼夫家，以弘妇道"。至 14 年后的

---

① 前监察御史里行武元衡撰《唐故兰陵郡夫人萧氏墓志铭并序》，《新中国出土墓志·河南叁·千唐志斋壹》下册，第 177 页。

开元五年(717),窆于恒州旧茔。①

46. 裴夫民(685—741) ⑲

　　裴氏,泗州刺史(从三品)王同人(? —728)之妻,封河东郡君,屯田员外、青州长史裴援第二女,光州司马裴承家之孙。初笄归王氏,30 岁左右开始修梵行,"自缮写《法华经》,演钞《金刚》《华严》《涅槃》奥义,比廿余载,志求无上道。外荣华,去滋味,厌服锦绣,不茹熏辛。虽处居家常修梵行,每禅家皆多法乐,说经论广劝童蒙"。开元廿九年(741)五月,57 岁终于里之私第。裴夫民墓志载其弟万年县令、泾州刺史裴炜转述其姊遗言:"四姊久得道,隐化时顾命勤勤,只令归依三宝,不惊不怖,如眠如睡。"其外孙京兆府三原县尉于涣等"孤酷,不知所从"。最终,裴炜作主,躬自哀抚凶仪,同年九月,将四姊裴氏权安厝于万年县义善乡凤栖原王氏先茔之东,又"祗驯著龟,以天宝四载十月廿五日迁祔"。② 最终,裴炜将姐姐和姐夫合葬,并未遵守其裴氏皈依三宝之遗命。

47. 尼释然(732—766) ⑲㈱

　　俗姓裴氏,出身河东裴氏,"本冠族仕家",③尚书左仆射(从二品)、冀国公裴冕(? —769)④之女。3 岁诣宣平坊法云寺出家,天

① 光禄卿马怀素撰《大唐大理卿崔公故夫人荥阳县君郑氏墓志铭并序》,《唐代墓志汇编》,开元 060,第 1196 页。
② 嗣子京兆府三原县尉于涣撰《大唐故泗州刺史琅耶王妻河东裴郡君夫民墓志铭并序》,《唐代墓志汇编》,天宝 078,第 1586—1587 页。
③ 《新唐书》卷 140《裴冕传》,第 4644 页。
④ 据《旧唐书》卷 113《裴冕传》,裴冕,河东人,为河东冠族。两京平,右仆射裴冕以功封冀国公,食实封 500 户。代宗时期,复征为左仆射。大历四年卒。第 3353—3354 页。

宝中,依止永乐坊资敬寺理空律师受戒。① 后为京城众僧举为临坛大德。永泰二年(766)七月,35 岁寝疾终于资敬寺。当月,从其先志,将其"安神于毕原,近魏国先祖夫人之茔"。② 释然虽然自幼出家,但希望葬于长安城南毕原其祖母坟茔之侧。

永宁里

48. 柳婉(720—732)佛末

柳氏女,司农少卿(从四品上)柳泽之女,河东人,字令仪,冀州司马柳诚言孙女。幼年信佛,"随父观代,便绝荤腥。虽在幼龄,已谐真趣"。从其年龄来看,她应该是因为体弱多病之故而信仰佛教。开元廿年(732)十一月,13 岁病逝于永宁坊官舍。在因病缠身、"气息微劣"之际,"因言至理,强慰"父母曰:"生死者,盖人之常分。赋命已定,有何忧焉。"并进膳于父母。虽然这是安慰父母的话,但也可以反映出其对人生的态度受佛教影响。为了不令父母睹物思人,"欲割其情,凡有衣资,皆令舍施"。即将大渐,执志弥坚。遽命家人,移就精舍。并"分遣赎生,便此寝止"。③

---

① 法云寺、资敬寺所在里坊,参考樊波《新见〈尼释然墓志〉考释——兼谈唐长安比丘尼与本家的关系》,《敦煌学辑刊》2015 年 3 期。

② 左拾遗程浩撰《资敬寺尼释然墓志铭并序》,《西安碑林博物馆新藏墓志续编》下册,第 355—357 页。

③ 长安县令李慎名撰《司农柳卿女(婉)墓志铭并序》,《全唐文补遗·千唐志斋新藏专辑》,第 166 页。

49. 郑霞士(806—874)㊉

郑氏,屯田员外郎、归州刺史(正四品下)韦端符(？—835)之妻,监察御史、河南府功曹参军郑素之女。大和末(835),韦端符卒于归州刺史任,数载后,郑氏"自荆峡携诸孤来京师",寓居于长安。咸通十五年(874)七月,69 岁卒于里第。郑氏在其丈夫亡故后独自一人支撑门楣,教诲子女,接连承受丧子之痛,"凡七年,继哭其子及四女……无何,又哭其长子"。晚年故寄情于佛教。病逝之前,"凡释氏预修追往之说,迨衣衾之制,无遗事在后人",自己均做了事先安排。并托次女婿守河南县令常山张读撰写自己的墓志铭,"常以读再齿姻末,特厚慈爱,言托刊纪,志在详实。属官守洛下,有乖临奉,承讣悲涕,寄刻墓铭"。①

长寿里

50. 韦珏(813—877)㊉㊀

韦氏,京兆杜陵人国子监丞、兴州刺史(正四品下)郭缪(797—876)之妻,宫苑总监(从五品下)韦俛之女,秘书郎兼监察御史韦登之孙,封扶风县君。乾符三年(876)冬丈夫遘疾殂逝,她以未亡人自称。为丈夫服丧礼毕,韦氏得疾,"骨肉家隶,趋召医药"。韦氏曰:"妇之失俪,谓未亡人,待亡者也。"故"巫医不征,药饵不前"。其墓志云韦氏"弥栖心于黄褐二教,悟大时可逃。故适去

---

① 次子婿守河南县令张读撰《唐故尚书屯田员外郎归州刺史韦公(端符)夫人荥阳郑氏(霞士)墓志铭并序》,《长安新出墓志》,第 309 页。

无挠,婴疾不药,委顺而化"。乾符四年(877)二月,晚于其夫一年,65岁终于里第。其年四月,归葬于万年县凤栖原,合祔郭镠之茔。①

宣平里

51. 刘宝(713—755)佛

刘氏,字珍英,徐州彭城人,②右补阙(从七品上)高盖之妻,太子詹事刘瑗之女。天宝十四载(755),43岁病逝于宣平里。危亟之际,遗言丈夫高盖:"获觐先人,诚惬所仰。但阻偕老,顾深吞恨。遗约棺才周身,敛以时服。唯随求陁罗尼咒所得水精念珠,系之肘上,他无所入。兼愿于故证果□上座神道之傍,别起小塔。"表达了自己的临终心态,要求薄葬、塔葬,将水精念珠陪葬,要求葬于上上座其韦氏从姊塔侧。当年,安于京兆府咸宁县洪固乡之平原西北,韦氏姊塔121步。③

52. 姚衮夫人李氏(771—832)道

李氏,陇西成纪人,大理司直李泆第二女,殿中侍御史(从七品下)内供奉姚衮之妻,监察御史姚中立之母,封陇西县太君。"其暇

---

① 堂侄承奉郎前守怀州获嘉县令韦孝立撰《唐故兴州刺史太原郭公夫人京兆韦氏(钰)扶风县君墓志铭并叙》,《西安碑林博物馆新藏墓志续编》,第666—668页。并见《珍稀墓志百品》,第226—227页。

② 刘宝曾祖父为刑部尚书刘德威。查《新唐书》卷106《刘德威传》,刘德威,徐州彭城人,武德时期任刑部尚书,其妻为平寿县主。第4053—4054页。据此推可知刘宝籍贯。

③ 右补阙高盖撰《高盖故妻彭城刘氏墓志》,《长安新出墓志》,第191页。

则视黄老书,得微旨,故穷于暮年,泊如也。"大和六年(832),62 岁终于里第。其丈夫亦信奉道教,约元和时期先卒,遗命将自己葬于长安城南吴道士观之旁空地,其地距离姚氏先茔亦不远,并云:"神道不欲扰,合葬非古,一旦夫人不讳,同域异封可也。"同样信奉道教的李氏遵守丈夫遗命,"理命亦为然"。其子孙承命,当年十一月,将亡母祔葬于万年县洪固乡之毕原。①

静安里

53. 韦净光严(652—711)㊩

　　韦氏,号净光严,京兆杜陵人,扶阳郡君、司勋郎中(从五品上)杨府君继室,屯田、驾部员外郎、兵部郎中韦仁慎长女。18 岁出嫁杨某后,丈夫不久暴亡,韦氏"心事独断","命与前夫人合葬",自己作主将丈夫与其前妻合葬。因年轻寡居,"深警泡幻,悬探妙有,晏坐一室,谛观六尘。虽泯色空,尚婴烦恼"。景云二年(711),60 岁病逝于静安里第。韦氏"平昔之日,尝召诸子勒言,以为孝实天经,哀缠风树。生不遂于庐墓,死愿陪于窀穸"。希望将自己葬于父亲韦仁慎茔侧。诸子"敬遵先旨",当年将亡母"窆于万年县义丰乡铜人原父茔北一里间,庶冥通也"。② 韦氏之墓与父茔相距一里,实现了其"死愿陪于窀穸"的遗愿。

---

① 行尚书户部员外郎姚康撰《唐故陇西县太君李氏夫人墓志铭》,《长安新出墓志》,第 268—269 页。

② 行万年县丞韦希撰《大唐故司勋郎中杨府君夫人韦氏扶阳郡君墓志铭并序》,《唐代墓志汇编续集》,景云 006,第 445—446 页;《隋唐五代墓志汇编·陕西卷》第 3 册,第 138 页。

54. 尼寂照（753—825）佛末

博陵崔氏，刑部郎中（从五品上）、郢州刺史（从三品）崔婴季女，同州刺史、河东采访使崔璘孙女。因"凤植因果，早悟真如，坚求出家，志不可夺"，受具戒于宝应寺敬僧录，后为长安崇敬寺①临内外坛大德，住持本寺五十年。宝历元年（825）四月，73 岁终于本寺，僧腊 52。"遗命以素□（辇？）载丧，不事华饰，简俭□制，垂于理□。弟子弘一、元真、弘济等，哀奉先旨，教无违者。"其月底迁座于万年县高平乡凤栖原，遵像教，建灵塔。②

升道里

55. 尼实照（719—797）佛

俗姓王，处士王思诲第三女，出适张某。大历初，在丈夫亡后，王氏年近 50 岁，"剃发缁服"，"揉践禅律"，为长安升道坊龙花寺尼。其"观空练心，了得诸法"。预先觉察到自己寿命将尽，尝曰："慈云高飞，法雨当歇。轮回世界，吾其久欤。"贞元十三年（797）秋，79 岁捐生本寺，僧腊 32。当年底，沙弥满悦、侄前吏部常选王克正将其葬于商州商山，"藏诸厚土"。③ 即对其予以土葬，但其墓志铭有"朗月松风，孤坟岿然"字样，可证为独葬，并未与丈夫张某合葬。

---

① 据《唐会要》卷 48《寺》，崇敬寺位于静安坊。第 846 页。
② 侄朝散大夫行尚书吏部员外郎上柱国赐鱼袋崔戎撰《崇敬寺故临内外坛大德寂照和尚墓志文并序》，《洛阳新获墓志二〇一五》，第 287 页。
③ 进士陈叔向撰《唐龙花寺（尼实照）墓志铭》，《全唐文补遗》第 4 辑，第 80 页。

56. 尼契义(753—818)㊙㊙

俗姓韦,京兆杜陵人,尚书左仆射、中书令韦安石曾孙女,中书舍人、临汝郡太守韦斌孙女,司门郎中、眉州刺史韦衮长女。大历六年(771),19岁请求剃发出家,制隶龙花寺,受具戒于照空和尚,法号契义,后为东西街内外临坛大德。元和十三年(818)四月,66岁化灭,"遗命不坟不塔,积土为坛,植尊胜幢其前,亦浮图教也"。生前,尝从容乡里,指于北原而告其诸弟曰:"此吾之所息也,为其识之。"弟子比丘尼如壹等"服勤有年,号奉遗教",于当年七月,迁其神于万年县洪固乡之毕原,所谓"生归于佛,殁归于乡"。①

兰陵里

57. 封绚(卒于 881—882 年间)

封氏,字景文,冀州蓨县人,校书郎(从九品上)殷保晦之妻,文章、书法兼善。其祖父封敖进士出身,宣宗朝官至礼部侍郎、户部尚书等朝官,还曾任山南西道节度使、淄青节度使。② 唐末黄巢入长安时,夫妻二人共匿于兰陵里,殷保晦逃走。贼悦封氏貌美,欲娶之,为其所固拒。贼怒曰:"从则生,不然,正膏我剑!"封绚骂曰:"我,公卿子,守正而死,犹生也,终不辱逆贼手!"因遇害。殷保晦

---

① 从父弟乡贡进士韦同翊撰《唐故龙花寺内外临坛大德韦和尚墓志铭并叙》,《唐代墓志汇编》,元和118,第2032页。拓片见《北京图书馆藏中国历代石刻拓本汇编》029,郑州:中州古籍出版社,第131页。
② 《旧唐书》卷168《封敖传》,第4392—4393页。

亦号痛而卒。①

宣义里

58. 朱祥夫人蔺氏(671—748)佛

　　蔺氏,河西人,梁王府典军蔺怀览少女,苏州吴县令(从六品上)朱祥之妻。生一男二女,一女出家,法名光严自晤,"已祛于女相",一女在家孀栖。因蔺氏"孀居早岁","刻意缁门,虔心正惠"。天宝七载(748)秋,"右胁累足",78 岁终于宣义里。在其离世当日,"高释互而来之",曰:"相有奇矣,无合祔矣。"其嗣子朱惟明曰:"吾妣入于梵行,脱于世缘,非一日也。""乃卜其载九月十有七日秘于此樊川之皋窀之在矣。"②姚平认为:蔺氏墓志揭示,"如果佛教徒母亲没有留下有关丧葬安排的遗嘱,子女们往往会选择最能反映母亲意愿的方式治丧"。③ 个人认为"高释"在蔺氏离世当天"互而来之",并云蔺氏奇相,不应该归葬旧茔,相当蹊跷,很可能并非出于偶然的巧合。最可能的一种情况是累年孀居信佛的蔺氏临终提出不与丈夫合葬,不归葬旧茔,而是于长安城南樊川凿壁窆葬。其子朱惟明不忍拂逆母意,但又对这一不符合世俗常规的安葬方式感到较大压力,故向几位较有声望的僧人请求帮助,④以此方式

---

① 《新唐书》卷 205《列女·殷保晦妻封绚传》,第 5830 页。
② 赵克勋《有唐故蔺夫人窆铭并序》,《唐代墓志汇编续集》,天宝 042,第 611 页。
③ 姚平著《唐代的社会与性别文化》,北京:北京大学出版社,2018 年,第 171 页。
④ 《北魏唐宋死亡文化史》指出,朱惟明找来权威人士鉴定亡母修行合格与否,有了权威人士的论断,想必减轻不少世俗舆论压力,并说了一番话表示支持母亲的做法。第 217—218 页。

使母亲的龛葬顺理成章。

永平里

59. 尼坚行(649—724)㊅

　　俗姓鲁氏,京兆府栎阳人,京师永平里宣化寺比丘尼。她 35 岁为尼,开元十二年(724),76 岁于宣化寺迁生。"临命遗嘱,令门人等造空施身"。何谓"造空施身"? 在遗言执行者的做法中可以找到答案。9 年后的开元廿一年(733),坚行的亲弟大云僧志叶,弟子四禅、贤道、法空、净意等"收骨葬塔,以申仰答罔极之志"。①

敦化里

60. 尼义空(697—753)㊅㊀

　　俗姓杨,德阳郡洛县人,长安敦化坊净影寺都维那。"十三出家,二十具戒,三十七腊,寺住天京。"天宝十二载(753),57 岁卒。临终命洞灵观贤侄女道士坚持、女弟子崔二曰:"我生将尽,净土已成。遗书分明,后莫愁恼。"次年四月,女弟子崔二为其建塔安葬。②

---

① 《大唐宣化寺故比丘尼坚行禅师塔铭》,《唐代墓志汇编》,开元 367,第 1410 页。并见《宣化寺故比丘尼坚行禅师塔铭》,《全唐文》卷 997,第 10330 页。

② 青龙寺释崇惠撰《唐故沙门净影寺都维那义空塔铭并序》,《西安碑林博物馆新藏墓志续编》上册,第 338—339 页。

修业里

61. 杨真一(692—749)道

　　杨尊师,弘农人,兵部郎中、昌宁伯杨征长女。李隆基为太子时册为太子良娣,后升为淑妃。因"恩遇滋深,猜阻间起,悟贵宠之难极,恐倾夺之生衅,乃栖心服道,恳愿从真"。久之,玄宗"许内度"。淑妃"固请还家,申孝养也",得"退守黄庭,精求玄理",为长安玉真观女道士。天宝八载(749)六月,58 岁归神于西京景云观。① 寝疾弥留,将殁之际,抚侄杨寀而泣曰:"生必有灭,物无不化。且居生灭之境,岂逃物化之间哉? 所叹嫂年已衰,尔禄未及,是吾遗忧矣!"以其年八月十日封树于咸宁县洪原乡少陵原,陪先茔。②

未知里

62. 曹令姝(536—618)佛

　　曹氏,襄阳郡汉南县人,行台起部郎、襄州大中正曹诞之女,隋车骑上大将军、益昌侯唐君之妻。武德元年(618)十二月,曹氏 83 岁卒于京宅。或因历经隋末战乱与朝代更迭,她信仰佛教,"归诚

---

① 据《唐会要》卷 50《观》,景云观位于修业坊,杨真一修道的道观玉真观位于辅兴坊。第 870—871 页。
② 《唐故淑妃玉真观女道士杨尊师(真一)墓志铭并序》,《洛阳新获墓志二〇一五》,第 210 页。

三宝，知幻化之无常；独悟四虵，遂专精于读诵”。加之其丈夫唐君“旧葬于敦煌”，远在边郡，故曹氏临终遗嘱“随息在此，不须还于本乡也”。即葬于卒地长安，不与丈夫合葬，亦不返回其本乡襄州安葬。其子轻车都尉、赵王府副典军唐晏遵嘱，于贞观七年(633)将母亲单独葬于雍州长安县高原义阳里。墓志中提及“今窆黑水，孤坟相望”，因路途遥远，其儿子只能寄希望母亲与葬于敦煌边郡(贞观七年已改名沙州)的父亲“魂而有灵，风烟相接”。① 至于15年后才安葬，可能与她卒于唐初，而武德时期和贞观前期一直在进行统一战争有关。唐晏担任的是从四品武职——赵王元景②府副典军，曹氏当随子在京居住。

63. 某征士夫人程氏(约贞观初期—659)㊫

程氏，东平郡东阿县人，“夫人贞规冰融，少崇龙女之因，长励托生应化，虽顺轨于六尘，竟腾身于百宝”。显庆四年(659)，50余岁终于京第。25年后的睿宗文明元年(684)十月迁葬，“遵先志”，“祔征士灵塔安□(厝)”。③ 可能程氏夫君因信仰佛教而选择塔葬，程氏卒后遗令与夫君祔葬。

64. 李君之妻裴氏(655—711)

裴氏，河东闻喜人，李君之妻、裴怀长女。景云二年(711)，57

---

① 《随故车骑上大将军益昌侯唐君夫人曹氏(令姝)墓志铭》，《西安碑林博物馆新藏墓志续编》上册，第47—49页。

② 据《旧唐书》卷1《高祖本纪》(第11页)，贞观三年(629)，封皇子元景为赵王。又据《旧唐书》卷3《太宗纪下》(第46页)，贞观十年正月(636)赵王元景徙封荆王。故贞观七年(633)，唐君当是在赵王元景府担任副典军之职。

③ 《夫人程氏塔铭并序》，《唐代墓志汇编》，文明011，第720页。

岁终于长安私第。临终前预知到自己即将离世,对于亲族的"祈金上之乐,医仙采玉釜之香",她说:"天命有恒,生涯有极,修短定分,药饵何功?"不欲治病。次年正月,归殡于洛州邙山平乐乡之原。①从裴氏墓志未载其丈夫李君、父亲裴怀的官职等情况看,其父、夫可能仅为一介平民,家境不佳,且裴氏已经是 57 岁的老人,故其放弃医病可以理解。

65. 裴行俭继室库狄氏(? —717)佛

库狄氏,晋国夫人,闻喜县开国公、中书侍郎(正四品下)、同中书门下平章事裴行俭(619—682)继室。因有妇德,武则天临朝时期被召入宫,为御正。开元五年(717)卒于京邑,因其生前"深戒荣满,远悟真筌","每读信行禅师集录,永期尊奉",故子孙依其遗志,当年,将其"迁窆于终南山鸱鸣堆信行禅师灵塔之后"。② 其诸子中,季子裴光庭最贵,开元时期官至侍中兼吏部尚书。③

66. 王芳媚(673—745)佛

王氏,太原祁人,润州刺史(从三品)王美畅中女,唐睿宗(661—716)贤妃。她与伯姊先后为相王李旦妃。伯姊王德妃生薛王业(? —724),早终,故薛王业为贤妃所鞠养。开元四年(716),睿宗薨后,薛王业"恳请侍养"从母,故贤妃出就外宅。④ 天宝四载(745),73 岁疾殛,面对阖门求医,顾谓之曰:"吾年过耳顺,待终可

---

① 《唐李君夫人裴氏墓志并序》,《唐代墓志汇编》,太极 001,第 1136 页。并载《唐代墓志铭汇编附考》第 16 册,1519《李裴氏志》,第 87、91 页。
② 张说《赠太尉裴公神道碑》,《全唐文》卷 228,第 2304—2307 页。
③ 张说《赠太尉裴公神道碑》,《全唐文》卷 228,第 2304—2307 页。
④ 《旧唐书》卷 95《睿宗诸子・惠宣太子业传》,第 3108 页。

也。何药之为?"对自己的富贵长命表示满足。并以自己已享高寿为由,提出放弃医疗,18 日后病逝。临终前"因摄心谛观,归于愿力",希望皈依三宝。其载十二月,陪葬于睿宗桥陵。[①]

67. 杜钑夫人郑氏(卒于 769 年或稍前)[佛]

郑氏,礼部侍郎郑温琦之女,进士、右领军卫仓曹参军(正八品下)杜钑(693—743)之妻。杜钑早于天宝二年(743)卒于东都建春之私第。夫妻生五子,嗣子大理评事杜昶中年即世,余四子。杜钑墓志载郑氏"高堂就养,因子受封"为荥阳县太君,当因次子杜颖任监察御史受封,且随子居住。丈夫卒后 20 余年,郑氏卒,当卒于监察御史杜颖在长安的家中。受寝之辰,郑氏"顾有理命":"变周公之礼,幽隧不同;道释氏之教,灵塔斯起。"诸子监察御史杜颖、易州司马杜永、乡贡进士杜季伦、大理评事杜顺休"周旋遗旨,建塔□龙门西原",并在大历四年(769)十月迁旧茔邻于塔次,"庶神理之通"。[②]

68. 郭府君夫人刘氏(738—791)[佛]

刘氏,开府仪同三司行尚书兵部郎中(从五品上)郭府君(? —791)之妻。郭府君逝世后,刘氏"发弘大愿,心归释门"。奉为丈夫永持大佛顶经尊胜陀罗尼真言无穷之遍。刘氏 54 岁终于京师,时为贞元七年(791)。长子太子通事舍人郭锴"奉遵遗令",因"考时

---

① 谏议大夫王焘撰《大唐睿宗大圣真皇帝贤妃王氏(芳媚)墓志铭并序》,《唐代墓志汇编续集》,天宝 026,第 599—600 页。并见《全唐文补遗》第 1 辑,第 162—163 页。墓志图片载于《新中国出土墓志·陕西〔壹〕》上册,第 119 页;《隋唐五代墓志汇编·陕西卷》第 4 册,第 5 页。
② 吏部郎中兼侍御史米乘撰《大唐故右领军卫仓曹参军杜府君(钑)墓志铭并序》,《唐代墓志汇编续集》,大历 012,第 700 页。

未协□袝先茔",以逾年底权厝于先茔之次。① 据之,刘氏的遗令当为与丈夫合葬于郭氏祖茔。

69. 裴棣(783—846)

　　裴氏,河南县令裴澡之女,尚书司门员外郎裴育孙女。贞元十四年(798),16 岁适苏州刺史韦应物之子韦庆复(776—809)②。其丈夫"五年中三以文章中有司",任河东节度判官、监察御史(正八品上)里行,不幸于元和中去世。夫妻育有一子一女,从元和己丑岁(809)至会昌丙寅岁(846),裴氏守寡"三纪有奇"。裴氏孜孜"以成就门户为念","求释氏济苦之道,假桑门之诵读",抚育儿子韦退之,教以节义。韦退之明经、进士及第,"受业皆不出门内",不假他手。女儿嫁前进士于球。会昌六年(846)八月,裴氏 64 岁病逝。值其寝疾,子女问安之际,其曰:"吾是年前三岁周甲子。亦不谓无寿,况廿年,骨肉间如吾类,不啻十辈,与吾及者几希矣。今没无恨。然吾子家未立,且艰难于名,今方整羽翼,所未忍舍之。以是汲汲于医药。"她认为自己年过甲子,不算短命,但担心儿子韦退之的婚宦问题。其年十一月,裴氏因监察御史里行韦退之"预周行及普恩",封闻喜县太君,其子女将亡母迁于京兆府万年县少陵原,袝

---

① 前太常寺奉礼郎韩卿撰《唐故金紫光禄大夫开府仪同三司行尚书兵部郎中赠秘书少监乐平郡开国公郭府君夫人墓志铭并序》,《洛阳新获二〇一五》,第237 页。

② 韦庆复的出身及生卒年,据外甥前乡贡进士杨敬之撰《唐故监察御史里行河东节度判官赐绯鱼袋韦府君(庆复)墓志》,其载:元和四年,江夏公李墉奏韦庆复"以本官加绯,参其节度。其年,江夏公罢镇归,公亦归。道得疾,至渭南灵岩寺而病。以七月十九日终寺之僧舍,春秋三十四"。《西安碑林博物馆新藏墓志续编》下册,462—464 页。另外,据其墓志还可知,韦庆复的阶官是监察御史里行,而非监察御史。

先茔。① 裴氏丈夫先于其逝世多年,其女婿于球亦先逝,她应随子监察御史里行韦退之居于长安,故当卒于长安。

上述留下遗言的 69 位长安女性中,以下基本以每十年为一阶段,统计出全部 29 个阶段的女性遗言人数。其中,仅 670—679 年、770—779 年、890—900、900—907 年四个阶段,遗言者空缺,占比 13.79%;其余 25 个阶段中,以卒于 750—759 年遗言女性最多,为 6 人;其次为 650—659 年、720—729 年、740—749 年、790—799 年四个阶段,各 5 人,详情如表 1-1 所示:

表 1-1:唐代长安女性分阶段遗言统计表

死亡时期	编　号	人　数
618—629	62	1
630—639	1	1
640—649	19	1
650—659	2、3、4、35、63	5
660—669	17、18、43	3
670—679	—	0
680—689	30	1
690—699	16	1
700—709	45	1
710—719	53、64、65	3

① 孤子将仕郎前监察御史里行韦退之奉述《唐故河东节度判官监察御史京兆韦府君(庆复)夫人闻喜县太君(裴棣)玄堂志》,《西安碑林博物馆新藏墓志续编》下册,第 576—579 页。

（续表）

死亡时期	编 号	人 数
720—729	5、24、27、28、59	5
730—739	8、39、48	3
740—749	10、46、58、61、66	5
750—759	14、21、36、41、51、60	6
760—769	9、15、47、67	4
770—779	—	0
780—789	22	1
790—799	32、40、44、55、68	5
800—809	20、23、31、37	4
810—819	6、13、56	3
820—829	29、33、54	3
830—839	11、38、52	3
840—849	7、69	2
850—859	42	1
860—869	12、25	2
870—879	26、49、50	3
880—889	34、57	2
890—900	—	0
901—907	—	0
合　计		69

就宗教信仰而言，69 人中，具有佛、道信仰的女性 45 人，占总数的 65.22％。其中，信佛女性 38 名（含比丘尼 10 名），占总数的

55.07％；信道女性 6 名（含女冠 2 名），占比 8.70％；50 号韦珪则是"栖心于黄褐二教"，即佛道兼修，沉着应对死亡的来临。其余非佛道信仰女性为 24 名，仅占总数的 34.78％。

　　在唐代，出家是一个过程，一般先在家习佛，然后从师受戒。年满二十、受具足戒后，成为正式的比丘或比丘尼，由尚书省的祠部颁发度牒作为正式凭证。夏腊也是从此开始计算。比丘或比丘尼不一定有隶属寺院，还有四处云游的行脚僧。本章 60 号长安净影寺都维那僧义空（697—753），俗姓杨，德阳洛县人，"十三出家，二十具戒，三十七腊，寺住天京"。[①] 其开始出家和受具足戒成为比丘尼之间相隔 9 年。永州司马柳宗元所撰《南岳般舟和尚第二碑》载：南岳般舟和尚（735—804），俗姓蒋，"生十三年而始出家，又九年而受具戒，又十年而处坛场。又三十七年，而当贞元二十年正月十七日，化于兹室"。[②] 据碑文，僧般若 13 岁出家，22 岁受具足戒为比丘，32 岁方有隶属寺院。江州兴果寺律大德成神凑（744—817），京兆蓝田人，"既出家，具戒于南岳希操大师，参禅于钟陵大寂大师。志在首《楞严经》，行在《四分毗尼藏》，其他典论，以有余力通。大历八年（773），制悬经论律三科策试天下僧，师中等得度，诏配江州兴果寺"。元和十二年（817）九月，凑公卒，其塔碣名言其"春秋七十四，夏腊五十一"。[③] 这说明他是大历二年（767）出家受具足戒，至大历八年（773）才有隶属寺院。因此，以下

----

① 青龙寺释崇惠撰《唐故沙门净影寺都维那义空塔铭并序》，《西安碑林博物馆新藏墓志续编》上册，第 338—339 页。
② 前永州司马员外置同正员柳宗元撰《南岳般舟和尚第二碑》，《柳河东集》卷 7 《释教碑铭》，第 103 页。
③ 《唐江州兴果寺律大德凑公（成神凑）塔碣铭并序》，《白居易集笺校》卷 41《碑碣》，第 2701—2702 页。

将信佛女性区分为受具足戒的比丘尼、受具足戒的在家尼、受三皈五戒的优婆夷、普通居家佛教信徒四类,同时,将信道女性区分为已经出家有隶属道观的出家女冠、已受法箓的在家女冠和普通居家道教信徒三类,将唐代长安遗言女性宗教信仰情况列为表1-2。

表1-2:唐代长安遗言女性宗教信仰情况统计表

宗教信仰种类	信众类型	信众人数	编　号	合计
佛教	比丘尼	9	27、36、43、47、54、55、56、59、60	38
	受具足戒的在家尼	1	30	
	居家佛教信徒	28	10、11、13、15、16、18、21、22、25、28、29、35、37、41、44、45、46、48、49、51、53、58、62、63、65、66、67、68	
道教	女冠	2	38、61	6
	在家出家女冠(已受法箓)	1	9	
	居家道教信徒	3	5、14、52	
佛道兼信	普通居家信徒	1	50	1

从死亡年龄来看,69位长安遗言女性中,除6人年龄未知①外,有63人可以确认其年龄组,其中,50—59岁长安女性留下遗言的人数最多,为15人,占总数之比为21.74%;其次是

---

① 7号王才人30岁左右;14号卢起信很可能是60岁左右的老人;34号广德公主,婚后23年遇害,当在50岁左右;57号封绚,其夫仅官居校书郎,属于仕途的初期,她卒时很可能至多30余岁;65号库狄氏是同中书门下平章事裴行俭继室,武则天临朝时期为宫中御正,卒时当在60岁以上;67号郑氏,进士、右领军卫仓曹参军杜钺(693—743)夫人,晚于丈夫20余年卒,当在60岁左右。

60—69 岁年龄组,为 14 人,占比 20.29%;再次是 70—79 岁年龄组,为 8 人,占比 11.59%;留下遗言数量最少的是 90 岁以上、10—19 岁年龄组分别为 1 人和 2 人;40—49 岁年龄组,亦仅有 4 人,详见表 1－3 所示。

表 1－3：唐代长安遗言女性年龄分布统计表

年龄组	编　号	人数
10—19 岁	8、48	2
20—29 岁	2、3、4、17、28、29、33	7
30—39 岁	1、5、9、26、42、45、47	7
40—49 岁	23、32、37、51	4
50—59 岁	6、10、12、13、19、20、36、40、44、46、60、61、63、64、68	15
60—69 岁	21、22、25、30、31、35、38、43、49、50、52、53、56、69	14
70—79 岁	11、15、24、54、55、58、59、66	8
80—89 岁	16、18、39、41、62	5
90 岁以上	27	1
年龄未知	7、14、34、57、65、67	6
合　计		69

　　在中国古代社会,男主外,女主内,女性在家从父,出嫁从夫,夫亡从子。根据女性在中国古代的角色特点和依附性身份,将依据其所"天"的官职情况作为划分女性所属阶层的标准,未婚女性依据其父官职,已婚女性依据其夫官职来区分其所属家庭的阶层,若夫死则依据其子的官职情况判断其所属阶层。就婚姻状况而言,除婚姻状况未知的 27 号尼法澄、59 号尼坚行两名比丘尼之外,已婚女性 58 名,占 84.06%,包括皇帝后妃、各级

官员①夫人、平民之妻等；未婚女性 9 名，占 13.04％，包括比丘尼和年轻未婚女性两类，具体如表 1－4 所示。

表 1－4：唐代长安遗言女性婚姻及所属阶层状况简表

婚姻状况	丈夫/父亲官职		编　　号	女性人数	合计
已婚女性	皇帝		1、2、3、4、5、6、7、61、66	9	58
	高官	朝官	9、10、16、31、34、40、44、45、62、65	17	
		地方官	19、20、32、35、46、49、50		
	中层官员	朝官	11、12、13、17、21、24、25、28、37、51、52、53、68	19	
		地方官	15、22、23、41、42、58		
	低层官员	朝官	29、57、67	5	
		地方官	39、69		
	平民		26、38、63、64	4	
	未知或不明确		14、18、30、55	4	
未婚女性	高官	朝官	43、47、48	5	9
		地方官	54、56		
	中层官员	朝官	36	1	
	低层官员	朝官	8	2	
		地方官	33		
	未知		60	1	
婚况不明	—		比丘尼：27、59	2	2

① 赖瑞和在其所著《唐代基层文官》一书自序中提出："唐人任官，一般都得从八、九品小官做起，然后按部就班升迁。五、六、七品通常已是中层官员，三、四品为高官，一到二品只用以酬勋臣。"北京：中华书局，2008 年，第 3 页。在唐代，官员的品阶分为九品，本书依据赖瑞和对唐代官员级别的划分，男性官居四品以上为高层官员，五、六、七品为中层官员，八、九品为低层官员。

就身份而言,在 58 名长安已婚遗言女性中,有内、外命妇 27 名,占长安已婚遗言女性的 46.55%;非命妇女性 31 名,包括朝官夫人 15 名、地方官夫人 8 名,平民之妻 5 名,另有 3 人丈夫身份不甚明确,当非命妇。遗言非命妇占已婚长安遗言女性的 53.45%。

表 1 - 5:唐代长安已婚遗言女性命妇、非命妇统计表

命妇/非命妇			编　号	人数	合计
命妇	内命妇	皇后	1、3	2	9
		皇妃	2、4、5、6、7、61、66	7	
	外命妇	公主	9、34	2	18
		国夫人	32、35、65	3	
		郡夫人/郡太夫人	15、44	2	
		郡君	10、16、46、53	4	
		县君/县太君/赠县君	13、45、50/52、67、69/39	7	
非命妇	朝官夫人		11、12、17、21、24、25、28、29、30、31、37、40、51、57、68	15	31
	地方官夫人		19、20、22、23、41、42、49、58	8	
	平民之妻		26、38、55、63、64	5	
	丈夫身份不明确		14、18、62	3	

以上 69 位长安女性的遗言内容丰富,涵盖 35 类 112 条。其中,表达临终心态与志愿者最多,为 15 人,占比 21.74%;其次,遗言薄葬有 13 人,占比 18.84%;再次,指定安葬方式者 12 人,占比 15.94%,其中遗言塔葬则占了指定安葬方式的一半;又次,提出独葬(不与丈夫合葬)者 10 人,归葬本家祖茔者 9 人,占比分别为

14.49％、13.04％;又又次,指定葬地、与亲人诀别各 6 人,占比均
为 8.70％;再次之,训诫子女 4 人,占比为 5.80％;要求与丈夫祔
葬、留遗书、安慰亲人及弟子、挂念亲人,各 3 人;拒绝服药、指定墓
志撰写人、做功德,各 2 人。上述这些遗言合计 15 类 92 条。其余
20 类遗言,分别仅有 1 人次。详见表 1－6 所示。

表 1－6:唐代长安女性遗言内容统计表

序号	遗言内容		编号	数量
1.	表达临终心态与志向		3、4、5、11、12、21、34、35、50、51、55、57、60、61、69	15
2.	薄葬		1、5、13、16、17、21、26、36、38、42、44、51、54	13
3.	与丈夫祔葬		6、63、68	3
4.	独葬(不与丈夫合葬)		10、13、15、20、35、41、44、52、62、65	10
5.	安葬方式	塔葬	9、10、30、51、59、67	12
		土葬	36、56	
		岩穴葬	18	
		天葬	30、43	
		龛葬	58	
6.	归葬本家祖茔	葬于父坟之侧	37、53	9
		就祖母先茔	8、47	
		其他	20—21、29、39—40	
7.	不归葬祖茔		62	1
8.	权厝于娘家祖茔,俟丈夫亡后归葬夫家祖茔		23	1
9.	留遗书		13、26、60	3

（续表）

序号	遗言内容		编号	数量
10.	拒绝服药		64、66	2
11.	指定葬地		9、13、19、36、51、56	6
12.	指定墓志撰写人		31、49	2
13.	训诫子女		12、13、35、45	4
14.	托丈夫敬养其父，友于其兄弟		29	1
15.	安慰亲人或弟子		14、48、60	3
16.	挂念亲人		22、61、69	3
17.	遗表请其子与公主完婚		32	1
18.	与亲人、同道诀别	与亲人及同道辞诀	13、28	6
		与丈夫诫诀	1、26	
		与子孙离诀	16	
		辞谢兄姊	33	
19.	陪葬帝陵		2	1
20.	死后穿道服		9	1
21.	殉葬		7	1
22.	卧死		27	1
23.	不必用物覆面		24	1
24.	侍医无加罪		6	1
25.	进谏		1	1
26.	皈依三宝		46	1
27.	用人		1	1
28.	勿因其死而影响国家政治生活及百姓婚嫁等		6	1

序号	遗 言 内 容	编 号	数量
29.	遗表以车服器用上献	32	1
30.	做功德（施舍衣资、赎生等）	13、48	2
31.	移就精舍	48	1
32.	身后"莫令受他罪，勿为人所忧觉"	25	1
33.	子孙祭祀	13	1
34.	植尊胜幢于墓	56	1
合计		69人	112条

第二章 东都洛阳女性遗言

　　位于中原、具有地利之便的洛阳，是唐朝的东都，传统文献和唐人墓志中关于洛阳官员及其家眷的记载亦较多。我们搜集到唐代洛阳遗言女性 75 人，这些女性均为自然死亡，其中，卒于安史之乱发生之前的唐前期（608—755）有 46 人，唐后期（756—907）29人，前期明显多于后期。这些女性中，15 号武曌卒于上阳宫，14 号慕容氏卒于皇城乘黄署公馆，其余 73 人中，有 63 人分布于 42 个里坊①之中，有 10 人卒于未知里坊。因洛阳实行里坊制度，宫城、皇城位于城北的西侧，最西侧紧靠皇城者为上阳宫，其余则为里坊。按卒于洛阳遗言女性的卒地里坊所在位置，依从北往南、从西往东的顺序，对洛阳女性的遗言分别予以论述。其中，灵台里、万岁里、杜翟里均位于河南县，但具体位置不清，列于后面，卒于未知里坊者则列于最后。应该指出：洛阳遗言女性 75 人中，除 4 人（编号 8、39、50、73）葬地未知外，归葬或迁葬雍州京兆府者 5 例（编号 15、37、51、68、74），占比 6.67％；改葬襄州 1 例（67 号）；其余65 人，则全部葬于洛州河南府境内，占比高达 86.67％。洛阳遗言女性葬于河南府者，渑池县、偃师县、巩县仅各有 1 人（编号 3、26、

---

① 　补充杨鸿年著《隋唐两京坊里谱》未载三个里坊：灵台里、万岁里和杜翟里。

52），大都分布于河南县、洛阳县两大赤县，具体地点则以洛北的邙
山和洛南的龙门为主，尤其是北邙山，白居易有诗云："贤愚贵贱同
归尽，北邙冢墓高嵯峨。"①唐人王建《北邙行》诗云："北邙山头少
闲土，尽是洛阳人旧墓。旧墓人家归葬多，堆着黄金无买处。"②唐
人眼中，邙山是理想的墓葬所在地，一些选择葬于洛阳的长安官员
也主要葬于邙山。

丰财里

1. 郑府君夫人万俟氏（696—744）佛

　　河南人，行洪府法曹参军（从七品）荥阳郑府君（？—740）之
妻，殿中监、袭灵丘县开国侯万俟肃孙女。丈夫郑府君开元廿八
年（740）卒后，万俟氏"永断荤血，便习禅行"，其二子一女皆"随
母师训诲，志法王戒律"。天宝三载（744）四月，49 岁坐终于丰
财里官舍。临终前夕，"停烛踌躇，勤恤孤幼，如忧割爱未忍"。
因其"不欲窆于荥阳，务随便于洛师可也"，以其先志，次年七月，
葬于洛阳县平阴乡之原。③ 因郑府君出身荥阳郑氏，祖茔当在郑
州荥阳郡，故她遗言的真正含义是不与丈夫合葬，而是单独安葬于
洛阳。

---

① 白居易《浩歌行》，《白居易集笺校》卷 12《伤感四》，第 629 页。
② 王建《北邙行》，《全唐诗》卷 298，第 3375 页。
③ 《大唐故朝议郎行洪府法曹参军荥阳郑府君故夫人河南万俟氏墓志铭并序》，
　《唐代墓志汇编》，天宝 066，第 1576 页。并见《全唐文补遗》第 2 辑，第 539 页；
　《北京图书馆藏中国历代石刻拓本汇编》第 25 册（唐），第 80 页。

2. 苗府君夫人杨氏(756—807)

杨氏(756—807),弘农人,吏部郎中、河南少尹(从四品下)苗府君之妻,其父左千牛杨千有21岁"卒于其任",故"长育姨之家"。丈夫苗某早卒,贞元末年归祔于长安大茔。元和二年(807)秋,杨氏哀痛离世,52岁终于里之私第。杨氏临终对其子苗让依依不舍,"临决付命,遗恨悲于弟妹。念汝少孤,遭世不愍。吾之疾苦,未卜前途。抚育之分,未能使汝免于饥寒之忧。仰惟先轨,骨肉摽擗,痛毒何追"。两年后,杨氏被"权安厝河南县□陈村南原"。①

道光里

3. 郑思九夫人陈氏(? —743)㊝

陈氏,始宁郡诺水县令(从六品上)郑思九之妻。其夫先卒,她在"脱解尘笼"之后,"精深道域,虽示现夫妇,聿修梵行,而住不退地,入常乐境"。天宝二年(743)终于里第。遗训:"吾生受清戒,死必异坟。"其嗣子遵嘱,次月葬母于渑池县之东原郑公坟之右地。②

---

①　子苗让撰《亡妣尊夫人(杨氏)》,《全唐文补遗》第1辑,第259页。
②　《大唐故始宁郡诺水县令郑公(思九)夫人陈氏墓志铭并序》,赵君平、赵文成编《秦晋豫新出墓志搜佚》第3册,北京:国家图书馆出版社,2012年,第645页。

殖业里

4. 侯府君夫人王氏(687—735)㊝

王氏,襄州南郑令王早第 14 女,国子司业(从四品下)侯府君之妻。开元廿三年(735),39 岁卒。因"精意禅寂,深悟空门","启手之辰,戒无同穴,是用不祔于公矣"。当年,从其"理命",窆于河南平乐乡之平原。①

兴艺里

5. 朱元軨(675—741)㊝

朱氏,吴郡人,棣州蒲台县丞之女,洪府长史朱胄甫孙女,贵州刺史朱景阳之姊。因丈夫秦州上邽县令(从六品上)王令珣早逝,朱氏"摄□禅门,归心释教"。开元廿九年(741),67 岁终。在"沉瘵弥留"之际,约言五女:"吾身殁之后,封树别坟,庶清静可凭,冀营魂有托。"不与丈夫合葬。当年十一月,窆于北邙之原,"先营(茔)不从,古之道也。……诸女衔哀,众宾助绋"。②

---

① 《唐故国子司业赠庆王傅侯府君夫人王氏墓志铭并序》,《唐代墓志汇编续集》,开元 139,第 548 页。
② 《大唐故秦州上邽县琅琊王令珣夫人吴郡朱氏(元軨)墓志铭并叙》,《大唐西市博物馆藏墓志》中册,第 518—519 页。

清化里

6. 钱府君夫人万俟氏（723—791）

　　万俟氏，文范君子万俟謟第二女，楚州盱眙县令万俟弇孙女，遂州刺史（从三品）、侍御史钱府君之妻。贞元七年（791）四月，69岁，终于里之私第。遘疾之初，诫子曰："吾殁已后，可殓以时服，棺以凡材。然珠玉而瘗之，是暴骸于中原也。"她特别提出对陪葬珠玉的强烈反对，认为这会引发盗墓行为。其嗣子钱执素奉遗训将亡母窆于邙山南原。①

思恭里

7. 裴简夫人崔氏（789—814）

　　崔氏，中牟县尉充易定节度推官进士崔绚季女。元和七年（812）冬，24岁出嫁试太子左内率府胄曹参军（正九品下）裴简。婚后一年半遘疾，元和九年（814）殁，年仅26岁，其子裴渐尚在襁褓之中。临终前与父母、丈夫及幼子诀别："临殁辞所事所生，以不克为妇为子为恨，谓所从以不疏己宗为托。"一方面自己对不能再侍奉老人表示遗憾，另一方面希望丈夫不要疏远自己的娘家人。

---

① 《唐故遂州刺史侍御史钱府君夫人万俟氏墓志铭》，《全唐文补遗》第 8 辑，第 96—97 页。并见《洛阳新获墓志续编》第 442 页；《邙洛碑志三百种》，第 249 页。

其丈夫"奉亲命",以夫人祔于北邙山之西原梓泽乡宣武管简曾大父贝州刺史府君茔西一里所。[①]

8. 沈子柔（？—870）未

沈氏，字小娇，洛阳青楼女子，官妓。生母刘媪，"有弟有姨，皆亲骨肉"。其人"善晓音律，妙攻弦歌"，居于思恭里，洛阳风流贵人和博雅名士"每千金就聘，必问达辛勤，品流高卑，议不降志"。因其"居留府官籍，名冠于辈流间，为从事柱史源匡秀所瞩殊厚"。咸通十一年（870），"年多疠疫，里社比屋，人无吉全"。当年夏，沈子柔亦染疾，故"宴寝香闺，扶衾见接"，对知己源匡秀感叹吁嗟自身之难保曰："妾幸辱郎之顾厚矣，保郎之信坚矣。然也，妾自度所赋无几，甚疑旬朔与疠疫随波。虽问卜可禳，虑不能脱。"其后未及浃旬离世。源匡秀对之非常不舍，在为其撰写的墓志中直白表露自己的感情："火燃我爱爱不销，刀断我情情不已。"[②]

立行里

9. 贾三胜（638—711）佛

贾氏，字正念，雍州咸阳人。陇州汧阳县令贾履新孙女，毛处

---

① 前试左内率府胄曹参军裴简撰《亡妻清河崔氏墓志铭并序》，《唐代墓志汇编》，元和073，第1999页。并见《全唐文补遗》第1辑，第266页。
② 源匡秀撰《有唐吴兴沈氏（子柔）墓志铭并序》，《唐代墓志汇编续集》，咸通066，第1085页。并见《全唐文补遗》第4辑，第247页。

士之妻。因丈夫中年病逝，她独自抚养儿子，"摈绝尘俗，虔归净土"，素斋礼佛，在抄写经文、造佛像中安度余生，共写大乘经 500余卷，造金铜及素像 1 000 余躯。景云二年（711），74 岁终于里之私第。临终前，贾氏大做功德，"临终设斋，延诸大德，三日行道，并放家僮四人"。预感到死期将近，她希望以做功德之举而在佛国往生。对于其遗言，其墓志中并未言及，但却详细记录其嗣子毛希望对父母的安葬方式："处士府君先以神龙九年七月廿六日亡，当时权窆，未树坊域。今别造新茔，迁徙旧处。越景云二年七月廿九日与夫人同葬于河南平乐乡之原，礼也。坟兆虽同，仪形各异，非周文之合葬，祈释教之往生。"①贾三胜墓志记载这种同葬而不合葬，坟兆虽同，仪形各异的处理方式，是出于贾三胜往生佛国的考虑。笔者怀疑，这很可能是据贾三胜的遗言或先旨采取的做法，虽然这在其墓志中未予以明确记录。

教业里

10. 宋五娘（597—671）

宋氏，广平郡人，隋校书郎宋文之女，"年甫弱笄，言归毕氏"，②十三、十四岁出嫁隋广宁王府参军毕仕政之子东平毕粹

①　《大唐故毛处士夫人贾氏墓志铭并序》，《唐代墓志汇编续集》，景云 005，第445 页。
②　《唐故夫人宋氏墓志铭并序》，《唐代墓志汇编》，咸亨 041，第 538—539 页。拓片见《隋唐五代墓志汇编》洛阳卷第 5 册，第 120 页。

(590—672)①为妻。贞观五年(631),毕粹 41 岁时为进士,后官至德州平原县丞(从八品下)。② 咸亨二年(671),宋氏 75 岁③葬于"洛阳县平阴乡之原",临终"遗命薄葬,务修功德"。④ 宋五娘遗言薄葬当与其宗教信仰有关。次年,毕粹逝世于东都教业坊私第,"属纩之际,造《皇箴》一篇,鉴□替于前王,成匡救于今帝"。且遗令"与夫人宋氏连坟合葬"。⑤ 毕氏卒于东都教业坊私第,五娘早于毕氏一年离世,且葬于洛阳,故她很可能同样卒于教业坊。

---

① 宋五娘墓志未明确记载二人为夫妻关系,笔者判断二人为夫妻关系的可能性很大。首先,《唐故德州平原县丞毕君(粹)墓志铭并序》(《唐代墓志汇编》,咸亨 074,第 563 页)载毕粹咸亨三年(672 年)去世后与夫人宋氏连坟合葬于"洛阳平阴乡之原"。知毕粹夫人姓宋,且应早于毕粹逝世,后夫妻二人合葬。《宋五娘墓志》漫漶之处甚多,但据之可知,宋五娘"年甫弱笄,言归毕氏"。也就是十三四岁出嫁,丈夫姓毕。且其卒于咸亨二年(671),葬于"洛阳县平阴乡之原"。从中可知宋五娘卒年早于丈夫毕某,且其葬地与毕粹完全一致。其次,二人的出身门第比较般配,双方父亲均在隋朝为官,宋五娘出身于广平宋氏,毕粹出身"东平之盛族",祖先因官迁居,遂为河南陆浑人。再次,二人年龄相当。

② 《唐故德州平原县丞毕君(粹)墓志铭并序》,《唐代墓志汇编》,咸亨 074,第 563 页。

③ 据《毕粹墓志》,贞观五年(631),毕粹贞观五年为进士时,他 41 岁。可知其出生于开皇十年(590)。而《宋五娘墓志》记载宋五娘卒龄为"□十五",若她与毕粹为夫妻,结合毕粹卒龄 83 岁和宋五娘弱笄出嫁来看,宋五娘最大可能比毕粹小 7 岁、卒龄 75 岁,则其出生于隋开皇十七年(597),于隋大业五、六年(609、610)结婚,其时毕粹 20 岁或 21 岁,二人年龄相当,符合唐人婚姻的实际情况。

④ 《唐故夫人宋氏墓志铭并序》,《唐代墓志汇编》,咸亨 041,第 538—539 页。拓片载《隋唐五代墓志汇编》洛阳卷第 5 册,第 120 页。

⑤ 《唐故德州平原县丞毕君(粹)墓志铭并序》,《唐代墓志汇编》,咸亨 074,第 563 页。

立德里

11. 李良夫人任氏（736—810）佛

任氏，守上党府折冲（正三品）任昭次女，试太常卿李良（约卒于元和初）之妻。初及笄出嫁，生嗣子五人。试太常卿是用以寄禄的虚官，"授无废禄，受不占员"，[1]夫妇共同信仰佛教，"年将知命，齐议道门，求持净戒，舍名职，归法地，弃世宠，期梵天"。李良于洛阳郭村私第病逝弥留之际，命群子曰："身奄于世，各修一茔。"诸子"咸听其诏"。至元和五年（810）十一月，任氏75岁殁。因"都捐世俗，视身终如归"，在患疾弥留之际，亦遗命群子"遗言无忘，各置一茔"。长子李玠、次子李珍、季子李叔敖"恭命"，次年十月将亡母卜葬于洛阳县邙山。[2]

时邕里

12. 崔蕴（793—852）

崔氏，岭南节度使崔咏之女，礼部郎中崔鼎孙女，邢州龙岗县令（从六品上）王府君继室。其祖父崔鼎在上党郡幕府任职时，礼遇同僚王某，"以门抗地比，乐于联姻"。王某则以崔鼎待之非常，

---

① 《资治通鉴》卷230，唐德宗兴元元年二月条陆贽语，第7537页。
② 前行楚州司法参军李仲殷撰《唐故任氏夫人墓志铭并序》，《唐代墓志汇编》，元和047，第1982页。

双方势均力敌,可以互相"系援",故崔王二家联姻,王某娶崔鼎孙女为妻。不幸,崔氏"累岁生一子而弃世",王某又续娶妻妹崔蕴,后官至邢州龙岗县令(从六品上),卒于任。大中六年(852)二月,崔蕴60岁捐背于里之私第。其年闰七月,"窆于北原清风乡郭村,祔而不合"。并未与丈夫同穴安葬。王某的侄子乡贡进士王凭受伯母崔蕴遗命撰写其墓志,其墓志铭云:"凭兄号奉先讳,授以命志。"①

毓财里

13. 何凑之妻边氏(744—812)⑭

边氏,南阳何凑之妻。婚后30余年,元和七年(812)69岁终于里之私第。夫妻育有三子:何玭、何智琇("幼归释氏")、何迁。何凑先丧,边氏弥留大渐之际,命诸子曰:"灾眚所缠,困于瘵蠹,时人以生死同于衾穴,厚葬固于尸骨。吾早遇善缘,了知世幻,权于府君墓侧,别置一坟,他时须为焚身,灰烬分于水陆,此是愿也。"从其遗言中提到"吾早遇善缘,了知世幻",及其墓志由大圣善寺沙门所撰及其次子智琇"幼归释氏"来看,边氏当信佛教,故她希望自己与丈夫异坟安葬,先埋葬于丈夫墓侧,以后将自己火化,骨灰分洒于陆地和水中。其子"遵理命",在占卜后,于当月底将亡母祔葬于当县平陆乡积闰村何氏之墓次。② 至于以后是否火葬及将骨灰撒

---

① 堂侄男乡贡进士王凭纂《唐故龙岗县令王府君继夫人(崔蕴)墓志铭并序》,《新中国出土墓志·河南叁·千唐志斋〔壹〕》下册,第238页。

② 大圣善寺沙门文皎述《唐故边氏夫人墓记》,《唐代墓志汇编》,元和054,第1987页。并见《全唐文补遗》第1辑,第264页;《隋唐五代墓志汇编·洛阳卷》第12册,第10页。

于水陆则不得而知。

皇　城

14. 宋府君夫人慕容氏（715—739）

　　慕容氏，右骁卫中郎将慕容庆季女，右鹰扬卫大将军慕容万石孙女，其兄慕容克诚任右骁卫郎将。后适武官左武卫司戈（正八品下）广平宋君为妻。婚后仅一年多，开元廿七年（739）十一月，年仅25岁便殁于洛阳乘黄署公馆。大渐之际遗言："敛以纯衣，奠以素馔，散分私情，踵合常规。"据其墓志所载："思深哉，不可能也。"其丈夫经过深思，认为"不可能"照办，并未遵守。以其年十二月，迁窆于龙门山之南原。①

上阳宫

15. 武曌（623—705）佛

　　武氏，并州文水人，唐高祖元从功臣工部尚书武士彟与继室杨氏所生次女，武周女皇。受母亲所出杨氏家族的影响，她信仰佛教。其14岁入宫为唐太宗才人；太宗死后，于感业寺出家为尼；26岁重返皇宫，先后为高宗的昭仪、皇后；高宗薨后，61岁成为皇太

---

① 　太室野人太原王镐书《左武卫司戈广平宋君故夫人慕容氏墓志铭并序》，《新中国出土墓志·河南叁·千唐志斋〔壹〕》下册，第139页。并载《全唐文补遗·千唐志斋专辑》，第179页。

后;67 岁,建立大周政权,做女皇 15 年。神龙政变后,唐中宗即位,不久以 83 岁高龄逝世于上阳宫仙居殿。神龙元年(705)十一月将大渐时,"遗制祔庙、归陵,令去帝号,称则天大圣皇后;其王、萧二家及褚遂良、韩瑗等子孙亲属当时缘累者,咸令复业"。中宗定其谥号为则天大圣皇后,次年五月附葬于高宗乾陵。睿宗即位,诏依高宗上元年故事,号为天后,未几,追尊为大圣天后,改号为则天皇太后。①

铜驼里

16. 曲丽卿(801—859)

　　曲氏,"美容德,善词旨"。初嫁检校尚书左仆射兼左龙武统军刘昌裔②(? —813)③幼子刘纾为妻,生一女,夫妇二人感情深厚。因贵公子刘纾"迫于太夫人之命,不得已礼娶他室"。二人离婚后,刘家给予曲氏丰厚的物质补偿,厚遗其价值数百万的"金玉、缯彩、玩用、臧获"之物,"俾归于李大使士素之室"。婚后,曲氏生四女二男,其中幼子夭折,长女、次女早亡,季女李云卿,善音律,妙歌舞。因自己的曲折婚姻经历,曲氏女择洛阳令魏镳为婿,希望女儿感情幸福。如其所愿,魏镳后官至南阳郡太守,李云卿有"专房之宠",遂有孕。曲丽卿得寒热之疾,"伏枕两月,迎医万方"。但为了女儿

① 《旧唐书》卷 6《则天皇后本纪》,第 132—133 页。
② 刘昌裔的具体官职,据《新唐书》卷 170《刘昌裔传》,第 5166—5167 页。
③ 据《旧唐书》卷 15 下《宪宗本纪下》,元和八年十一月,右龙武统军刘昌裔卒,第 448 页。

的健康和幸福，从生病之初至病重，日诫其子及家人辈曰："慎无报
吾女。吾女性和孝，必惊奔请视吾疾。吾疾不瘳，兼病吾女。"故虽
"寝疾累月"，而李云卿"路遥莫闻"，并未得知母亲生病的消息。大
中十三年（859）十月，"迨困亟之际，尚口占其书。训女深切，俾老
于魏，用达其身"。言讫而终，59 岁殁于里之私第。① 曲氏的子女
和家人遵守遗言，并未将其生病的消息告诉其季女。

　　曲丽卿墓志称其为留守②李士素夫人，姚平认为："从这篇墓
志来看，曲丽卿'嫁'入刘家时的身份可能是妾，从她的号以及'美
容德，善词旨'之类的描写来看，则她的出身很可能是妓女。正因
为如此，刘纾的母亲才逼迫她的儿子另外'礼娶'成婚。"③笔者认
同这一观点，除其所指出的原因之外，曲氏初婚时已生有一女，且
李士素已官居留守，应该早已成婚。而且，曲氏季女李云卿很可能
亦为洛阳令魏镳之妾。曲丽卿墓志铭载李云卿"善音律，妙歌舞"
及她为女择婿的过程来看，其女儿为妾的可能性也很大，而且从其
女有"专房之宠"来看，洛阳令魏镳除正妻之外，可能有不止一位妾
室。故她担心女儿虽然婚姻生活幸福，但并不稳固，故曲氏才如此
谨慎，小心呵护其女。这也就是曲丽卿直至病重依然坚持不让女
儿回来探视的原因，她担心这会影响到女儿的受宠和在夫家的地
位。曲氏不同于常人的举动，是与其婚姻经历和其女的身份有
关的。

---

① 《唐故留守李大使（士素）夫人曲氏（丽卿）墓志铭并序》，《全唐文补遗》第 4 辑，
　第 219—220 页。
② 关于李士素，曲氏墓志铭只言其为留守，唐代留守最常见者为京师留守、东都
　留守、太原留守。《唐故留守李大使（士素）夫人曲氏（丽卿）墓志铭并序》提及
　其"家洛阳之北"，故李士素很可能为东都留守。载《全唐文补遗》第 4 辑，第
　219 页。
③ 《唐代妇女的生命历程》第七章《婚姻之外的女性》，第 223 页。

道德里

17. 吴嘉(675—751)(佛)

　　吴氏,法号金刚藏,殿中丞吴智敏之女,封渤海郡君。14 岁出嫁,其丈夫任清江郡太守(正四品下)期间殁世,其后,她"荤膻绝茹,精悫梵文。侨寓荆蛮,抚育童孺。""久积戒行,深入禅寂,尤契东山。"天宝十载(751)秋,77 岁病逝于里之私第。因"道与时深,年将运往",而"顾谓诸子,沉吟谕怀。吾龄已高,古无不死,早摈尘网,夙诣菩提。可于天竺伽蓝傍建宝塔,因依净界,迁寝吾身。爰取不坟,勿遵同穴。以惬四禅之行,无惭六义之诗。归真若斯,吾愿毕矣"。于是"预崇表域,先莳松楸",五子雍丘丞昭、阳武主簿向、壶关丞皓、左骁卫兵曹用、丹杨郡司仓昕,于当年底,将母亲归葬于龙门乡之原。并遵嘱塔葬,铭文曰:"凿龙之北,大路之西。爰建灵塔,密迩招提。"①

18. 元淳一(卒于大历年间)(道)(未)

　　俗姓元,法名淳一,河南人,生于开元时期,其祖上官职不显,为怀州河内县丞(从八品上)。因感叹"修短存亡,曾何有常! 与其劳主于此世,岂若轻举于殊方",故选择"深入道门,大弘法要"。天宝初,度为女道士,补长安至德观观主。其出家修道时间为 36 年,大历中,游历至河洛时卒于东都开元观,时年 60 余岁。临终,谓门

---

① 《唐故清江郡太守□□君夫人渤海郡君吴氏(嘉)墓志铭并序》,《洛阳流散唐代墓志汇编》下册,第 372—373 页。

弟子曰:"吾方欲撷三芝,练五石,干白日、升青天。虽事将志违,而道与心叶。适去顺也,归夫自然。"当月,迁窆于龙门之北原。[1] 临终前,她向弟子表明心迹,虽然没能实现白日飞升的愿望,但因一心学道,离世时其内心十分平静。

慈惠里

19. 姚懿夫人刘氏(？—707)

刘氏,襄州长史刘志逵女,硖州刺史、巂州都督(正三品)姚懿(590—662)第三任夫人,封彭城郡夫人,生二子。神龙三年(707),刘氏终于里之私第。因其丈夫姚懿已于 40 多年前的龙朔二年(662)去世,葬于硖石县安阳公之原。故刘氏遗令不与丈夫合葬,指定将自己葬于龙门山外,其曰:"生以形累,死以魂游。然事尊在冥,无远不至,何必合葬,然后为礼。昔邴根矩沐德信,并通儒达识,咸以同窆为非,实获我心。当从其议,无改吾志。尔惟孝乎。殁已可于龙门山外用为窀穸,冀近家园,以慰吾平生之好耳。"其子紫微令姚崇、宗正少卿姚元景敬遵遗旨,次年将母亲葬于洛阳万安山南阳。[2] 万安山,位于寿安县境内,长安四年(704)正月,武则天命在此建造兴泰宫。[3] 自姚崇母亲刘氏葬于洛阳之后,姚氏家族

---

① 《故上都至德观主女道士元尊师墓志文》,《唐代墓志汇编续集》,建中 011,第 729—730 页。

② 胡皓《巂州都督赠幽州都督吏部尚书谥文献姚府君碑铭(并序)》,《全唐文》卷 328,第 3326—3327 页;图版见秘书丞兼昭□□学士胡皓撰《唐故□州都督赠幽州都督吏部尚书(以下无法识别)》,《北京图书馆藏中国历代石刻拓本汇编》第 21 册(唐),第 43 页。

③ 《旧唐书》卷 6《则天皇后本纪》,第 131 页。

将墓园迁至万安山南原,此后万安山成为姚氏家族新的茔地。姚崇之妻刘氏(652—685)34 岁终于郑州官舍,圣历元年(698)权归殡邙山,开元五年(717)改葬万安山南大茔。① 当与其婆母为同一茔地。姚崇曾孙夔王傅姚勖晚年"自作寿藏于万安山南原崇茔之旁,署兆曰'寂居穴',坟曰'复真堂'",并刻石告于后世。②

择善里

20. 余凭夫人洪氏(782—841)

洪氏,宣城郡人,太常寺协律郎洪如云次女,试苏州吴县尉(从九品上)余凭(? —832)之妻。永贞元年(805),24 岁出嫁,生二子一女。大和六年(832),在其知天命之年,其丈夫"因事寓居于永嘉",卒于其地。其长子余从周明经擢第后授守京兆府鄠县尉,乞假东归,迎养寡母。半路得其弟余宗周信,知其母"挈幼携稚已西来",遂迎母至洛阳宣教里。洪氏"忽遭疾,卜就吉地,乃还于择善里"。会昌元年(841),60 岁卒于旅舍。将卒,语二子曰:"昔吾闻俚言,人死固有地。始甚不信。且吾与尔家世居吴,今病亟于洛。夫命岂逃哉!然我死,必葬我于洛北。他日,筮通年,启护尔父来祔我玄堂。"指定葬地,并要求将其丈夫与自己合葬。二子遵从母命,其年八月,将其葬于北邙平乐乡之原。③ 此例发生于唐后期,

---

① 左补阙许景先撰《大唐开府仪同三司紫微令梁国公姚公(崇)夫人沛国夫人刘氏墓志铭并序》,《全唐文补遗》8 辑,三秦出版社,2005 年,第 15 页。
② 《新唐书》卷 124《姚崇传》,第 4389 页。
③ 安定皇甫镈撰《唐故苏州吴县尉余府君(凭)洪氏夫人墓志铭并序》,《唐代墓志汇编续集》,会昌 001,第 943 页。并见《全唐文补遗》第 6 辑,第 151—152 页。

洪氏丈夫先其九年卒于外乡永嘉,她卒于赴长子任官之地途中的
旅舍,遂遵从天意就地葬于洛阳,并未选择归葬。并嘱托其子将丈
夫灵柩迁至洛阳合袝安葬。

通利里

21. 薛府君夫人裴氏(667—725)㊋㊐

　　裴氏,河东闻喜人,楚州淮阴县令裴贞固仲女,殿中省尚舍局
尚舍直长(正七品下)薛府君之妻。开元十三年(725),59 岁终于
里第。墓志载其"聿备三善,腾心八解,金仙圣道,味之及真,外身
等物,不竞以礼,放迹远俗,谓为全生,凝神寂冥,块然而往"。因其
信仰佛教,受戒律之故,"先是遗付不许从于直长之茔"。不与丈夫
合葬。次年,二月被葬于河南龙门山菩提寺之后岗,"明去
尘也"。①

仁风里

22. 袁恕己之妃张氏(668—732)㊋

　　张氏,南阳人,莱州掖县令张安期之女,郓州刺史张伟度之孙,

---

① 《唐故尚舍直长薛府君夫人裴氏墓志铭并序》,《唐代墓志汇编》,开元 227,第
　1313 页。并见《唐代墓志铭汇编附考》第 18 册,第 241、245 页;《唐文拾遗》卷
　19,载《全唐文》,第 10572—10573 页。

行中书令（正三品）、南阳郡王袁恕己①之妃。长安末，刑部少卿、知相王府司马袁恕己参与诛杀武则天男宠二张，中宗神龙初，因功拜特进、行中书令、南阳郡王。张氏因夫贵而为王妃，"异姓封建，爰及母妻，叨预恩荣，使册车授"。② 但袁恕己旋遭贬黜，神龙二年（706）七月，流放环州③（治广西环江毛南族自治县）。为酷吏周利贞所逼而死。④ 睿宗诛韦后，方雪其冤，其孙袁高，"贞元中历给事中，謇谔雅传家法，宪宗制追赠左丞高父建官至太府卿"，⑤谥袁恕己曰贞烈。⑥ 开元廿年（732），张氏卒于里第，时 65 岁。可能因其夫官宦起伏，她"深达因果，专求道门，荣贵都捐"，转而信仰佛教。这使其"湛然归定，神将坐迁，生死之中，了然无惧，从容自在，功用难穷"。临终之辰，儿女俱在左右，"平生所嘱，昔有深言语及侍人：不愿同穴。"儿女遵嘱，当年年底，窆于河南府河南县伊汭乡梁村之西原，俯近袁恕己大茔之侧。⑦

23. 刘会如（693—752）㊍

刘氏，出身彭城刘氏武将之家，兵部常选上柱国刘洪义季女，

---

① 《旧唐书》卷 7《中宗本纪》载：神龙元年正月庚戌，袁恕己因诛杀二张等之功，拜"同凤阁鸾台三品，封南阳郡公"，三月，袁恕己晋封为中书令，兼检校安国相王府长史。五月癸巳，封南阳郡王。第 136 页。结合张氏墓志所载志主丈夫"以神龙初拜特进行中书令，寻封南阳郡王"，两者内容吻合。可知张氏的丈夫应是袁恕己。

② 《大唐故南阳郡袁王妃张氏墓志铭并序》，《邙洛碑志三百种》，第 155 页。又见《新出唐墓志百种》，第 144 页。

③ 《新唐书》卷 4《中宗本纪》，第 108—109 页。

④ 《新唐书》卷 120《袁恕己传》，第 4324 页。

⑤ ［唐］莫休符撰《桂林风土记·袁恕己》，北京：中华书局，1985 年，第 16 页。

⑥ 《新唐书》卷 120《袁恕己传》，第 4324 页。

⑦ 《大唐故南阳郡袁王妃张氏墓志铭并序》，《邙洛碑志三百种》，第 155 页。又见《新出唐墓志百种》，第 144 页。

房陵郡至诚府别将刘元贞孙女。既笄而适韩氏,韩氏"三命至朝请郎(正七品),秩六百石",天宝初去世。她"自以为寡弱未亡之人,无以报父母舅姑之德。乃诣圣善寺大师弘正,与同学十数人,俱受五百大戒。锐意禅观,在家出家"。其受具足戒,法号会如,宗释典,号金刚山,微削发,尽褐衣,居家修行。天宝十一载(752),会如60岁,病逝于里之私第。方疾之殷,遗嘱二子韩渐、韩益曰:"吾殁之后,以道流处之,择东原不毛之地,建西方清净之塔,瞻望而父,以安吾神幽明之间,不失尔祀,此吾志也。""二子行以孝彰,情由理著,恭理命之有素,瞻先茔而未忍。以进退荼蓼,精诚瘵痒,征六梦于冥寞,候二尊之安否。傥同茔未可,庶先姊诲之,异其前知,终寝后命。"最终并未完全遵守母亲的塔葬遗言,而是将其归葬于父亲"北邙之北"之旧茔,但以母亲"受戒故","同居异穴"而已。[①]

24. 刘和(760—821)

　　刘氏,字信受,彭城人,有子四人。长庆元年(821)三月,62岁殁于仁风里。当年五月底,其子试太常寺太祝(正九品上)齐同"泣奉遗训,不敢让于他人",迁兆于洛阳县平荫乡南陶村。[②] 刘和墓志铭的撰写者为其子齐同,疑刘和的遗训一是改葬,二是令其子撰写墓志铭。

---

① 前国子进士庄若讷撰《大唐故韩氏刘夫人墓志铭并序》,《洛阳新获七朝墓志》,第263页。并见《邙洛碑志三百种》,第222页。

② 孤子前试太常寺太祝齐同撰《唐故彭城刘夫人(和)墓铭并序》,《北京图书馆藏中国历代石刻拓本汇编》第30册(唐),第9页。

恭安里

25. 张留客（842—871）佛

张氏，河南府河南县尉（从九品上）李琯别室。咸通九年（868）秋，赴调长安的李琯被黜而"困不克返"，她"与幼稚等寓居洛北，值岁饥疫死，家无免者"。而其因"栖心释氏，用道以安，故骨肉获相保焉"。但因多年独自操劳家庭生计，照顾年幼的四子及公婆，咸通十二年（871），年仅30岁便殁。因"栖心释氏"，疾笃之际，张氏"自取衣装首饰等，施以写经铸佛，一无留者"。不仅捐赠遗物，还写经铸佛，希望藉此回归净土。"弥留之际，又命酒召骨肉环酌引满，怡怡然神思无挠"，与诸亲人诀别。明年正月，葬于河南县平乐乡杜翟村。①

温柔里

26. 夏侯敏继室崔氏（798—822）

崔氏，尚书左丞崔伦之孙，京兆府万年县丞崔合之女。前华州华阴尉（从九品上）夏侯敏继室。夏侯敏初娶崔氏之姊，在其姊已殁，释其缞服之后，请以其妻妹为继室，由是，小崔氏22岁归夏侯

---

① 朝议郎行河南府河南县尉李琯撰《唐河南府河南县尉李公别室张氏（留客）墓志铭并序》，《唐代墓志汇编》，咸通102，第2457页；《北京图书馆藏中国历代石刻拓本汇编》第33册（唐），第117页。

氏。不幸两年后的长庆二年（822），小崔氏因诞育子嗣而生病，她对前往探视的姑婆泣言曰："妾不才，幸为姑之冢妇。今形貌羸瘵，不类于人。所憾者，事姑之节未彰，埋魂之祸将及。苟气不绝息，命或更生，则愿髡发居家，没齿侍姑之左右。"以不能对公婆尽孝而遗憾。当年四月底，25 岁终于里之私第。夏侯家墓地在邙山之南，弥留之际，崔氏请于其姑，因不欲与其姊争嫡，遗言改葬，"妾之亡姊已坟于兆域之内。妾瞑目之后，愿得改卜他所。若丘墓并列，则邻于争嫡矣。"①故易其兆，次月葬于河南府偃师县亳邑乡刘村之原。

思顺里

27. 何无住行（699—772）佛

俗姓何，庐州庐江县人，曹某之妻。大历七年（772）秋，74 岁因病卒于思顺坊第。临终之时，命"志在释宗"、与母"同修净业"的二女曹大娘、曹三娘曰："人居一世，有生必灭。吾以汝志在释宗，同修净业。吾死之后，可以吾柩于城南信行禅师林。所愿不离善知识。仍立一陀罗尼幢，以取日出之影。是吾所愿言，必命二三孙子为吾持诵。"②其遗言一是指定葬于葬地，二是要求建陀罗尼幢，三是要求孙子为之持诵。四日后，其女遵其遗命，迁柩于城南林

---

① 族叔乡贡进士夏侯孜撰《前华州华阴县尉夏侯府君夫人博陵崔氏墓志铭并序》，《洛阳流散唐代墓志汇编续集》，第 603 页。
② 剑南西川城都府福胜寺九种恶人僧惠激撰《□□□□□□□□□陀罗尼幢铭并序》，《全唐文补遗》第 8 辑，第 90 页。

中,立坟。至于陀罗尼幢,则是在 9 年后的建中二年(781),由其女儿建立,经幢铭文由成都福胜寺九种恶人僧惠激撰写。由"望龙门而呜咽,瞻凤阙而增悲",可知无住行葬于洛阳龙门。据此,除了长安终南山,龙门似乎亦有一信行禅师林。

绥福里

28. 柏善德之妻仵氏(628—700)㊣

仵氏,柏善德之妻,73 岁终于来庭县绥福里。其生前信仰佛教,"将开净土之因,兼奉祇园之律。情超俗境,思入禅津"。故"以为合葬非古,事乖衣薪之业;弘道在人,思矫封防之典"。在生前和临终之际,她都明确提出与丈夫别圹安葬,"平居之时,愿疏别圹,迁化之际,固留遗命"。其子金部主事柏孝感"聿遵先托,无累后人",大足元年(701)五月将母亲葬于北邙之原。① 很可能是因为仵氏对夫妻分葬的坚定态度,其子将母亲与其父亲别坟安葬。

29. 王缓(807—833)

王氏,太原祁人,吏部尚书兼平章事张弘靖外孙,前宣武军节度参谋试太常寺协律郎(正八品上)郑当之妻。初笄出适,随夫任职宣武节度幕府。因病还家,至洛阳抱疾,病逝前一日,告丈夫"寿夭阴定,非人能易,勿药俟命,鼓盆当师",希望丈夫不要悲伤。命

---

① 《大周故府君柏善德夫人仵氏墓志铭并序》,《唐代墓志汇编》,大足 006,第 988 页。又见《北京图书馆藏中国历代石刻拓本汇编》第 19 册(唐),第 26 页;《隋唐五代墓志汇编·洛阳卷》第 7 册,第 197 页。

女奴发奁箧,嘱托其将"衣服首饰之具"送人,"幸无枉费"。其子翁儿"年始五岁",王缓抚之曰:"愿以此故,无远吾门。"嘱托丈夫不要疏远自己的娘家人。翌日卧食殁于私第之寝,年仅 27 岁。郑家"先茔荣水阳",因"物力未就,大事犹荷",明年二月,权窆于河南县平乐乡杜翟村之原。①

宣风里

30. 尼惠隐(659—734)㊣㊣

俗姓荣,京兆人,洛阳大安国寺大德,持节息、始、洪诸军事三州刺史东阿郡开国公荣建绪之孙,夷州绥阳县令(从七品上)荣怀节第四女。惠隐聪识内敏,专志诵经,削发染衣,一心佛道,寻求法要,历奉诸师。开元二十二年(734)七月,76 岁寿终于安国道场。临涅槃,右胁而卧,遗言曰:"吾缘师僧父母,并在龙门。可安吾于彼处,与尊者同一山也。"指定葬于龙门,并指出原因。弟子尼圆德礼葬尊师,"追痛永远,建塔兹山"。②

31. 尼清悟(755—805)㊣

俗姓严,其先冯翊华阴人,中书侍郎严挺之孙女,黄门侍郎(正四品上)严武第二女,安国寺大德尼。"方笄辞家,浃岁孀独。誓志

① 前宣武军节度参谋试太常寺协律郎郑当撰《大唐故太原王氏夫人(缓)墓志铭并序》,《唐代墓志汇编》,大和 067,第 2144—2145 页。
② 《大唐大安国寺故大德惠隐禅师塔铭并序》,《唐代墓志汇编》,开元 464,第 1476—1477 页;《唐文拾遗》卷 66,载《全唐文》,第 11108 页。拓片见《北京图书馆藏中国历代石刻拓本汇编》第 24 册(唐),第 55 页。

难夺,归身释门"。婚后仅一年丈夫便逝世,大历六年(771),她 17
岁便度为尼,配主东都安国寺。清悟"生知经律,夙植定慧。进具
未几,德为上首"。因痛亲之离世而"积哀成疾",永贞元年(805)八
月,51 岁"于本寺方丈室中恬然就化",夏腊 32。"以其年十月廿六
日祔葬于龙门南土村,次先茔之左,遵旧志也。"①清悟墓志提到她
有一弟子文亮,是其伯兄之女,而且其遗愿是将其归葬先茔,文亮
的身份非常适合,当是其遗嘱执行人。据此可知,比丘尼虽然出
家,但和俗家仍保持着比较密切的关系。

32. 尼法真(730—813)佛未

俗姓裴,洛阳安国寺大德尼,怀州刺史(从三品)裴恂次女,袁
州刺史裴无晦孙女。其人 20 岁"舍俗归道",元和癸巳岁(813),84
岁"寂灭于毗维离精舍"。其门弟子见用等"遵遗旨",次年正月将
其葬于河南县龙门山之宗谷。②

崇业里

33. 李巢之母韩氏(600—675)佛

韩氏,隋开府仪同三司韩淳第二女,左台殿中侍御史(从七品
下)李巢之母。"留心觉路,投足化城","熏辛彻膳,炯诚自持"。高

---

① 《大唐故安国寺严大德墓铭并序》,《洛阳流散唐代墓志汇编续集》,第 513 页。
② 侄前郑州新郑县尉裴彤纂《唐故东都安国寺大德尼法真墓志铭并序》,《洛阳流散唐代墓志汇编》,第 510—511 页。其墓志载尼法真"享年五百四甲子",据此,其享年 83 周岁。

宗上元二年(675)九月,76 岁病逝于里之私第。在"临终之日,尤多素俭,凡旧衣服,皆令赈施"。其子李巢遵嘱,"恭惟受命,务从省约"。至开元二年(714),迁兆于河南界万安山之原。[1]

会节里

34. 许行真夫人李氏(645—701)

李氏,陇西成纪人,汝州司法李安之女。初笄之岁,出适太仆寺丞(从六品上)许行真(? —669)。因其夫在高宗时期已经亡故,她守寡 32 年,"躬勤机杼,抚存孤藐"。大足元年(701)九月,57 岁遭疾薨于里之私第。因其"性惟畏水,惮于津涉"。故"临终遗命,不许渡河"。又因其一"爱子早亡",已经下葬,故其嗣子前冀州南宫县主簿许德广"奉先教于既没",于同年底将亡母葬于其兄弟葬地,即洛阳县平阴乡邙山北原衢村东一里许氏坟茔之田,旧迁大基界。[2]

35. 萧博(722—752)

萧氏,兰陵人,梁武帝六代孙,晋陵郡无锡尉萧愉第四女,饶阳郡安平主簿(正九品下)太原王府君之妻。天宝十一载(752)四月,31 岁病逝,次月权安厝于北邙平乐乡之原。"才逾龆龀"的二女

---

[1] 《唐左台殿中侍御史李巢太夫人韩氏墓志铭并序》,《新中国出土墓志·河南叁·千唐志斋〔壹〕》下册,第 65—66 页;《全唐文补遗·千唐志斋新藏专辑》,第 117 页。

[2] 《大周故唐太仆寺丞许君(行真)夫人李氏墓志铭并序》,《洛阳流散唐代墓志汇编》,第 112 页。

"恭承惠训,敬遵薄葬,追举不逮,用修真宅"。①

淳风里

36. 李端淑(670—728)

李氏,陇州成纪人,长安县令李绾第三女,黄州刺史(正四品下)高府君夫人。从夫位,神龙二年(706)封陇西县君。高府君56岁卒于黄州刺史之位,归葬于孝子原。李氏幼年丧母,年轻丧父,"以幼稚之年,爰丧慈母,仅至成长,便亡所天"。希望死后葬于娘家茔地,每敕其子曰:"吾故知有同穴之义,愿从侍奉之情。冥目之后,勿违斯志。"开元十六年(728),59岁的李氏终于淳风里私第。其子"敬遵先命",三个多月后,将亡母葬于河南县伊汭乡万安里长安府君李绾之茔侧。②

崇政里

37. 王婉(626—696)

王氏,字贞徽,琅耶临沂人,出身高门,但祖父辈官职已不显,

① 《唐故兰陵萧夫人(博)墓志铭并序》,《北京图书馆藏中国历代石刻拓本汇编》第26册(唐),第65页;《隋唐五代墓志汇编·洛阳卷》第11册,第176页;《全唐文补遗》第2辑,第551—552页。
② 《大唐故黄州刺史高府君妻陇郡夫人李氏墓志铭并序》,《洛阳流散唐代墓志汇编》,第231页。

其父王元慎仅官至复州司户参军、博州堂邑县令。出适纳言(正二品)韦思谦为继室,封琅耶郡君。王婉婚前,韦思谦前妻崔氏有一子韦承庆,王婉婚后生二子:韦嗣立、韦淑。① 据《旧唐书·韦思谦传》,王婉并非一开始就对继子韦承庆视如己出,本对继子甚严,经常予以杖罚,但所生子韦嗣立与长兄情深,常"解衣请代",母亲不许,则私自杖己。② 因此,王婉有感于兄弟间的友爱,逐渐改变了对继子的态度。后来,王氏常谓二子曰:"时俗妇人,罕有明识,前妻之子,多被憎嫌,孝已伯奇,皆其人也。此吾之所深诫,亦尔辈所明知。昆季友于,骨肉深至,既称同气,何限异生。宜识我心,倍加殷睦,幼事长以敬,长抚幼以仁,使外无间言,则吾无忧矣。"因此诸子关系融洽。万岁通天元年(696)八月,王氏71岁,病逝于神都崇政里第。临将属纩,仍嘱咐诸子要友爱和睦,她呼三子凤阁舍人韦承庆、来庭县令韦嗣立,左羽林卫兵曹参军韦淑,谓之曰:"汝等宜善为兄弟,深相友爱,吾今困惫,余何所言。"绝于长妇韦承庆妻之手。

据王婉墓志,其病逝后,按惯例,对其迁祔之日进行了占卜,结果是"占考或有不安,随事之宜,遂不合葬"。除了占卜结果不宜合葬外,王婉不与丈夫合葬的原因,一是因丈夫已与前妻合葬,且合葬非古。韦思谦前妻崔氏早卒,平昔之时,言及窀穸之事,亲戚有希望颜色请申合葬之礼者。王婉曰:"生者必死,人之大端。葬之言藏,礼有恒制。魂而有识,何往不通? 知或无知,合之何益? 况

---

① 孤子前凤阁舍人承庆撰序,凤阁舍人赵郡李峤制铭《大周故纳言博昌县开国男韦府君夫人琅耶郡君王(婉)墓志铭》,《唐代墓志汇编续集》,万岁通天004,第349—350页。并见《全唐文补遗》第2辑,第8—10页。
② 《旧唐书》卷88《韦思谦传》,第2865页。

合葬非古，前圣格言。先媵已创别坟，吾复安可同穴。若余生就毕，启手归全，但于旧茔因地之便，别开幽室，以瘗残骸。亲属子孙勿违吾意。"另一原因是旧茔域狭窄，不能安葬，墓志言韦氏茔域内先有二坟，左右更无余地。王婉病逝后，其三子"敢遵遗命，虔奉尊灵"，遵从母愿，次年一月将亡母归附于雍州万年县铜人原之旧茔，将亡母窆于父亲大坟下之傍穴，与韦思谦"并坟接圹而安厝"。①

38. 王媛（648—721）佛

王氏，太原晋阳人，汝州长史（从五品上）崔暟夫人。33 岁出适崔暟，生二子：长子监察御史崔浑，次子太子左庶子崔沔。崔暟任汝州长史时，以安平县开国男加朝散大夫，"累践通班，载荣中馈，受封安平县君"。开元九年（721），74 岁病逝于里第。她平时禅诵，且精通阴阳历算之数，"知来以数，自刻讳年"。因其精通阴阳历算之数，预知寿限将近，"初遘疾也，便命具汤沐，易衣裳，发箧中缣綵遗亲亲告别，不营医疗，精爽自如"。面对儿女进药，曰："强为汝饮之，知无益也。"以其年十月，权窆于都城五里邙山南原。②开元十一年（723）冬，因次子中书侍郎崔沔请求追赠邑号，制赠安平郡太君。至十七年，崔沔选任左散骑常侍，又追赠为安平郡夫人。③

---

① 前揭《大周故纳言博昌县开国男韦府君夫人琅耶郡太君王氏（婉）墓志铭》。
② 《大唐故朝散大夫汝州长史安平县开国男崔公（暟）夫人安平县君太原王氏（媛）墓志铭并序》，《唐代墓志铭汇编附考》第 17 册，第 245—247、251 页。参见《有唐安平县君赠安平郡夫人王氏墓志》，《唐代墓志汇编》，大历 063，第 1803—1805 页。
③ 监察御史王颂撰《有唐安平县君赠安平郡夫人王氏（媛）墓志》，《全唐文补遗》第 3 辑，第 118 页。

39. 卢西华(689—752)

卢氏,范阳人,汝州司马卢正纪之女,绵州长史卢安寿孙女,礼部尚书(正三品)崔翘(? —750)夫人,封范阳郡夫人。"居成公丧"期间,"寝疾不愈",召子崔秀、崔陟、崔同、崔异、崔或等,遗命薄葬。两年后,天宝十一载(752),64 岁卒。其年十月,权殡于崔翘茔之西。贞元三年(787),由季子尚书职方员外郎崔或迁祔于成公之茔。①

敦化里

40. 郑嬺(766—814)

郑氏,荥阳开封人,濮州雷泽县尉郑厚之女,河南府洛阳县主簿郑镇孙女。大历十三年(778),13 岁出适长安县尉王咸之子太原王绾(741—793),其丈夫后官至太子左赞善大夫(正五品上),贞元九年(793)卒于京兆长兴里私第,次年归葬洛阳县邙山先陇之侧。② 郑氏 27 岁守寡,期间,命其子王广赶赴武昌,促其叔舅归葬其亡外祖母、长舅及长舅之子,自清流郡祔葬于郑之广武山。元和九年(814)秋,49 岁卒于河南县敦化里之私舍。其年八月十一日,祔葬于洛阳县清风乡郭村邙山之原,礼从先府君旧茔。因丈夫王

---

① 夫弟朝议郎行右补阙崔至撰《唐故范阳郡夫人卢氏(西华)墓志铭并序》,《新中国出土墓志·河南叁·千唐志斋〔壹〕》下册,第 159 页。并载《全唐文补遗·千唐志斋新藏专辑》,第 267—268 页。
② 浙江西道都团练巡官专知表奏将仕郎试右卫胄曹参军王仲周撰《大唐故左赞善大夫王府君(绾)墓志铭并序》,《新中国出土墓志·河南叁·千唐志斋壹》下册,第 170 页。

绾临终遗嘱其子"促汝舅葬吾亲",徙其家从武昌而来,郑嫚亦"躬临丧事",由是其风毒加重,"意不欲治",因泣曰:"既立汝家,而了吾家事,复来乡里,觊世母、叔母,会兄弟亲爱,于今足矣,焉能服饵求暝眩乎?"郑嫚以参加完成归葬亡母亡弟侄于乡里之事而知足,尚未到知天命的年龄,很可能是出于风毒病痛,认为医治并没有多大效果,才打算放弃治疗。但因家人恳劝同意服药,还曾就医于洛阳。① 这可以排除郑嫚因考虑经济问题而放弃医疗。

永丰里

41. 杜德(644—718)

杜氏,京兆杜陵人,赵州长史杜延福之女,上大将军杜仁则孙女。年十七,归于中书令(正三品)崔知温。神龙元年(705),因贤夫作相,封武城郡夫人;寻以长子行黄门侍郎崔泰之有诛逆安国之功,封清河郡太夫人;唐隆元年(710),又以第三子少府监崔谔之诛韦氏之功,封齐国太夫人。开元六年(718)底,75 岁病逝于里第。因其平时"居满益损,安于节俭,厚于赡恤,所获封禄,皆散亲表,服膳珍丽,并令节省",故临终"遗令葬唯瓦木,一皆遵奉"。② 因"岁之未良,不克祔葬",至开元十七年(729)二月,权窆于河南府洛阳

---

① 长子王广述《唐故太子左赞善大夫太原王府君(绾)夫人荥阳郑氏(嫚)合祔墓志》,《新中国出土墓志·河南叁·千唐志斋〔壹〕》下册,第 193—194 页。
② 《唐故中书令赠荆州大都督清河崔府君(知温)妻齐国太夫人杜氏墓志铭并序》,《唐代墓志汇编》,开元 159,第 1266 页。并见《北京图书馆藏中国历代石刻拓本汇编》第 22 册(唐),第 18 页;《隋唐五代墓志汇编·洛阳卷》第 9 册,第 92 页。

县平阴乡迁善里北邙山之原先茔之侧。

42. 蒋道微(754—826)⑭㊣

　　蒋氏,道号道微,乐安郡人,吏部侍郎、大理卿蒋钦绪孙女,河南府巩县主簿蒋清(？—754)之女。安史之乱期间,巩县主簿蒋清与御史中丞卢奕在洛阳一同殉国之际,蒋氏仅出生一月,母亲为仙州西平县主簿范阳卢沐之女,出身名门,母女投井而幸免于难,"卢夫人保抱以违军旅,困饥馑,孀酷孤横,诚无告然"。24 岁婚于琅琊王汶(？—824),王汶后官至太中大夫、殿中少监(从四品上)。蒋氏虽然"诵妙法莲华经,广自在惠因,法诲实相义",但"晚岁亦探黄老之术",且"受正一箓"。她的身份实为在家出家的女冠,但兼通儒释。故"理家及物,尽三教之奥旨"。长庆三年(823),其子王衮为度支郎,太常谥蒋清曰忠,特恩封卢夫人范阳郡夫人。王衮后仕御史台兼侍御史知杂事,蒋清再迁阶秩,蒋氏始封寿光县,以转郡封为乐安郡太君。其人儒释道兼通,"理家及物,尽三教之奥旨"。宝历二年(826)冬,蒋氏 73 岁,病逝于里宅之东寝。因才满月其父便死于安史之乱,深感人生之孤苦,王衮馈药之辰,尝有命曰:"昔我孤苦,每怀忘生。复思□情,谁与追远。尔念此诚,有时而行。是以偷视晦明,忍死未敢。"大和元年(827),迁祔于先公之兆东北 48 步河南县平乐乡杜翟村之九原。①

43. 张质夫人王氏(806—854)

　　太原王氏,守河南府颍源府右果毅(从五品下)张质(798—862)

---

①　子吏部郎中兼侍御史知杂事王衮撰《唐故太中大夫殿中少监致仕骑都尉琅耶王公(汶)故夫人乐安郡太君蒋氏玄堂志》,《全唐文补遗》第 4 辑,第 117—119 页。

之妻,生一男二女。大中八年(854)二月底,王氏因病医治无效,49岁终于里第。"顾命儿女,侍立左右,诲诫勤俭,不坠家风,是吾所尚。"其遗言命传承其勤俭家风,暗含着薄葬之意。当年四月,王氏卜窆于龙门先兆茔之后,"阙地为隧,……不埋珠宝",[①]将母亲薄葬。

尊贤里

44. 薛府君夫人柳氏(643—718)㈨

　　河东柳氏,商、蔚、淄、雅、婺五州刺史,扬州大都督府长史柳范之女。天宝末,14岁出嫁荣州长史(正六品上)薛府君,后封河东郡君。开元六年(718)以76岁高龄终于里之私第。因"悟法不常,晓身方幼,苟灵而有识,则万里非艰;且幽而靡觉,则一丘为阻。何必顺同穴之信,从皎日之言。心无攸住,是非两失,斯则大道,何诗礼之□束乎?"从释教之法,"遗命凿龛龙门而葬"。其女故行洛州来庭主簿柳府君夫人"顺亲命","虔奉顾命,式修厥所。以其年八月廿九日自殡迁葬于龙门西山之岩龛"。[②]

45. 裴冬日(637—724)㈨

　　裴氏,河东太原人,号无量寿,魏州贵乡宰裴义实之女,魏州刺史(从三品)、金城公尹元绰夫人,封闻喜县君。开元十二年(724)初,

---

① 乡贡明经裴乾夫述《唐宣节校尉守河南府颍源府右果毅张质亡夫人太原王氏墓志铭并序》,《洛阳出土鸳鸯志辑录》,第271页。
② 《唐故荣州长史薛府君夫人河东郡君柳墓志铭并序》,《唐代墓志汇编》,开元073,第1205页。并见《唐文拾遗》卷65,载《全唐文》,第11103—11104页。

88 岁卒于里之私第。她"平居"之时"尝怀后事",认为"以周公制礼,未出死生。而菩萨有铨,已除烦恼",故寡居信佛,"晚悟释流,深惟禅寂","誓将依佛,至愿出家"。临终"遗言别葬"。6 年后的开元十八年(730),经占卜后,其子仙州司马尹子羽、沣州刺史尹子产选择"远于大茔,异穴"安葬亡母。对于其遗命,其子等"泣血从命,推心诉天"。说明二人从遗命将亡母别葬是迫不得已。在不与丈夫合葬同时,裴氏还要求薄葬,其墓志铭文之二载:"依止广乘,头陁细故。诚珠已净,法牙能护。遗约子孙,勿置封树。旧域是遵,玄堂莫衬。"①

46. 源内则(675—741)

源氏,河南洛阳人,②兵部员外郎源行庄之孙,随州刺史源杲元女。年未及笄,源氏即适亳州尉氏县尉(从九品上)弘农杨琔。开元廿九年(741),67 岁终于里之私第。源氏"遗命薄葬,愿陪考妣之茔域,不忘本也"。当月归葬邙山。③

履信里

47. 李珙夫人卢氏(686—710)

卢氏,沔州司马卢愔之女,出适尚书金部员外郎顿丘男李几道

① 江夏李邕撰《唐故魏州刺史金城公夫人闻喜县君闻喜县太君(冬日)神道墓志铭并序》,《洛阳流散唐代墓志汇编》,第 240—241 页。
② 据《唐故使持节随州诸军事随州刺史河南源公(杲)墓志铭并序》,源内则之父源杲籍贯为河南洛阳。载《全唐文补遗》第 4 辑,第 18 页。
③ 《大唐故汴州尉氏县尉杨府君(琔)夫人河南源氏(内则)墓志铭》,《全唐文补遗》第 5 辑,第 371 页。并见《北京图书馆藏中国历代石刻拓本汇编》第 24 册(唐),第 143 页;《隋唐五代墓志汇编·洛阳卷》第 10 册,第 201 页。

之子仙州襄城县丞(从八品下)李珙(674—716)为妻,婚后生一子李鉴,任潭州长沙尉。唐隆元年(710)六月,25 岁终于里之私第。留下遗旨:"修旧馆前规。粤以通年,虔供葬事。"至天宝十三载(754)闰十一月,其子宁陵尉李铣"馨室金谐",奉夫人之榇,合祔于李几道之兆内。① 这是一则关于丧葬安排较为特殊和具体的遗言。

48. 李府君夫人云氏(714—777)㊏

云氏,河南人,朝议大夫、金州刺史云遂第五女,亳州真源县令(从六品上)李君夫人。李君殁后,云氏独自抚养子女,"诲男以典,使导先贤;诫女以箴,令齐昔媛"。晚年"苦空自觉,净除杂染,精进四依。心入佛乘,意开禅惠"。大历十二年(777)十二月,她 64 岁时终于里之私第。将终,命其子李珣曰:"吾闻合祔非古,不可从也。吾早履空门,怀归净土。身殁之后,俯精舍以塔吾。使旦暮得闻钟梵之音,死有归矣。"李珣等"恭承遗命,不敢颠越"。次年底,"遵遗制",将母亲建塔安葬于河南县龙门之原,并详记距广化寺、护法寺、元宪寺、宝应寺的具体步数。②

---

① 外甥前行清河郡参军卢深撰《大唐故仙州襄城县丞顿丘李公(珙)墓志铭并序》,《洛阳流散墓志汇编续集》,第 387 页。
② 《唐故亳州真源县令李君夫人(云氏)墓志铭并序》,《新中国出土墓志·河南叁·千唐志斋〔壹〕》下册,第 153—154 页。又见《全唐文补遗·千唐志斋新藏专辑》,第 260 页。

利仁里

49. 宋尼子（628—691）佛

　　宋氏，广平人，雍州始平县尉宋正名第二女，侍御史宋万寿孙女，邢州任县主簿（从九品下）王挺（609—661）继室。王挺嫡妻渤海高氏，生子王永福。宋氏小于其丈夫近 20 岁，按唐代女子一般婚龄，大概在贞观后期或稍晚出嫁王挺，丈夫卒后，守寡 30 年。她"归依八解，冯假四缘，愿托津梁，追崇福佑"，将其子王玄嗣"遣度为大周东寺僧"。天授二年（691）夏，宋氏 64 岁，病卒于里之私第。临终之际，谓诸子曰："吾心依释教，情远俗尘，虽匪出家，恒希入道。汝为孝子，思吾理言。昔帝女贤妃，尚不从于苍野；王孙达士，犹靡隔于黄墟。归骸反真，合葬非古，与道而化，同穴何为？棺周于身，衣足以敛，不夺其志，死亦无忧。"虽然宋尼子没有出家，但对佛教具有虔诚的信仰，故认为合葬非古，明确提出不与丈夫同穴合葬，薄葬即可，并云如依其遗命行事，其才能无忧而去。两年后，诸子遵其遗命，于长寿二年（693）二月将其葬于洛阳北邙，去夫茔 50 步之处，[①]同时，将父亲与其前妻高氏合葬。[②]

---

① 《唐故邢州任县主簿王君夫人宋氏（尼子）之墓志铭并序》，《唐代墓志汇编》，长寿 011，第 839—840 页。并见《全唐文补遗》第 2 辑，第 322—323 页；《唐代墓志铭汇编附考》第 12 册，第 149、155 页。

② 《大唐故邢州任县主簿王府君（挺）墓志铭并序》，《唐代墓志汇编续集》，长寿 002，第 320—321 页。

宜仁里

50. 柳府君夫人长孙氏 (668—734) 佛

刺史长孙峤次女,出适柳府君,早殇。长孙氏墓志记载柳府君的官职为左豹韬卫兵曹参军。据《旧唐书·职官志三》,光宅年间,改左、右威卫为左、右豹韬卫,神龙年间复旧。① 可知其人很可能武周时期官至此官。故长孙氏"闭门孀居"很可能长达 30 年,期间"方丈禅诵。得微言于至□之境,崇证果于未来之因"。开元廿二年(734)七月,67 岁卒于里第。临终遗言:"吾阙疾有渐,□□□空。可为孤坟,无事同穴。"其无嗣子,有二女,长女出嫁令狐氏,"泣□从命,恭其是诚"。当年,长孙氏"依邙考图,望洛窀穸","悠然化往,邈以孤立"。② 铭文亦言"礼本无合,魂兮相望"。

敦行里

51. 韦珪 (597—665)

韦氏,字泽,京兆杜陵人,隋开府仪同三司、陈沈二州刺史、郧国公韦圆成之女,北周太傅、尚书右仆射、雍州牧、郧襄公韦孝宽曾

---

① 《旧唐书》卷 44《职官志三》,第 1898、1900 页。
② 《唐故左豹韬卫兵曹参军柳府君夫人长孙氏墓志铭并序》,《大唐西市博物馆藏墓志》中册,第 474—475 页。

孙。本为隋民部尚书右武候大将军李子雄儿媳、齐王友李珉之妻。[①] 贞观元年（627）四月，册拜为太宗贵妃。高宗即位后，册拜纪国太妃。高宗"将临日观，驻跸东周，太妃从至伊瀍，严装仁从"。尝谓所亲曰："吾侍□□有年矣，至孝仁圣之德，连踪三五之君。躬履节俭，爱育黎庶，若□大礼，今也其时。吾衰暮之年，□□扈从。"不久生病，尽管"名医交集，中使相望"，麟德二年（665）九月，69岁薨于里第。大渐之际，"神彩逾明，附辞丹极，绪言无挠。遗训子孙，勖以忠节"。[②] 卒后陪葬昭陵。[③]

52. 刘府君夫人卢氏（660—724）㊫

卢氏，涿郡范阳人，杭州余杭主簿卢仁节之女，太子詹事（正三品）刘府君之妻。因幼年丧母，她被出身于一门三贵、四代五公的舅舅清河崔氏收养。卢氏聪婉仁惠，七岁读《女诫》《女仪》，一览便诵，被目为女神通。九岁授《论语》《孝经》，兼及诗礼，暂经于目，必记于心。颇属文藻，尤工篆隶。作为才女，15岁出嫁考功之子刘府君，其人后官至太子詹事。因丈夫之贵，武周晚期先后为范阳

① 据《阿史那忠墓志》载，贞观元年（627），阿史那忠（611—675）"诱执颉利可汗而以归国家"。其妻定襄县主李氏，为"夫人渤海李氏，隋户部尚书雄之孙，齐王友珉之女。母京兆韦氏，勋国公孝宽之孙、陈州刺史圆成之女。夫人又纪王慎之同母姊也。"载《全唐文补遗》，第1辑，第50、51页。而据《新唐书》卷80《太宗诸子传》，纪王慎为唐太宗之子，韦妃所生。即定襄县主为韦氏与齐王友李珉之女。《隋书》卷70《李子雄传》（第1620页）载因韦氏的舅公隋右武候大将军李子雄大业时期追随杨玄感谋反失败，李子雄被诛，籍没其家，韦氏应该是被没入宫中。唐朝建立后，成为唐太宗韦妃。

② 大司□□阳侯令令狐綝撰《大唐太宗文皇帝故贵妃纪国太妃韦氏（珪）墓志铭》，《全唐文补遗》第2辑，第1—3页。录文见《新中国出土墓志·陕西〔壹〕》上册，第63页；

③ 《唐会要》卷21《陪陵名位》，第412页。

县君、范阳郡君,中宗景龙元年(707)加拜为范阳郡夫人。除了儒教经典,卢氏还"留心释典,习静法门"。开元十二年(724)十二月,65 岁卒于里之私第。临终前,"悉召家内长幼已下与之辞诀,示以死生之制,裁其轻重之仪"。因"时未克从",当月其嗣子刑部员外郎刘蒙、少子大理评事刘润将亡母权殡于河南巩县孝义乡义堂之原詹事府君茔左,直至 14 年后方"归祔大茔,永安卜宅"。①

53. 杨云(716—774)

杨氏,秘书郎(从六品上)兼摄虢州朱阳县令席府君继室,封弘农县君。安史之乱期间,席府君和前妻韦氏所生四子先后离世后,"忧愤即世",杨云遵丈夫遗言,将其归葬于龙门山之北趾,并为舅公在龙门茔域建立墓碑。之后,她才"殁无恨","于龙门茔域,溉柏扫墓,启手待终而已矣"。大历九年(774)五月,59 岁终于里之私第。遘疾大渐时,遗命不与丈夫合葬,葬于其丈夫坟侧即可,召丈夫的妹妹崔氏女,命其子崔倬撰写墓志。崔氏女"泣血主丧,毁瘠过礼,罄家举事","从理命",以八月廿七日葬于洛阳龙门山之北趾罼圭乡望春原舅氏坟东。外甥崔倬亦"见托知言,衔涕操简,纪事幽壤"。②

① 男刘润撰序、夫人表弟太子左庶子崔珪撰铭《唐故太子詹事刘府君(仁节)故夫人范阳郡夫人卢氏墓志铭并序》,《洛阳流散唐代墓志汇编》,第 281 页。
② 席氏外生清河崔倬撰《大唐故秘书郎席府君夫人弘农县君杨氏(云)墓志铭并序》,《唐代墓志汇编续集》,大历 023,第 707 页;并见《隋唐五代墓志汇编·洛阳卷》第 12 册,第 55 页。

康俗里

54. 徐玉京(823—870)道

　　徐氏,生于五陵(隶姚州都督府),太守崔府君夫人。17 岁出适崔某,生一男二女。因丈夫早逝,徐氏"抚孤拯弱,守节立事"之外,"栖心于澹泊之教,蚤佩道箓,道讳瑶质"。咸通十一年(870)五月,终于里之私第。"自遘疾之初,及弥留之际,尝辍呻吟而念道。"每谓其嗣曰:"吾生四十八年,亦不为过夭矣。殁侍泉下,我之夙志矣。人谁无往,此往岂复恨耶?"言竟奄然。以能追随丈夫于地下而感到欣慰。当月窆于河南县平乐乡朱阳村北邙之原。[①]

正俗里

55. 卢府君之妻李氏(687—753)佛

　　李氏,监察御史、慈济二州刺史李元璹第二女,卢府君之妻。"虽不削发染衣",但"舍俗精思","诫律□修"。昔侍语曰:"世为虚幻,身后奚安? 得托药堡之间,意亦何殊法地。"天宝十二载(753)六月,67 岁终于里之私第。其子卢绪先亡,女儿卢四娘与孙子卢

----

① 嗣子孟兄博陵崔绍孙撰《北京图书馆藏中国历代石刻拓本汇编》第 33 册(唐),第 96 页;《唐故东海徐氏(玉京)墓志铭并序》,《全唐文补遗》第 4 辑,第 247—248 页;《唐代墓志汇编》,咸通 082,第 2442—2443 页。徐玉京,后者录作徐玉堂,误。

起、卢越等"将追前事,理命是依"。以其载七月,窆于河南府河南县龙门之原。①

56. 李真(786—839)道

李氏,号洞景,陇西姑臧人,河南府永宁县尉李恬孙女,河南府福昌县尉李综第九女。贞元十四年(798),十三岁适卢府君(？—833)为继室,丈夫官至儒林郎、守太府寺主簿(从七品上)。她"食贫乐道,以禅诵自安"。开成四年(839)闰正月,54岁殁于里第。长子瑶等奉夫人之梓,合葬于河南县伊汭乡尹樊村万安山南,祔先夫人之茔。李真信仰道教,"达观彭殇之分,不以寿夭婴心",故"豫戒终期,形于文字","粗说生平",藏在箧笥,临终"犹未绝笔"。家人将其刻于铭志之后。② 李真预料到自己死期将近,提前撰写自己的生平事迹,虽然没有写完,但家人将其镌刻于墓志铭之后。

57. 郑张八(861—877)未

郑氏女,鄂州中丞郑鸾第二女。四岁失母,其长姊适高氏,"别离数年,未克会面。每至望恋,言与泪俱"。以未能与其姊诀别而伤感。及其抱病,又遭季兄之祸,"积其悲惋,成于膏肓"。乾符四年(877)二月,17岁遘疾终于里第。其舅乡贡进士绶曾闻其疾病中之语,遗意昭然彰显了其孝爱之心。次月,归葬于万安山南,克

---

① 佺宗正寺明经李鏗撰《大唐故陇西李夫人墓志铭并序》,《新中国出土墓志·河南叁·千唐志斋〔壹〕》下册,第129—130页。

② 从父兄朝散大夫守京兆少尹上柱国李善伯篆《唐故儒林郎守太府寺主簿卢府君夫人陇西李氏(真)墓志铭并序》,《新中国出土墓志·河南叁·千唐志斋〔壹〕》下册,第222—223页。

祔先茔。①

履道里

58. 高力牧夫人魏氏(663—729)㊋

魏氏,定州鼓城人,②文昌左丞兼地官尚书、同中书门下三品魏玄同(617—689)季女,守洺州刺史(从三品)高力牧之妻,封巨鹿郡夫人。魏玄同与裴炎交好,为酷吏周兴构陷,被太后武曌赐死于家。③ 开元十七年(729)十月,魏氏67岁终于里之私第。因信仰佛教,"性了玄玑,道澄空秘",临终"命无还葬,敛以周身"。提出不必归葬,就地葬于洛阳,同时薄葬。其子"恭执先旨",将其"宅邙山之阳"。④

尚贤里

59. 韦奂夫人卢氏(681—730)

卢氏,其先范阳涿人,宋州录事参军卢利贞第二女,范阳郡

---

① 母兄乡贡进士绶撰《唐故荥阳郑氏第二女(张八)墓志铭》,《洛阳新获墓志续编》,第519页。

② 据《旧唐书》卷87《魏玄同传》(第2849页)、《新唐书》卷117《魏玄同传》(第4252页),魏玄同为定州鼓城人。

③ 《旧唐书》卷87《魏玄同传》,第2853页。

④ 《通议大夫守洺州刺史上柱国长乐县开国男高君(力牧)夫人(魏氏)墓志铭并序》,《洛阳出土鸳鸯志辑录》,第57—58页。

君。出适兵部郎中韦志仁之子韦奂（661—721），官至卫州刺史（从三品）。卢氏"媚栖十年，孤育一子"。开元十八年（730）正月，50 岁病逝于里之私第。以其年二月权窆于河南县之南原，与韦奂旧茔邻接，"亦夫人平生遗旨"。嗣子韦谅"奉而行之，不敢失坠"。①

60. 曲元缜夫人李氏（791—851）

李氏，寿州刺史、晋昌郡王李延之女，河南府河清县丞（从八品下）曲元缜之妻，封陇西郡夫人。大中五年（851）七月，61 岁终于尚贤里。其墓志载"奠子思明等朝哭夕踊，动行路人，而家有理命，亦俱毕襄见夫人之遗爱也，以此托遗之命，合祔于北邙原，龟筮之协，礼也"。当年十月底，合祔于北邙原。②

仁和里

61. 王玄真（803—839）

王氏，号玄真，上谷郡侯某之妻。开成四年（839）五月，37 岁因病殁于家。当未殁旬日前，谓子侯俭曰："吾嬴茶□至于是，必不免其死矣。吾意常待尔一日之□（丰）衣足食以养吾，实未期归于幽昧也。然尔若为吾持守二十五月之服，吾虽归于地下，亦足以为

---

① 《故卫州刺史韦府君（奂）夫人范阳郡君卢氏墓志铭并序》，《洛阳新获墓志二〇一五》，第 179 页。

② 前试左武卫兵曹参军杜行修撰《唐故陇西郡夫人墓志铭并序》，《唐宋墓志：远东学院藏拓片图录》，第 447 页。

荣矣。"希望儿子为自己服丧 25 个月。其子"询礼于他人"后,如其言"从命"。当月,葬母于河南府河南县龙门乡午桥原,且强调"送终之具,皆合其分"。①

崇让里

62. 郑冲(686—750)佛

　　郑氏,荥阳开封人,朔州鄯阳县令郑无遗之女,尚书右丞、修文馆学士、黔州都督府长史(从五品上)卢藏用夫人。睿宗景云年间(710—711),她进号仙源县君,再加华阳郡君。后又加华阳郡夫人。开元初,卢藏用 50 余岁卒,②郑氏中年寡居后信佛,尝宴坐之隙,命族扬言:"死者必至之期,吾当即世。自服膺释教,垂卅年,深寤真诠,早知浮假。至如同穴合祔,厚葬隔真,吾所不尚。"天宝九载(750)九月,65 岁终于里之私第。③ 郑氏希望不与丈夫同穴合祔、薄葬。至天宝十五载(756)正月,其女及女婿前彭城郡彭城县主簿郑珹"遵理命",窆之于阙塞北岗。

① 子侯俭撰《唐上谷侯俭所亲故王氏墓铭并叙》,《洛阳新获墓志二〇一五》,第314 页。
② 《旧唐书》卷 94《卢藏用传》,第 3004 页。
③ 子婿前彭城郡彭城县主簿郑珹撰《唐故尚书右丞卢府君夫人荥阳郑氏墓志铭并序》,《新中国出土墓志·河南叁·千唐志斋〔壹〕》下册,第 123—124 页。并载《全唐文补遗·千唐志斋新藏专辑》,第 219—220 页。

灵台里

63. 赵璧(627—702)佛

赵氏,南阳宛人,泸、潭二州长史浚仪县男赵志玄之女,15 岁出嫁太穆皇后挽郎周绍业为妻。因丈夫早亡,赵璧守寡几十年,独自抚养二子,"鞠育孤孺,屏绝人事,归依法门,受持金刚、波若、涅槃、法华、维摩等西部尊经,昼夜读诵不辍"。武周末期,76 岁卒于河南县洛城乡灵台里第。临终之际,"以府君倾逝年深,又持戒行,遗嘱不令合葬坟陇,还归旧茔"。以丈夫去世多年和自己信佛持戒为由,遗言不与丈夫合葬,其所指"还归旧茔"很可能指赵家祖茔。因其长子汉州司户参军周道冲先已卒,次子益州温江县令周道济"尊奉先言,不敢违失",在开元十五年(727),将母亲"窆于河南府河南县平乐乡邙山之原"。①

万岁里

64. 陶英夫人张氏(733—803)

张氏,劭公第二女,燕公张说侄孙。初笄事平阳陶英(737—801)为妻,后丈夫官至左威卫和州香林府折冲都尉、朝议大夫、试

---

① 《唐故朝议郎周府君夫人南阳赵氏(璧)墓志铭并序》,《唐代墓志汇编》,开元252,第 1330 页。并载《唐代墓志铭汇编附考》第 18 册,第 375—376、379 页。并见《隋唐五代墓志汇编·洛阳卷》第 9 册,第 170 页。

大理评事(从八品下)兼淮西节度马步都虞候,生二子:宿卫东都左屯营军都知陶沇、左屯营宿卫官陶叔宁,另有养子李士宁,即其妹之子。丈夫卒后两年多,贞元十九年(803)十月,张氏71岁卒于河南县万岁里之私第。临殁,命三子曰:"吾先奉府君之命曰:'启合非古,周公所传,悦夫人之终,但坟垄相依,请绝斯见。'吾不敢违子先父之命乎,汝可知之。"重申丈夫遗命夫妻不合葬,嗣子"手亲奉遗命,泣而授之。"以其年十一月创玄堂于洛阳县平阴乡之中原陶英茔之东,"步穴居壬"。[①] 张氏遗言分葬是从夫遗愿,窀穸不同,坟垄俯迩。

杜翟里

65. 王府君夫人苏氏(766—844)⑭

苏氏,冀州南宫县丞苏深与博陵崔氏之女,国子博士苏缕孙女,常州武进县尉(从九品上)王府君(? —808)[②]之妻。"及笄,奉命归于王氏",生子王劝(? —841),先于其三年而亡。因丈夫早逝,苏氏守寡36年,会昌四年(844)八月,79岁终于河南县杜翟里之别墅。因"奠无息嗣,哭唯诸侄,遗命不令祔葬"。不希望自己葬于王氏邙麓祖茔,敕家臣曰:"吾奉清净教,欲断诸业障。吾殁之后,必烬吾身。且甥侄之情,何心忍视。不从乱命,无爽礼经。"因夫、子俱先于其离世,苏氏"奠无息嗣,哭唯诸侄",故由侄男苏让负责姑姑①的丧事,他还撰写了墓志。苏让认为其姑的遗命为"乱命",不合礼经,出于"甥侄之情,何心忍视",故并未遵从姑姑的遗嘱。虽然对其姑进行了火化,但将苏氏的衣冠与其子王劝合葬,"奉夫人裳帷窆于劝之兆域"。② 即将之葬于其子王劝的墓地。

未知里

66. 王和夫人李氏(590—666)

李氏,并州太原人,相州邺县丞李宗第二女,箕州③榆社县令(正七品上)王和(789—667)之妻。乾封元年(666)十月十七日,李氏77岁卒。临终遗令与丈夫合葬邙山。次年九月七日,王和"泉明解印,归来于私室",亦卒于私第。乾封二年十月廿二日,其嗣子兰州行参军王慈质从母之遗令,将父母合葬于河南县界邙山之阳。④ 从王和卒后一个半月,便得以夫妻合葬,且李氏遗命葬于洛阳邙山来看,二人很可能卒于在东都的家中。

---

① 《北魏唐宋死亡文化史》称苏氏之侄称呼苏氏婶母,实则当作姑母,因为苏氏墓志铭的作者为苏让,并非王姓。第 223 页。

② 侄男苏让撰《唐故常州武进县尉王府君夫人武功苏氏墓志铭并序》,《唐代墓志汇编》,会昌 033,第 2234—2235 页;并见《全唐文补遗》第 1 辑,第 331 页;《隋唐五代墓志汇编·洛阳卷》第 13 册,第 191 页。

③ 箕州即河东道的辽州,据《新唐书》卷 39《地理志三》,武德八年至太极元年,名箕州。第 1005 页。

④ 《唐故箕州榆社县令王君(和)墓志铭并序》,《唐代墓志汇编》,乾封 040,第 469 页。并见《北京图书馆藏中国历代石刻拓本汇编》第 15 册(唐),第 44 页。《隋唐五代墓志汇编·洛阳卷》第 4 册,第 33 页。

67. 张玄弼夫人丘氏(613—691)

丘氏,益州大都督府功曹参军事(正七品下)张玄弼(607—661)之妻。武则天建立大周初期,79 岁卒于私第,因晚于丈夫 30 年离世,临终"三复规诫",嘱托其子张柬之、张晦(很可能为张晦之)改卜新茔,与丈夫合葬。二人亦遵嘱将先窆于洛阳南山的父亲灵柩,"移与夫人合葬于安养县西相城里之平原"。①

据张玄弼墓志,张玄弼与丘氏有子张柬之,他将其父母合葬于安养县(襄州安阳县)。②《旧唐书·张柬之传》载:张柬之"字孟将,襄州襄阳人也。少补太学生,涉猎经史,尤好《三礼》,国子祭酒令狐德棻甚重之"。③ 张柬之既为太学生,所受为儒家经典教育,与墓志所载其"趋诗礼之训"相符。《新唐书·张柬之传》载其进士出身,但一直在地方为基层官员,直至永昌元年(689)70 余岁时,方因对策高第,拜官监察御史。④ 这与墓志所载"承顾复之恩,早预微班,驱驰贱役"相符。故颇疑此墓志中的张玄弼即为武周时期有名的大臣张柬之之父。张柬之考中进士,前期长期在地方为基层官员,古稀之年方入京拜监察御史,并在武周末年发动了对唐代

---

① 司元大夫李行廉撰《唐故益州大都督府功曹参军事张君(玄弼)墓志铭并序》,《唐代墓志汇编》,天授 039,第 822 页。并见《唐代墓志铭汇编附考》第 12 册,第 15 页;《唐文拾遗》卷 16,载《全唐文》,第 10538 页;《隋唐五代墓志汇编·北京大学卷》第 1 册,第 87 页。

② 查两《唐书·地理志》,无安养县,当为襄州安阳县。

③ 《旧唐书》卷 91《张柬之传》,第 2936 页。《张玄弼墓志铭》载张玄弼为范阳方城人,而据《新唐书》卷 120《张柬之传》(第 4323—4324 页),张柬之的籍贯为襄州襄阳县,与其父不符。应该是张柬之异地仕宦,籍贯已经改易。因为其子张漪"以著作佐郎侍父襄阳,恃其家立功,简接乡人,乡人怨之"。据此,襄阳已经被视为张柬之的家乡。

④ 《新唐书》卷 120《张柬之传》,第 4321 页。

政治具有转折意义的神龙之变,所奉行的一直是儒家积极进取的人生态度。由墓志可知,张柬之得中进士,与其父母的教诲有很大关系。其父幼小即"志学伏膺于大儒谷那律",读《礼》《易》等儒家经典;其母对诸子"劳断织之训,深噬指之慈,刻心提耳,孜孜不倦"。儒家讲究孝道,故张柬之不辞辛苦,遵亡母遗嘱从洛阳迁父亲灵柩,与母亲合葬,以完成母亲最后的心愿。

68. 杜怀古夫人韦氏(633—697)

韦氏,屯田郎中、饶州刺史韦大宝之女。33岁出嫁杜怀古,丈夫后官至瀛州刺史(从三品),韦氏封韦城县君。万岁通天二年(697)春,65岁卒于神都私第。她生前对自己的后事已有处分,夫人平昔处分云:"神道有知,岂隔泉壤。百年之后,但于大茔内□厝,不须合葬。"故"儿女等奉遵先旨",于神功元年(697)十月,将其葬于长安少陵原杜怀古之坟东五步。①

69. 郑道夫人李氏(631—707)道

李氏,赵郡赞皇人,右司郎中,渭、建二州刺史李公淹之女,许州扶沟县主簿(正九品下)郑道之妻。"平生闻王母瑶池之赏,意甚乐之"。她在诸子成人之后,得以屏绝世事,"受法箓,学丹仙"。晚年"尤精庄老,都忘形骸",因曰:"夫死者归也,盖归于真;吾果死,当归于真庭,永无形骸之累矣。"神龙三年(707),77岁终于河南私第。遗训:"合葬非古,始自周公,淳真之道微矣。汝曹无丧吾真。夫孝在因心,仁□忘本。本之者真也。古人不封不树,丧期无数,

---

① 《大周故使持节瀛州刺史杜君夫人□□之铭并序》,《珍稀墓志百品》,第100—101页。

斯盖得其真矣。小子勉之哉!"遗命不与丈夫合葬、不封不树,不规定服丧的期限。其后人"奉遗训",以景龙元年(707)十二月将其窆于北邙之平原。①

70. 张伏宝夫人万氏(643—710)

万氏,河东蒲坂人,文林郎(从九品上)、吏部常选张伏宝(637—665)之妻。麟德二年(665),张伏宝 29 岁卒于荆州旅馆,万氏寡居45 年。景云元年(710)十月,68 岁卒于洛阳别业。临殁遗命,谓子太常太医正张思明曰:"吾之孙女,先许与前许州长社吕尉息光庭为婚,勿违吾愿。"其孙女得以姻缘美满,"得兆谐鸣凤,荣美乘龙。眷姻媲于潘安,穆亲同于杨肇"。次年二月,夫妻合葬于洛阳伊水之曲。②

71. 许日光(671—735)佛

许氏,夔府长史许钦寂之女。以世族归太仆卿(从三品)、特进鄂国公张暐(656 或稍前—746),封邓国夫人。张暐在临淄王李隆基为潞州别驾时,"潜识英姿,倾身事之,日奉游处",加之"有应务才干",在玄宗即位后,官至左金吾大将军、殿中监、太仆卿,在其70 多岁时,又加特进宠之。开元廿三年(735)九月,许氏 65 岁薨于河南私第,两月后葬于万安山之原。许日光"处贵能俭,御下以慈","性晤轮转,心依法空。""临终遗约,不忘仁义。"其墓志铭撰者

---

① 《唐故许州扶沟县主簿荥阳郑道妻李夫人墓志文》,《唐代墓志汇编》,景龙003,第 1079 页;《唐代墓志铭汇编附考》15 册,第 181、183 页。并见《隋唐五代墓志汇编·洛阳卷》第 8 册,第 104 页;《北京图书馆藏中国历代石刻拓本汇编》第 20 册(唐),第 60 页。

② 太常礼生司马道撰《张文林墓志并序》,《洛阳流散唐代墓志汇编续集》,第139 页。

行起居郎张楚认为"盖贤达难者,而夫人有之"。其子将作少匠张履冰、殿中丞张季良、典设郎张履直"曾是遗诫,如何勿伤"。[①]

72. 卢未曾有(717—738)㊛

优婆夷,俗姓卢氏,范阳人,魏州司马(从五品下)卢广庆季女,卫州刺史卢少儒孙女,出嫁薛氏。抱病期间,虽然"资迫屡空",仍"惠施不倦"。开元廿六年(738)正月,病逝于城南别业,年仅22岁。"未疾之辰,密有遗嘱,令卜宅之所,要近吾师,旷然远望,以慰平昔。"留有遗嘱要求自己的葬地与师父的接近。当月景申,迁神于洛阳阙塞之西岗。[②]

73. 元婉(680—746)㊛

河南元氏,亳州城父县令元玄佑之女,简州司马元德孙女。年将及笄,出适郭府君(?—719)为妻,其丈夫后官至剑州刺史(从三品),夫人封新郑郡君。元氏自安厝毕丈夫的丧事,丧制终,曰:"有无上道,吾将栖焉。"开元十七年(729),诣天竺崇昭法师,受菩萨戒,持金刚经,转涅槃经。于大昭和上通戒得禅定旨,又于寿觉寺主惠猷禅师受具足戒,于弘正惠幹禅师通经。天宝五载(746)正月,67岁殁于洛阳里第。预见到自己将亡,"顾谓左右,广修功德。乃舍财宝,放家僮,转大藏经,发最上愿"。二月,权殡于郭府君茔

---

①　行起居郎张楚撰《大唐特进邓国公张君夫人封邓国夫人故许氏(日光)墓志并序》,《洛阳流散唐代墓志汇编续集》,第251页。

②　守河南少尹杜昱撰《有唐薛氏故夫人实信优婆夷未曾有功德塔铭并序》,《唐代墓志汇编》,开元468,1479页;并见《唐文拾遗》卷19,载《全唐文》,第10570—10571页。图版见《北京图书馆藏中国历代石刻拓本汇编》第24册(唐),第62页。

东北一里北原。①

74. 韦丛（783—809）

韦氏，字茂之，京兆杜陵人，②东都留守、太子少保（正二品）韦夏卿（743—806）③季女，东台监察御史（正八品上）元稹（779—831）之妻。韦丛生母裴氏为宰相裴耀卿孙女、给事中裴皋之女，但其出生后未满月其母即卒，其养母为武威段氏（770—809）。韦夏卿在年过半百时，为爱女择御史河南元稹为婿。元和元年（806），元稹 28 岁应制举才识兼茂、明于体用科，以头名登第，拜右拾遗。④ 长庆时期，与李德裕、李绅“同在禁署”，时称“三俊”。⑤ 史称韦夏卿“始在东都，倾心辟士，颇得才彦，其后多至卿相，世谓之知人”。⑥ 元稹确实是才华横溢、文采斐然，穆宗后宫呼为“元才子”。⑦ 韦丛生五子一女，元和四年（809）七月，27 岁卒，从先舅姑葬于京兆府咸阳县。⑧ 韦丛卒时，元稹任东台监察御史，东台即御史台分司东都，元稹在此任上还在元和五年正月对河南尹房式不法之事予以弹劾，并因此被贬为江陵府士曹。⑨ 据此，韦丛很可能

---

① 《大唐故通议大夫上柱国剑州刺史晋阳县开国男郭府君夫人新郑郡君河南元氏（婉）权殡墓志》，《全唐文补遗》第 6 辑，第 73 页。

② 据《旧唐书》卷 165《韦夏卿传》，韦丛之父韦夏卿，字云客，杜陵人。第 4297 页。

③ 据《旧唐书》卷 15 上《宪宗本纪上》，元和元年正月，太子少保韦夏卿卒。第 414 页。又据《旧唐书》卷 165《韦夏卿传》，韦夏卿卒时年六十四。第 4297 页。

④ 《旧唐书》卷 166《元稹传》，第 4327 页。

⑤ 《旧唐书》卷 173《李绅传》，第 4497 页。

⑥ 《旧唐书》卷 165《韦夏卿传》，第 4298 页。

⑦ 《新唐书》卷 174《元稹传》，第 5228 页。

⑧ 韩愈撰《监察御史元君妻京兆韦氏夫人（丛）墓志铭》，马其昶校注、马茂元整理《韩昌黎文集校注》卷 6《碑志》，上海：上海古籍出版社，1986 年，第 363—364 页。

⑨ 《资治通鉴》卷 238，唐宪宗元和五年正月条，第 7793 页。

卒于洛阳私第。

　　临终之前，韦丛嘱托丈夫孝敬自己的继母段氏。据《段氏墓志铭》，段氏是衢州司田参军段岌第二女，嫁韦夏卿为续弦，生子太子左千牛韦珮，用心教育裴氏所生子女，"妆栉、针组、书诫、琴瑟之事无遗训"。有感于继母对自己的养育之恩，韦丛"离则思，思则梦，梦则悲，疾则泣，恋恋然予不知其异所亲矣"。"诀予之际，切以始终于敬为托焉。"临终前希望其丈夫要像对待其"所亲"生母一样对待段氏，但很不幸，段氏在韦丛卒后两月在洛阳履信里第暴疾而终，年仅 40 岁，葬于河南县龙门乡午桥村。[①]

75. 刘府君夫人张氏（792—857）（佛）

　　吴郡张氏，河南王屋县丞张平仲之女，大理评事张诚孙女，泗州仓曹参军（从七品下）刘某（？—829）之妻。她 38 岁丧夫寡居，62 岁又失爱女，自此之后久病在床。于大中十一年（857）终于洛阳私第。尝留遗命曰："吾年过岁制，病在膏肓，余气幸存，幸有诚约。况吾心崇释教，深达若空，人之死生，岂殊蝉脱。汝当节去哀情，无令害己，俭薄营葬，勿遣妨生。"并三番五次提及，"有此处分者，岂止于再三焉"。当年冬，窆于河南府河南县金谷乡尹村，合祔刘氏先茔。[②] 因丈夫刘某早逝，张氏寡居近 30 年，生活较为艰辛，以佛教为精神寄托，临终遗言薄葬。

---

① 元稹《唐左千牛韦珮母段氏墓志铭》，《全唐文》卷 655，第 6663 页。并见武威市市志编纂委员会、武威市人民政府办公室编《武威金石录》，兰州：兰州大学出版社，2001 年，第 60 页。

② 嗣子刘航撰《唐故泗州司仓参军彭城刘府君夫人吴郡张氏墓志铭并序》，《唐代墓志汇编》，大中 136，第 2357 页。又见《全唐文补遗》第 1 辑，第 372—373 页；《北京图书馆藏中国历代石刻拓本汇编》第 32 册（唐），第 148 页；《隋唐五代墓志汇编·洛阳卷》第 14 册，第 75 页。

上述留下遗言的 75 位洛阳女性中,以下基本以每十年为一阶段,统计全部 29 个阶段的女性遗言人数。其中,仅 18 号元淳一卒于大历年间(766—779),所属具体阶段不能确定,其余 74 名女性中,618—659 年的唐朝前四个阶段、卒于 880—907 年的唐朝后三个阶段及 680—689 年、760—769 年、780—789 年、860—869 年共 11 个阶段空缺,占比 37.93%,其余 18 个阶段中,以卒于 730—739 年的遗言女性最多,为 8 人;其次为卒于 700—709 年、720—729 年、750—759 年三个阶段,各 6 人。详情如表 2 - 1 所示。相比长安遗言女性,洛阳遗言女性的分布阶段较为集中。

表 2 - 1:唐代洛阳女性分阶段遗言统计表

死亡时期	编　号	人　数
618—629	—	0
630—639		0
640—649		0
650—659	—	0
660—669	51、66	2
670—679	10、33	2
680—689	—	0
690—699	37、49、67、68	4
700—709	15、19、28、34、63、69	6
710—719	9、41、44、47、70	5
720—729	21、36、38、45、52、58	6
730—739	4、14、22、30、50、59、71、72	8
740—749	1、3、5、46、73	5

（续表）

死亡时期	编　号	人　数
750—759	17、23、35、39、55、62	6
760—769	—	0
770—779	27、48、53	3
780—789	—	0
790—799	6	1
800—809	2、31、64、74	4
810—819	7、11、13、32、40	5
820—829	24、26、42	3
830—839	29、56、61	3
840—849	20、65	2
850—859	12、16、43、60、75	5
860—869	—	0
870—879	8、25、54、57	4
880—889	—	0
890—900	—	0
901—907	—	0
合　计		74

　　就宗教信仰而言，具有佛、道信仰的女性 40 名，占总数的53.33％。其中，信佛女性 35 名（含比丘尼 5 人，受贝足戒的在家女尼二人），占总数的 46.67％；信道女性 4 名（含出家女冠 1 名），占总数的 5.33％。另有释道兼信 1 名，分别占比 1.33％，其余非佛道信仰女性为 35 名，占比 46.67％。详见表 2－2 所示。

表 2－2：唐代洛阳遗言女性宗教信仰情况统计表

宗教信仰种类	信众类型	信众人数	编　　　号	合计
佛教	比丘尼	3	30—32	35
	受具足戒的在家尼	2	23、73	
	优婆夷	5	3、17、21、63、72	
	居家佛教信徒	25	1、4、5、9、11、13、15、22、25、27、28、33、38、44、45、48、49、50、52、55、58、62、65、71、75	
道教	女冠	1	18	4
	在家出家女冠（已受法箓）	2	54、69	
	居家信徒	1	56	
释道兼信	居家信徒	1	21、42	2

　　从死亡年龄来看,有 3 人年龄未知,其余 72 人均可确认其年龄组。这 72 位女性中,60—69 岁洛阳女性留下遗言的人数最多,为 25 人,占总数之比为 33.33％;其次是 70—79 岁年龄组,为 19人,占比 25.33％;再次是 50—59 岁年龄组,为 9 人,占比12.00％;90 岁以上年龄组没有人;留下遗言数量最少的是 10—19岁年龄组,仅 1 人,占比 1.33％。详情如表 2－3 所示。相较长安遗言女性的年龄组分布,洛阳遗言女性的年龄组分布较为集中,50—79 岁年龄组共 53 人,占比 70.67％。

表 2－3：唐代洛阳遗言女性年龄分布统计表

年龄组	编　　　号	人数
10—19 岁	57	1
20—29 岁	7、14、26、29、47、72、74	7

（续表）

年龄组	编　　　号	人　数
30—39 岁	4、25、35、61	4
40—49 岁	1、40、43、54	4
50—59 岁	2、16、21、31、34、36、53、56、59	9
60—69 岁	5、6、12、13、18、20、22、23、24、39、46、48、49、50、51、52、55、58、60、62、68、70、71、73、75	25
70—79 岁	9、10、11、17、27、28、30、33、37、38、41、42、44、63、64、65、66、67、69	19
80—89 岁	15、32、45	3
90 岁以上	—	0
年龄未知	3、8、19	3
合　计		75

就婚姻状况而言，已婚女性 70 名，占 93.33%，包括皇帝后妃、各级官员夫人、平民之妻等；未婚女性 5 名，占 6.67%，包括比丘尼、女冠和年轻未婚女性。相比长安遗言女性，洛阳遗言女性中低层官员之妻较多，详见表 2-4 所示。

表 2-4：唐代洛阳遗言女性婚姻及所属阶层状况简表

婚姻状况	丈 夫 官 职		编　　　号	女性人数	合计
已婚女性	皇帝		15、51	2	53
	高层官员（4 品以上）	朝官	4、22、37、39、41、42、52、71	19	
		地方官	2、6、17、19、36、45、54、58、59、68、73		
	中层官员（7—5 品）	朝官	21、34、40、56	17	
		地方官	1、3、5、12、38、43、44、48、53、62、66、67、75		

（续表）

婚姻状况	丈夫官职		编号	女性人数	合计
已婚女性	低层官员（9—8品）	朝官	14、50、74	15	53
		地方官	10、25、26、29、35、46、47、49、60、64、65、69		
	仅使职		16	1	6
	仅散官		23、70	2	
	仅试官		7、11、20	3	
	平民		9、13、61、63	4	11
	未知或不明确		24、27、28、31、33、55、72	7	
未婚女性	出家为女冠		18	1	5
	出家为尼		30、32	2	
	年轻而逝		8、57	2	

　　就身份而言，70名已婚女性中，有命妇22名，包括内命妇2名，外命妇20名，合计占洛阳遗言女性总人数的29.33%；非命妇女性48名，包括朝官夫人10名、地方官家眷25名，散官夫人2名，平民之妻4名，另有7人丈夫身份未知或不明确，合计占洛阳遗言女性的64%。相较长安遗言女性的身份，洛阳遗言女性呈现出外命妇多、内命妇少，地方官夫人多、朝官夫人少的特点。详情如表2-5所示。

表2-5：唐代洛阳已婚遗言女性命妇、非命妇统计表

命妇/非命妇			编号	人数	合计
命妇	内命妇	皇后	15	2	22
		皇妃	51		

（续表）

命妇/非命妇			编　　号	人数	合计
命妇	外命妇	王妃	22	20	22
		国夫人	41、71		
		郡夫人	19、39、52、58、60、62		
		郡君/郡太君/赠太君	17、37、44、59、73/42/38		
		县君	36、38、45、53、68		
非命妇	朝官夫人		4、14、21、34、40、50、56、74	8	48
	地方官夫人		1、2、3、5、6、10、12、16、26、29、35、43、46、47、48、49、54、64、65、66、67、69、75	23	
	地方官别室		25	1	
	散官夫人		23、70	2	
	试官夫人		7、11、20	3	
	平民之妻		9、13、61、63	4	
	丈夫身份未知或不明确		24、27、28、31、33、55、72	7	

　　75 位洛阳女性的遗言内容,涵盖 33 类 131 条。其中,要求不与丈夫合葬者最多,为 25 人,占总人数的 33.33%;其次是指定葬地者,为 19 人,占比 25.33%;再次,遗言薄葬者 15 人,占比 20.00%;又次是表达临终心态或志向者,为 11 人,占比 14.67%;又又次,指定安葬方式者,为 6 人,占比为 8.00%;训诫子孙者,为 5 人,占比 6.67%。上述五类遗言涉及内容为 76 条,占总数之比为 58.02%。另有 28 类 55 条遗言,每类遗言均在 4 人次以下。详

见下表 2－6 所示。相对卒于长安女性的遗言,卒于洛阳地区的女性遗言的内容比较集中,前三类遗言就占到总人次的近 4/5,遗言不与丈夫合葬者从长安遗言女性中的排名第四,跃居为第一位,指定葬地者则从第六位,上升为第二位,遗言薄葬者的比例相对稳定,均在前三名之列。

表 2－6: 唐代洛阳女性遗言内容统计表

序号	遗　言　内　容		女　性　编　号	数量（人）
1.	表达临终心态、志向及对死亡的态度		7、18、27、29、40、42、49、54、55、57、75	11
2.	薄葬		6、10、14、33、35、39、41、43、45、46、49、58、62、69、75	15
3.	独葬(不与丈夫合葬)		3、4、5、9、11、13、17、19、21、22、26、28、36、37、45、48、49、50、59、62、63、64、65、68、69	25
4.	指定葬地	洛阳	1、20、24、58	19
		龙门	27、30、32、44	
		邙山	60、66	
		阙塞西岗(近吾师)	72	
		与丈夫旧茔邻接	59、64	
		葬于丈夫茔域	37、68	
		归葬父亲祖茔	31、36、46、63	
5.	改葬新茔		19、26、67	3
6.	与丈夫祔葬		15、20、60、66	4

（续表）

序号	遗言内容		女性编号	数量（人）
7.	不归葬祖茔		58	1
8.	指定主丧者		53	1
9.	指定墓志撰写人		12、24、53	3
10.	自撰生平		56	1
11.	拒绝服药医疗		29、38、40	3
12.	训诫子孙		16、37、43、51、71	5
13.	嘱托丈夫不疏己宗		7、29	2
14.	希望丈夫敬养继母		74	1
15.	挂念儿女		2	1
16.	挂念孙女的婚姻		70	1
17.	与亲人诀别	与亲人辞诀	7、25、52	4
		与情人诀别	8	
18.	做功德	设斋，延诸大德	9	7
		放家僮	9、73	
		自取衣装首饰等，施以写经铸佛	25	
		转《大藏经》	73	
		舍财宝	73	
		未知具体方式	10	
19.	施舍衣服首饰布料等		29、33、38	3
20	与丈夫坟兆虽同，仪形各异		9	1
21.	示以死生之制，裁其轻重之仪		52	1

（续表）

序号	遗 言 内 容		女 性 编 号	数量（人）
22.	安葬方式	火葬	13、65	4
		焚尸后灰烬分于水陆	13	
		龛葬	44	
		塔葬	17、23、48	3
23.	修旧馆前规，以供丧事		47	1
24.	预崇表域，先莳松楸		17	1
25.	希望儿子守丧二十五个月		61	1
26.	嘱子不忘祭祀		23	1
27.	立一陀罗尼幢		27	1
28.	命孙子持诵		27	1
29.	诫其子及家人辈勿将其生病消息告知女儿		16	1
30.	政治遗嘱（去帝号，称皇后）		15	1
31.	勿违吾意		37、49	2
32.	平反冤案		15	1
33.	不许渡河安葬		34	1
合计			75人	131条

第三章　唐代两京以外
地区女性遗言

　　因唐代是中古中国的鼎盛时期,传统文献和唐人墓志中关于两京之外其他地区官员及其家眷的记载亦较多。我们搜集到两京之外唐代遗言女性 79 人,被害而死者 2 人,①其余均为自然死亡。其中,卒于安史之乱发生之前的唐前期(608—755 年)29人,唐后期(756—907)50 人,后期远多于前期,与两京地区遗言女性存在明显不同。这些女性分布于 10 道 47 个州郡府的至少54 个县中,详见本章表 3-1 所示。其中,未知所卒道者 12 人,②未知所卒州郡府者 13 人,③未知所卒县者 50 人。④ 涉及诸道的州郡府数额分别为:关内 5、河南 10、河东 7、河北 7(另有未知所卒州郡府名 1)、山南 3、陇右 2、淮南 1、江南 9、剑南 1、岭南 2。以下遗言论述部分,依《新唐书》卷 37《地理志一》所载诸道先后排序,卒地未知但可判断非葬于两京者 12 人列于最后。

---

① 即 43 号萧氏(?—821)、66 号玉英(约卒于睿宗时期)。
② 编号 68、69、70、71、72、73、74、75、76、77、78、79。
③ 在注释②基础上增加 45 号。
④ 在注释③基础上增加 5、9、12、14、15、16、18、20、21、23、27、28、29、30、31、34、39、40、41、43、46、47、48、51、53、54、56、57、59、60、61、62、63、64、65、66、67 号。

关内道

京兆府

1. 薛府君夫人董氏（756—841）

董氏，赠云麾将军董安之女，将作监丞董钦孙女。笄年娉于河东薛公为妻。薛公初仕为方镇僚佐，"累迁台宪"，当是有宪衔的方镇官员。其子宣城参军薛高，因"官寓疫"，先已病故。其"夫与子俱无寿而先丧"。会昌元年（841），董氏"自京抱疾"，86 岁终于云阳县私第。遗言曰："吾无子承继，勿葬吾于夫之茔。卜地于我家先茔之侧，君身后所有办其事焉。"提出将自己归葬于娘家先茔。五个月后，其儿媳兼从侄女主丧，将其祔于万年县霸城乡南窑村先茔之左。[1]

2. 颜颀（631—677）

颜氏，字女英，琅琊临沂人，出身名儒世家，秘书监琅琊县开国子颜师古之女，齐黄门侍郎颜之推曾孙女。17 岁出适太子中舍人殷闻礼之孙、光禄少卿殷令名之子殷仲容（633—703），丈夫后官至相王府谘议参军事（正五品上）。史载李旦为相王[2]时，有名为殷

---

[1]　安定胡憬撰《唐故陇西董夫人（薛公妻）墓志铭并序》，《全唐文补遗》第 3 辑，第 211—212 页。并见《唐代墓志汇编续集》，会昌 006，第 946 页。"吾无子承继"，《续集》作"吾无子□侄"。

[2]　《新唐书》卷 4《则天顺圣武皇后本纪》载：武周圣历二年（699）正月，"封皇嗣旦为相王"。第 99 页。

仲容者任秘书郎(从六品上),擅长书法。① 这与颜顼墓志所载殷
仲容当为同一人。夫妻伉俪 30 年,"所生男女,婚娶已毕"。仪凤
二年(677)正月去泾阳看望女儿,三月中旬构疾,47 岁终于泾阳县
城史氏女宅,旋殡于京通化里第。夫妻二人感情深厚,颜顼墓志以
桃李、蒲柳相喻,"夫人平生所愿,指期松竹,或先或后,誓拟柏舟"。
其丈夫殷仲容希望"待尽天龄"之后,与其妻"同归泉穴"。永隆二
年(681)闰七月,颜氏迁窆于雍州乾封县高阳原先茔之后,长安三
年(703),其子遵遗命将父母合葬于高阳原旧茔。②

3. 班𫄡夫人李氏(? —831)㊣

李氏,河中府虞乡县令李宁第二女,晋州录事参军李潮孙女,
其五代祖为唐初兵部尚书李大亮,太学博士(正六品上)班𫄡之妻。
李氏虽生数子,但"唯长子及甫孝侍于侧",其余均夭折。丈夫死
后,李氏"旦暮不食""号擗过礼"。其曰:"吾所未亡者以尔,吾闻西
方教日一食,吾从之,以抑其心。"因哀生疾,大和五年(831)春末终
于渭南县神佑乡张武里之别业,当年九月归葬于长安县居安乡高
阳原,"祔舅姑而与府君同域"。③

4. 李钦说夫人赵氏(838—871)

赵氏,太子宾客赵真龄之女。及笄,出适凤翔府麟游县令(从

---

① 《新唐书》卷 91《李嗣真传》,第 3797 页。
② 《大唐相王府谘议殷君(仲容)故夫人颜氏(顼)墓志铭并序》,《长安高阳原新出
土隋唐墓志》,第 109 页。
③ 季弟李朋撰《唐故太学博士扶风斑(班)府君(𫄡)夫人陇西李氏墓志铭并序》,
《长安高阳原新出土隋唐墓志》,第 254—255 页。

六品上）李钦说，生两男一女。咸通辛卯岁（871）秋，34 岁寝疾，终于奉天县官舍。将临大渐，斋沐俟时。"视儿女以哀伤，泫然血泪；舍服用于功德，愿济幽冥。不乱营神，奄从瞑目。"其年十月卜归京兆府长安县高阳原，祔葬于大皇姑之茔西，续张夫人坟北。①

华　州

5. 郑本柔（792—823）

郑氏，抚王府长史赠右仆射郑逢（？—811）第二女，秘书监郑审孙女。适国子祭酒杨宁之子杨汉公（？—861），②先于丈夫 39 年，在婚后 11 年，于长庆三年（823）正月，32 岁终于丈夫华州之官舍。其后葬于河南县金谷乡尹村北邙山之南麓先舅姑之茔。郑氏卒时，杨汉公时任华州潼关防御判官、朝请郎、殿中侍御史（从七品下）内供奉、骁骑尉。因从母工部尚书裴佶夫人李氏，对之情若己子，大渐之时，郑氏以不能展觐礼于从母为遗恨。其墓志云：郑氏"将展觐礼，忽凋蕣华。大渐之时，此恨尤切"。又嘱托丈夫照顾三个孩子，"又以三孩尚幼，两弟无家。痛极□□，因有诚托"。临终之时，既担心三个孩子，又担心两个弟弟的婚事，托付给丈夫。杨汉公"年俯强仕，世荣已疏。强寄宦名，将副前意"。③ 因他自己仕

---

① 夫前麟游县令李钦说撰《唐前凤翔府麟游县令李公（钦说）故夫人天水赵氏墓志铭并序》，《西安碑林博物馆新藏墓志续编》下册，第 639—640 页。

② 守尚书刑部侍郎郑熏撰《唐故银青光禄大夫检校户部尚书使持节郓州诸军事守郓州刺史充天平军节度郓曹濮等州观察处置等使御史大夫上柱国弘农郡开国公食邑二千户弘农公（汉公）墓志铭并序》，《唐代墓志汇编续集》，咸通 008，第 1036—1038 页。

③ 《唐华州潼关防御判官朝请郎殿中侍御史内供奉骁骑尉赐绯鱼袋杨汉公故夫人荥阳郑氏（本柔）墓志铭并叙》，《洛阳新获墓志续编》，第 460—461 页。

途较顺,为孩子提供了较好的条件。据《杨汉公墓志铭》,郑氏为杨汉公的前妻,生二子:杨筹、杨范,后来"皆登进士第,有令名于当时"。在咸通二年(861)杨汉公卒时,杨筹任长安尉,杨范为襄州节度使蒋系的从事,阶官为试大理评事。杨汉公另有长子杨思愿,郑氏"鞠之同于己子,有清文懿行,今为国子周易博士"。值得一提的是,杨汉公子女众多,除此三子之外,后续娶开元宰相韦安石玄孙、歙州刺史韦同则之女韦氏为继室,又生二子一女,另有别女 4 人、别子 7 人,共生育 17 个子女。[1]

同 州

6. 陆翰夫人元氏(770—804)[2]

元氏,河南洛阳人,比部郎中、虢州别驾、舒王府长史元宽之女,[3]其弟元稹(779—831)在穆宗朝曾任工部侍郎平章事。[4] 14 岁出嫁绛州太平县主簿(从六品上)吴郡陆翰。贞元末岁年底,35 岁卒于夏阳县私第,时同州夏阳县令陆翰"职于使,又不克董丧","縻职他县,至则无及矣"。而且,元氏兄元沂、元柜,弟元积、元稹"或游远,或守官,或归养,皆不克会葬"。故其辞世之日,未能与诸多家人诀别,"母不获抚,夫不及决,兄不得临,弟不得侍"。仅二子二女侍侧,泣问遗训,元氏曰:"吾幼也辞家,报亲日短,今则已矣,

---

① 前揭《杨汉公墓志》,《唐代墓志汇编续集》,咸通 008,第 1038 页。
② 元稹《夏阳县令陆翰妻河南元氏墓志铭》载元氏殁于贞元二十五年十二月初五,葬于永贞元年十月四日,《全唐文》卷 655,第 6661—6662 页。贞元二十一年与永贞元年为同一公元纪年,"五"为衍字。
③ 《旧唐书》卷 166《元稹传》载:元稹字微之,河南人。父宽,比部郎中、舒王府长史,以稹贵,赠左仆射。第 4327 页。
④ 《旧唐书》卷 166《元稹传》,第 4334 页。

不见吾亲。亲乎，亲乎！”西望而绝。次年冬，元氏从祖姑兆葬于河南洛阳清风乡平乐里之北邙原。①

凤翔府

7. 武士彟继室杨氏(579—670)㊣佛

杨氏，唐初工部尚书（正三品）武士彟继室，是北周开府仪同三司、傥城郡公杨绍孙女，隋郑恭王、纳言杨达之女，弘农仙掌人。她是由高祖李渊介绍，由桂阳公主主婚，官府出聘礼，出嫁武士彟，生三女。因其次女为女皇武则天，杨氏先后册拜为应国夫人、代国夫人、荣国夫人、鄅国夫人。咸亨元年（670）八月二日，杨氏以 92 岁高龄崩于九成宫山第，改封卫国夫人。因信仰佛教，即将大渐之际，她“雅志无昏，神情不挠”，“以为合葬非古，礼贵从宜，将追罔极之慈，愿在先茔之侧”。武后“奉遵遗旨”，以其年闰九月廿一日，将其迁座于雍州咸阳县洪渎原郑恭王旧茔之左。并将母亲封为武周无上孝明高皇后。②

8. 李府君夫人何氏(685—742)㊣佛

何氏，幽州司马何愿之女，果州相如县尉（从九品下）李公之妻。何氏“生于贵族，长自高门”，儒释兼通，“女箴女诫，七岁即晓深文；礼乐礼仪，一见便知雅趣。法门内典，读诵不倦于六时；儒教外书，披览讵乖于三暇”。天宝元年（742）秋，58 岁构疾终于长子

① 元稹《夏阳县令陆翰妻河南元氏墓志铭》，《全唐文》卷 655，第 6661—6662 页。
② 武三思《大周无上孝明高皇后碑铭（并序）》，《全唐文》卷 239，第 2417—2423 页。

李楫鄜县私第。因"先代坟茔,伯父宅兆,咸在西北,相去非遥",李楫"尝奉约束,令近京安厝"。遵先言,与次子李愔、少子李憺等,于天宝三载(744)四月,葬母亲于京兆府长安县居安乡之高阳原。①

新秦郡

9. 李府君夫人郭氏(679—752)㊫

郭氏,右卫中郎将(正四品下)李某夫人,其父亲为代州长史。因四子"并击钟鼎,门列画戟,家习清规"。郭氏获封隰城郡太夫人。天宝十一载(752),74 岁卒于新秦郡,当时权厝之。因安禄山之乱,30 年后方由其孙前大理正迁葬。因郭氏"志崇佛法,心在出家",临终"遗诫置塔,不令合□(祔?)。如违吾言,善异□□□□"。其孙奉行,"令于先人域内,别造塔迁之",葬之于长安县义阳乡高阳原,次子开府仪同三司、行太仆卿高邑公旧茔。②

河南道

河南府

10. 杜嗣俭夫人阎氏(635—712)

阎氏,常山人,梓州射洪县令处逸之第三女,虢州卢氏县尉(从

---

① 长子李楫撰《大唐前果州相如县尉赵郡李公故夫人何氏墓志铭并序》,《长安新出墓志》,第 169 页。

② 《唐故隰城郡太夫人太原郭氏墓志并序》,《西安碑林博物馆新藏墓志汇编》中册,第 534—535 页。

九品上）杜嗣俭（629—697）之妻。万岁通天二年（697），杜嗣俭 69
岁终于洛州询善里私第。阎氏"移天逝偶，从子东征，言旋洛邑，遭
艰巩县"。先天元年（712）八月，78 岁终于巩县客舍。夫妻"性居
素约，恶兹奢侈，不许厚葬，将贻我伤。同鲤也之云亡，有棺无椁；
得周公之为礼，合葬归茔"。次月，其子杜友晋将父母合葬于故洛
城东北首阳原当阳侯茔西南次。①

11. 裴友植继室封氏（670—726）

封氏，平原蓨人，黄州刺史封践福之女、襄州刺史封道弘孙女，
太府卿（从三品）裴友植继室。生二子：季儒、季廉，前者先已逝
世。封氏初封安德县君，次为平原郡君，后加平原郡夫人。其丈夫
先于其逝世，故"著未亡之称，每有待终之旨"。常曰："吾性略近
俗，事存远风。后起孤坟，无循合葬。"开元十四年（726）八月，57
岁构疾薨于河南陆浑县山舍。"从诸绪言，赴以古礼"，次年二月底
葬于河南县万安山之北原。② 封氏提出不与丈夫合葬的表面理由
是"事存远风"，也就是合葬非古，也可能是继子在父亲去世之后，
征得继母封氏同意已经将父母合葬。

汝　州

12. 王美畅夫人长孙氏（648—701）㊫

河南郡长孙氏，通议大夫、华容郡公长孙义常孙女，父亲为瀛

① 《大唐故虢州卢氏县尉杜（嗣俭，字琼）阎夫人之志》，《洛阳流散唐代墓志汇
　编》，第 159 页。
② 著作郎吕向撰《有唐平原夫人（裴友植妻）墓志铭并序》，《洛阳流散唐代墓志汇
　编续集》，第 209 页。

洲司马,润州刺史(从三品)、薛国公王美畅之妻。武周晚期,54 岁时卒于汝州私第。因其"宿植得本,深悟法门,舍离盖缠,超出爱网",认为"合葬非古,何必同坟,乃遗令于洛州合宫县界龙门山寺侧为空以安神埏"。其子王昕等以其遗令不合常规,"孝穷地义,礼极天经,思切风枝,哀缠霜露"。内心非常矛盾,"从命则情所未忍,违教则心用荒然"。通过"询访通人",最终决定"敬遵遗训",冒着不孝的罪名,花费了不少功夫,"梯山凿道,架险穿空,构石崇其基,斲絮陈其隙"。两年后,于长安三年(703)将母亲安葬,希望母亲"与天地而长固,等灵光而岿然"。①

陕 州

13. 沈群夫人杨氏(781—812)

杨氏,监察御史检校户部员外郎兼侍御史杨钺之女,陕州安邑县丞(从八品下)沈群之妻。杨氏"以去家相离,疢心缠疾",希望返回娘家,甚至提出离婚,多次请于其姑:"愿衣褐还家。请夫别娶。"但直至元和七年(812)三月,32 岁的杨氏病逝于安邑县乐贵里夫之私第,其婆婆与丈夫沈群"弥重而抑",并未同意其和离请求。后经其弟杨珙、杨琚等"号诉夫族""请枢归殡",沈母最终许之,令其夫与其弟一起将她"护丧归洛"。其年十一月,附先茔于洛阳县北

---

① 《□□□□□王美畅夫人长孙氏墓志铭并序》,《唐代墓志汇编》,长安 054,1029—1030 页。并载《唐代墓志铭汇编附考》第 14 册,第 333、341 页;王昕《王美畅夫人长孙氏墓志铭并序》,《唐文拾遗》卷 18,载《全唐文》,第 10556 页;《隋唐五代墓志汇编·洛阳卷》第 7 册,第 195 页;《北京图书馆藏中国历代石刻拓本汇编》第 19 册(唐),第 93 页。

部乡北袁村之原,窆于祖茔东北,姝茔之东。① 杨氏因思念亲人而婚后生病,没有子女,年轻而逝。她希望返回娘家,返葬故乡祖茔,为此甚至提出与丈夫离婚来达成心愿。

14. 元洞灵(762—822)⑲⑱

元氏,尽管为元魏皇室之后,但父祖已均为平民,她自幼喜道,"黄其衣襦"。因"生于毗陵(江苏常州)之阳,羡洞灵仙观,幼以观名为字"。及笄之后,因其母"抑之",迫于母命出适太原王淮。王淮官至处州丽水县令(从六品上),"庸近无才能"。故元洞灵"常默默不自喜,因其贰行,携己子而还于家"。面对"所亲皆欲夺志",其"志适玄远""誓不可夺",并未改嫁。长庆二年(822)九月,61岁终于陕州其兄弟之官次。疾革,命曰:"吾乐静而未遂心,当葬吾于是郊,不远从兆域,处乎谐静独也。"两月后,"从先命",窆于陕州硖石县门信乡石柱里北原。②

另外,长庆元年(821)夏,元洞灵离世前一年,她自梁川还抵长安,顾谓其甥中书舍人沈传师曰:"吾之志尚,尔所熟也。常思绝俗林峤,了然独往,每以服教为念,不敢率心自去。王氏从吾弟兄三纪有余,吾今若□,可皆还。尔其为吾卜善地,结精庐。吾将袭气以存真。"因其"道素灵静,而学兼禅味",要求外甥为自己觅一善地以结精庐,用于学道,如果其丈夫王淮愿意,也可来居住。传师"恭

---

① 堂兄杨珽述志《唐陕州安邑县丞沈君妻弘农杨夫人墓志铭并序》,《唐代墓志汇编》,元和 057,第 1988 页。又见《全唐文补遗》第 1 辑,第 264—265 页。

② 守中书舍人沈传师撰《唐故元夫人(洞灵)墓志铭并序》,《新中国出土墓志·河南〔贰〕》下册,北京:文物出版社,2002 年,第 1—2 页。据墓志,墓志撰写者沈传师为元洞灵的外甥,因元氏婚后携子还家,亦未改嫁,所卒之陕州官舍当为其兄弟的官舍,沈传师称之为季舅,故元洞灵当为其姨母。

旨□胜行”,遵行了其姨母的遗言。①

郑　州

15. 太宗德妃燕氏(? —671)

燕氏,华阴弘农人,②隋左右武候□大将军、上柱国燕荣之女,唐太宗德妃。生越王李贞,高宗朝获封越国太妃。咸亨二年(671)七月,60多岁薨于郑州之传舍。其墓志言:"隔烛之下,善训必宣。乱命之前,话言无辍。申明薄葬,务从节俭。自构遗表,驰遣奉辞。"明确提出薄葬,但高宗不仅未将其薄葬,反而将其风光发丧,甚至动用了女性很少使用的鼓吹威仪。其葬礼,命工部尚书杨昉监护,率更令张文收为副,"中外发使,友驰相属。礼赐丰渥,并越常伦。丧葬所须,尽令官给,并赐温明秘器"。且高宗特为其举哀,停朝数日。如其墓志所言,"追远之隆,罕闻其匹"。当年十二月,燕妃风光陪葬京兆府醴泉县昭陵。燕妃的葬礼完全违背了其薄葬的本意,远远超出了太妃葬礼的规格。之所以将其厚葬,其墓志言系"特以太妃懿德,声冠列藩。……故申殊礼,以示加褒"。③

16. 岑平等(638—698)㊋

岑氏,字宣慈,南阳棘阳人,秘书省校书郎岑文昭之女,清苑公

---

① 上揭《元洞灵墓志铭并序》,《新中国出土墓志·河南〔贰〕》下册,北京:文物出版社,2002年,第1—2页。
② 据[唐]李延寿撰《北史》卷87《酷吏·燕荣传》,燕荣,字贵公,华阴弘农人也。北京:中华书局,1974年,第2901页。可知,燕氏籍贯为华阴郡弘农县。
③ 《大唐越国故太妃燕氏(下缺)》,《全唐文补遗》第1辑,第24—26页。

刘府君之妻。因丈夫早卒,岑氏 20 岁即守寡,"鞠育一子"刘敦仁。悲痛之余,转而信仰佛教,"深悟因果,精崇妙觉""通辰达夜,常宣金□之文;彻产倾资,尽入福田之用"。后随子前郑州司仓(从七品下)刘敦仁宦游。寡居 40 年后,圣历元年(698)终于归仁里。因其"宿悟无生,尝观怛化""以清苑公早从悬窆,远在渚宫,言念修途,良难同穴,知合葬之非古,使随处以安神"。四年后,大足元年(701)冬,迁厝于洛州洛阳县清风乡和仁里之原。①

17. 程怀宪夫人崔氏(? —784)

崔氏,其父官至银青光禄大夫(从三品)、秘书监,无子,生三女,崔氏为中女。其墓志铭载其"当年出适,义不违亲",奉命出适程怀宪,丈夫官至润州长史(从五品上)。甲子岁(兴元元年,784)"丧于中年",终于中牟县千塔□私第。"遗令薄葬,死事挺壿,敛手足形,无用器备。"贞元元年(785)十月,"迁窆于龙门西原,陪先君茔,盖从治命,示不忘亲也"。说明崔氏遗言薄葬、归葬本家程氏龙门祖茔。2004 年 1 月,崔氏墓志出土于洛阳龙门西山,其铭文载"前临净域,后对天门,岿然单阙,块尔孤坟"。② 这表明她是孤坟独葬,意味着并未与丈夫合葬。因此之故,其墓志中强调崔氏婚后"上下辑睦,理无咎悔",是为了表明她并非对婚姻不满而归葬本家祖茔。

18. 孙廿九女(? —823)(未)

孙氏女,左补阙内供奉孙遘(?)孙女、滑州白马县令(从六品

---

① 《大周故清苑公刘府君夫人岑氏墓志铭》,《唐代墓志汇编续集》,大足 004,第386 页。
② 《唐前润州长史程公故夫人博陵崔氏墓志铭并序》,《河洛墓刻拾零》下册,第458 页;《洛阳出土鸳鸯志辑录》,第 129—130 页。

上)孙起第三女。长庆三年(823)五月,"方务择归,不幸遇疾",因病逝于郑州之别墅,当不满 20 岁。当时权厝于所居之南,29 年后的大中六年(852)五月,方从孙氏女"先志",迁祔于洛阳北陶村之大茔,"东接先府君先夫人松槚,北联窦氏姊"。由其第 34 兄守给事中赐紫金鱼袋孙景商书于贞石。① 因孙氏女并未婚配,年轻早亡,其丧葬事宜当是其本家操办。

蔡 州

19. 裴处琏夫人赵氏(？—750)

赵氏,河东闻喜人,武卫大将军赵承庆嫡孙女,汝南郡真阳县尉(从九品上)裴处琏(？—750)之妻。天宝九载(750),裴处琏病逝于真阳县廨宇,自丈夫卧疾,赵氏"恒求代死之祈。倏忽云亡,旋作辍弦之谶"。13 日之后,其预言成真。三年后,夫妻合祔于东京河南县平乐原旧茔。②

20. 李湍之妻无名氏(卒于 814—817 年间)③

元和中,淮南未平,蔡州吴元济之军人李湍④心怀向顺,急渡

---

① 《唐故乐安孙廿九女墓志》,《北京图书馆藏中国历代石刻拓本汇编》第 32 册(唐),第 75 页;《隋唐五代墓志汇编》(洛阳)第 14 册,第 33 页。
② 《唐故高士哲人河东裴府君(处琏)墓志铭》,《全唐文补遗》第 2 辑,第 557 页。
③ 《新唐书》卷 7《宪宗本纪》载:元和九年闰八月丙辰,彰义军节度使吴少阳卒,其子元济自称知军事。元和十二年十一月丙戌,吴元济伏诛。第 217 页。据此可知,吴元济元和九年闰八月叛,元和十二年年十二月平,历时三年多,李湍之妻即于此间被杀。
④ 李湍,《旧唐书》卷 161《乌重胤传》(第 4223 页)作李端。此从《旧唐书》卷 193《列女·李湍妻传》(第 5149 页)、《新唐书》卷 205《列女·李湍妻传》(第 5827 页)。

溵河,东降河阳怀汝节度使、检校尚书右仆射、司空乌重胤。其妻
尚在蔡州,故为贼束缚在树,脔而食之,至死,仍叫其夫曰:"善事乌
仆射。"观者义之。乌重胤以其事请列史册。元和十三年(818),宪
宗下诏从之。①

汴　州

21. 崔府君夫人朱氏(657—740)⑲

朱氏,吴郡钱唐人,隋尚书仓部郎中朱延度孙女。及笄之年,
出嫁衮州瑕丘县令(从六品上)崔府君。因丈夫受恩制拜朝散大
夫,朱氏得授吴县君。崔府君早逝后,朱氏"精心道门","大蠲行
暮,遗言余教,抚诲不爽。遂舍钱十万,克修胜果"。开元廿八年
(740)冬,84 岁终于汴州归仙里第。天宝元年(742)四月,其子崔
希先等将亡母权归窆于河南府洛阳县清风乡平乐北原,"西瞻爱子
之坟,南接府君之垅"。② 朱氏未与丈夫合葬,而是葬于丈夫坟侧,
这应该是其"遗言余教"的内容。

22. 柳庭诰夫人薛氏(685—742)

河东薛氏,绵州刺史薛绘之女,出适同郡解人少府监丞柳元贞
之子柳庭诰(663—718)为妻,其丈夫后官至行国子监主簿(从七品
下)。天宝元年(742)四月,薛氏守寡 24 年后,病逝于陈留郡尉氏

---

① 《旧唐书》卷 193《列女·李湍妻传》,第 5149 页。参考《旧唐书》卷 161《乌重胤
传》(第 4223 页)、《新唐书》卷 205《列女·李湍妻传》(第 5827 页)。
② 《大唐故衮州瑕丘县令崔府君夫人吴县君朱氏墓志铭并序》,《唐代墓志汇编》,
天宝 006,第 1534—1535 页。并见《北京图书馆藏中国历代石刻拓本汇编》第
25 册(唐),第 9 页。

县馆舍,其年十一月,夫妻合葬于河南县龙门乡北原。嗣子柳□协、柳务邕"克奉遗命,敬刊幽铭"。柳庭诰夫妇均为河东郡人,柳庭诰官至行国子监主簿,其父柳元贞官至少府监丞(从六品下),祖父柳公矩为右卫长史(从六品上,武官),柳氏夫妻合葬墓志的撰写者为内弟太仆寺主簿(从七品上)李诩,均为中层京官。柳氏家族应该已经将长安作为发展的重心,而且拥有一定的社会关系,很可能柳氏家族墓地已改葬洛阳,故薛氏遗命与丈夫归葬洛阳龙门。[①]

宋 州

23. 薛士通夫人张氏(622—695) 佛道

张氏,隋雁门守、唐都督代州诸军事、代州刺史洧阳郡公张孝先孙女,泉州刺史(从三品)薛士通(卒于乾封中)之妻,封武城夫人。生四子,长子官至祠部员外郎,直麟台,并待制观正殿,第三子文休、第四子谦光(647—719),[②]俱拜五品。张氏在儒书之外,兼通释道,但并不执溺其中,"雅好释典,兼崇道教,斋戒符箓,持皆精严,然皆达之以中,未尝过于执溺"。证圣元年(695)腊月,74 岁遭疾薨于宋州第三子薛文休处。临终前,"容貌无扰,词气如平生。文休谘问,所言犹一二处分取尽"。万岁登封元年一月(696),其子

---

① 内弟太仆寺主簿李诩撰《唐故朝议郎行国子监主簿上柱国柳公(庭诰)夫人薛氏墓志铭并序》,《河洛墓刻拾零》上册,第 340 页。
② 《旧唐书》卷 101《薛登传》载:"薛登本名谦光,常州义兴人也。父士通,大业中为鹰扬郎将。……贞观初,历泉州刺史,卒。……开元初,(薛谦光)为东都留守,又转太子宾客。以与太子同名,表请行字,特敕赐名登。……七年卒,年七十三,赠晋州刺史。"第 3136、3141 页。

"奉遗命",卜厝于合宫县邙山之南原昭觉寺东三里安葬。^① 指定葬所当在其遗言三子文休"一二处分"之列。

徐　州

24. 陈润夫人白氏(731—800)

白氏,延州延安令(正七品上)白锽之女,都官郎中白温孙女。既笄,出适坊州鄜城县尉(从九品上)颍川陈润。贞元十六年(800)夏初,70 岁疾殁于徐州丰县官舍。其年十一月,权窆于宿州符离县之南偏。至元和八年(813)春,改卜宅兆于华州下邽县义津乡北原,即白氏之女颍川县君新茔之西次,以"从存殁之志"。前京兆府户曹参军翰林学士白居易为姑祖母撰写了墓志铭。^②

郓　州

25. 崔淑(693—726)

崔氏,绛州万泉尉(从九品上)崔克昌之女,太原王晓之妻。开

---

① 左补阙判天官员外郎殷徽征撰,男祠部员外郎薛颖铭《唐故使持节泉州诸军事泉州刺史上柱国河东薛府君夫人张氏墓志铭并序》,《洛阳流散唐代墓志汇编》,第 101 页;并见《洛阳新获七朝墓志》,第 119 页。《薛士通夫人张氏墓志》载:证圣二年腊月四日,张氏遘疾薨于州。万岁登封元年一月十八日卜厝于邙山之原。按:证圣无二年,万岁登封元年一月下葬,志主去世至晚当在前一年,即证圣元年(695 年)。

② 白居易《唐故坊州鄜城县尉陈府君(润)夫人白氏墓志铭并序》,《白居易集笺校》卷 42《墓志铭》,第 2726—2727 页。因白氏是白居易之父大理少卿、襄州别驾白季庚的姑母,故为白居易的姑祖母。

元十四年(726)十二月,仅 34 岁,终于平阴别业。崔氏有三男二女,"大渐不乱,顾念遗托,自尊逮卑,使彻其珍华,敛以时服,不忘俭也"。[①] 遗言薄葬。8 天之后,崔氏被殡于邙山大茔之北,子女当是遵嘱行事。

兖　州

26. 贾府君夫人裴氏(709—781)[道]

　　裴氏,河东闻喜人,郴州高亭县令(从七品上)裴暹之女,年始初笄便出嫁长乐贾府君,"辅佐历仕,前后五任"。至天宝末,贾府君秩满迁棣州厌次县令(从六品上)。丈夫卒后,裴氏居于东都明教里,"修心至道廿七年",因染时气移居泗水县,建中辛酉岁(781)夏,73 岁病逝。其子试左金吾卫长史上柱国贾抡"侍疾左右之日,切奉处分:吾缘久已修学清净至道。命之将至,于汝考坟次之西南别坟,不得违语。"父亲、丈夫均为县令的裴氏,潜心修道近 30 年,故遗言与丈夫别坟安葬。建中三年(782)闰正月,贾抡遵嘱,"扶护迁至龙门毕圭乡望春□□(原旧)茔内,□穴筑坟,安厝永毕"。[②]

① 《大唐太原王晓故夫人崔氏墓志铭并序》,《唐代墓志铭汇编附考》第 18 册,第 307、309 页。并见《全唐文补遗》第 2 辑,第 468 页。
② 男前试左金吾卫长史贾抡修《大唐长乐贾府君故夫人裴氏墓志铭并序》,《洛阳流散唐代墓志汇编》,第 432—433 页。

河东道

河中府

27. 夏侯府君如夫人邓氏(？—868)

邓氏,棣州录事参军(从七品上)邓何之女,同州白水县令(从六品上)夏侯府君如夫人。她生一子夏侯洙,一女幼亡。咸通九年(868)十月,因病殁于河中官舍。邓氏爱自抱恙,语其子曰:"我百年后,葬我于长安城足矣,无负吾心也。"遗言葬于长安。夏侯洙"既奉慈旨,敢违其教?"遵母命,于次月底将母亲葬于万年县洪固乡中大韦村。[①] 墓志言其人本性刚克,选择不归葬夫家祖茔,可能与她身为妾氏,身份、地位低下有关。

绛　州

28. 郑溁夫人崔氏(766—832)

崔氏,棣州刺史兼御史中丞崔渐次女。建中元年(780),15岁出嫁大理司直兼穆州桐庐县令府君郑鏴第二子沧州长芦县尉荥阳郑溁(747—793)为妻。夫妻生活13年间,生三子一女:长子前赵州平棘县丞郑枢、次子前绛州司马郑杞、季子前赵州参军郑楬。郑

---

① 前陕虢等州都防御判官将仕郎监察御史里行夏侯藻撰《仲父故白水县令府君如夫人南阳邓氏墓志并铭》,《唐代墓志汇编续集》,咸通 057,第 1077—1078 页。《全唐文补遗》第 3 辑,第 264—265 页。

溱建中年间被恒冀观察使王武俊辟为成德镇冀州信都县尉,后又为德州录事参军、冀州阜城县令(从六品上),贞元九年(793)病逝于恒府真定县私第,其后崔氏守寡 39 年。

崔氏出适郑溱,与郑氏家族"家本居秦,偃仰皇泽百余载"而为衣冠之家有关,故"申婚礼于他域,系名族于德门"。但建中之后,"军威转雄,兵志难戢""镇冀之间,自为一秦,颇禁衣冠,不出境界",藩镇独立于朝廷,使得崔氏"与诸骨肉落为污俗""戢在匪人之土矣。暂谓隔王化于三千里之外,离我戚于五十年间"。王武俊之孙成德节度使王承宗(? —820)死后,王承元(801—833)"以顺逆自谕,举军来王",崔氏立即命郑杞归葬其父。贞元十八年(802)正月,郑杞自恒阳启殡,葬父于河南府洛阳县城北廿里张阳村祖父墓之后。在甘滑之地任职的郑杞得以"扶〔版〕舆出乎虎口,持小辈附于骥尾,其余血属姊弟,数年之内,稍稍而至",并因此"遂为忠孝所闻",顷者受镇于此的仆射李寰,奏举其为绛州司马。崔氏谓子郑杞曰:"尔官虽贫,秩且自立,使吾儿孙男女欢聚不远,寝食爱思,得复乎清平之代,如此非汝之力,吾谁致之?"大和六年(832)五月,崔氏 67 岁遘疾终于次子郑札平阳里私第。其年七月,与丈夫合葬于东都河南县平乐乡北邙原祔先茔。①

---

① 承务郎前试太常寺协律郎云骑尉王球撰《唐故冀州阜城县令兼□□□史赐绯鱼袋荥阳郑府君夫人博陵崔氏合祔墓志铭并序》,《唐代墓志汇编》,大和 049,第 2130—2131 页。拓片见河南省文物研究所、河南省洛阳地区文管处编《千唐志斋藏志》下册,北京:文物出版社,1984 年,第 1049 页。据拓片,墓志中所载郑札,似当作郑杞。参考弟成德军节度□□郑瓒撰《唐冀州阜城县令荥阳郑君墓志铭并序》,《唐代墓志汇编》,贞元 110,第 1916—1917 页。牟发松发现崔氏墓志所载其丈夫郑溱的"旧志",撰写《墓志资料中的河北藩镇形象新探——以〈崔氏合祔墓志〉所见成德镇为中心》(载《陕西师范大学学报》2008 年 3 期,第 117—123 页)一文,对崔氏墓志所载的一些相关问题进行了研 (转下页)

蒲 州

29. 吕藏元夫人张氏(677—759)

张氏,光州长史张策之女,赠鸿胪卿(从三品)吕藏元之妻。其治家甚严,仲子吕諲任行兵部侍郎、同中书门下平章事、知门下省事,故张氏封清河郡太夫人。乾元二年(759)六月,张氏薨于幼子中大夫、蒲州司马吕仪之河东官舍,褒赠卫国太夫人。当月中旬,命诸子孙曰:"吾行年八十有三,教训汝曹,未尝愠色。汝既忠于国,孝于家,及吾无身,吾亦何患。"自认为教育子孙较为成功,死亦无患。以其年十月底,安厝于河南府偃师县首阳山南风陵之原。①

30. 崔珏(786—819)

崔氏,字伯璋,清河郡东武城县人,河南府河南县主簿进士崔程第二女。五岁丧母,笄年丧父,其后长于诸父诸母兄嫂之手。后出适河中府司录参军(从七品上)荥阳郑造,有子女五人。元和十四年(819)正月,34岁遘疾终于夫之官舍。弥留之际,"犹能喻其夫以常理,顾诸子以为托"。其年五月,窆于河南府河阴县广武原先茔。②

(接上页)究。牟氏指出:郑溆起家官沧州长芦县尉,大历初滞留河北,至建中时期为冀州信都县尉,已有十余年,期间求婚博陵崔氏,在河北成家立业,其河北之行并非"偶因薄游",而是其有意识地选择。其弟郑瀵为成德军节度使属官、长子郑枢任赵州平棘县丞、三子郑楬任赵州参军,均在成德藩镇任官,其家族已在当地积累了深厚的社会关系和政治资源。

① 仲子前行兵部侍郎同中书门下平章事知门下省事吕諲撰《唐赠鸿胪卿先府君(吕藏元)墓志铭并序》,《唐代墓志汇编续集》,乾元008,第680页。并见《全唐文补遗》第6辑,第90页;《隋唐五代墓志汇编·山西卷》第1册,第128页。

② 堂兄中书侍郎平章事崔群撰《郑氏季妹(崔珏)墓志铭并序》,《全唐文补遗》第3辑,第180—181页。

慈 州

31. 李纮（818—864）

李氏，字怛之，其先陇西成纪人，太尉兼中书令西平王李晟曾孙，魏博节度使、同中书门下平章事李愬①孙女，凤翔节度使、检校尚书左仆射李玭长女。笄年，归年已届不惑之年的谢观（？—865）为妻。有子五人，皆举进士，女四人。咸通二年（861），谢观官至慈州太守（正四品下），李氏封陇西县君。咸通五年（864）四月，47 岁因病殁于文城之公署，遗言葬于洛阳邙山。次年冬，长子谢承昭等奉"县君之遗命，大人之严令"，护奉亡母窆于河南府河南县平乐乡王寇村邙山之南原。②

汾 州

32. 若干元之妻郭氏（约 706—762）

郭氏，武威郡若干元（684—731）之妻。若干元祖父崇儒府果毅若干智山"因官而宅彼汾"，故家居汾州。"行年二万日"，约 56

---

① 据《旧唐书》卷 133《李晟传》，李晟字良器，陇右临洮人。祖思恭，父钦，代居陇右为裨将。晟十五子，以李愿、李愬、李听最知名。第 3661、3676 页。其中，李愬在元和时期曾任魏博节度使，李听在长庆年间曾任魏博节度使。据佚名撰《大唐传载》："李愿司空，兄弟九人，四有土地，愿为夏州、徐泗、凤翔、宣武、河中五节度，宪为江西观察、岭南节度，愬为唐邓、襄阳、徐泗、凤翔、泽潞、魏博六节度使，听为夏州、灵武、河东、郑滑、魏博、邠宁、凤翔七节度。一门登坛授钺无比焉。"北京：中华书局，1991 年，第 11 页。但二人之中，仅李愬官至同中书门下平章事，故李纮当为李愬之女。
② 长男谢承昭奉述《大唐前慈州太守谢观故夫人陇西县君墓志铭并序》，《北京图书馆藏中国历代石刻拓本汇编》第 33 册（唐），第 56 页。

岁时,郭氏忽流涕而谓长子若干勃海曰:"吾闻汝之父言,生事以礼,死葬以礼。吾今白发如丝,□又明文孙属小子则拨乱河北,群女尽礼娉高门,吾又欲亲观之,汝岂无葬乎。"希望自己被以礼安葬。其子"拂衣昌言再拜",慈顺曰:"子之孝,母之教也,敢不敬从。"其子不负亡母嘱托,"乞墨灵龟起攻穿于平陆;尸兰李女求必敬于苹藻。椁于是,棺于是,不愧于乾坤;车如云,马如云,无惭于拜送"。在宝应元年(762)冬将亡母葬于平遥城西二里新茔。[①]

潞　州

33. 焦某之妻赵氏(773—847)⑲

赵氏,摄贝州武城县尉赵澄孙女,焦某之妻,夫妻生四子。赵氏性格宽厚和平,"洞识玄机,倾心好道"。大中元年(847)春,75岁终于上党县府第。寝疾在床,命诸子告曰:"吾年七十有五,死无恨焉。所媿者以吾性好闲□,疏于义方,养汝弟兄,遂亏礼训,斯实□恨,余无悔焉。然汝等各已成长,□相□谕,□□一日是吊遗念。吾若□□□□匆匆安吾成礼。然□举哭殡葬之□,尤□□□无上奢荣。吾灵有知,□□是吾平生之志。吾若无知,奢荣何益。若□铭文,即书吾平生事,□□□气纯素,节行清贞。进退以直,居然是政。□□□□褒誉,吾所恶□,违吾一字,□理不昧,知知之之。与汝永别之辞,隔生之念,痛□□□。"除了表达自己的临终感慨与心情之外,赵氏提出薄葬,要求诸子在墓志中要讲述其生平事迹及品

---

① 《大唐若干君(元)墓志铭》,《唐代墓志汇编续集》,宝应 001,第 685 页。参见《若干元及妻郭氏合祔墓志》,《隋唐五代墓志汇编·山西卷》第 1 册,第 130 页。

质,但不需过度赞誉。虽然字迹漫漶,但大意可知。这一遗言得到遵行,其墓志由长男焦文庆撰述,三子焦汉章负责书写。以大中三年(849)二月,卜兆安厝于潞府城西南故村西北一里半平原。①

泽　州

34. 李慎妃陆氏(631—665)

陆氏,河南洛阳人,兵部郎中(从五品上)陆爽之女。贞观十七年(643),13 岁被册封为唐太宗第十子纪王慎之妃。李慎为韦妃所生,高宗卒后武曌以太后掌政时期任贝州刺史(从三品)。② 夫妻育有东平郡王李续等六子、江陵县主等八女。麟德二年(665)六月,在其父诞辰之日,因"久婴沉疾",加之思念亡父,35 岁卒于泽州馆舍。"易箦之初,特(阙三字)慈母,送终之礼,才使具于楸衣;居丧之制,不许越于苦寝,追往慎终,咸从遗命。"其遗言薄葬,虽然说是"咸从遗命",但只是相对而言,因其王妃的身份,规格并不低,不仅官府出丧葬费用,赠布五百段、米粟三百石。高宗并令一名五品京官监护灵举还京,又遣司卫少卿杨知正监护仪仗送至墓所往还。因纪王慎陪葬昭陵,③次年底,陆氏亦葬于昭陵南 23 里。④

---

① 长男焦文庆述,次男汉章书《唐故天水郡赵氏太夫人墓志铭并序》,《西安碑林博物馆新藏墓志汇编》下册,第 748—749 页。
② 《旧唐书》卷 76《太宗诸子·纪王慎传》,第 2664—2665 页。
③ 《唐会要》卷 21《陪陵名位》,第 412 页。
④ 阙名《纪国先妃陆氏碑》,《全唐文》卷 992,第 10275—10277 页。

河北道

孟　州

35. 尼体微（720—791）佛未

俗姓李，陇西姑臧人，上洛郡太守李尚辞之孙，益州大都督府录事参（正七品上）李践曾长女，洛阳修行寺主大德律和上，体微当为其法号。"自幼冲，心尚真谛"，30 岁出家，"三聚净诫，延持轨范"。为临坛大德 24 年后，贞元七年（791）正月，72 岁卒于河阴县。两年后，遵其遗志，"返葬于龙门天竺寺西原高顶，延望先师茔塔。及约为葬事，务从省俭"。① 据其墓志，律和上提出返葬龙门，是希望能与其先师之塔遥相观望。另一遗愿则是薄葬，丧事节俭。

怀　州

36. 李晋（653—725）佛

李氏，字行昭，赵郡平棘人，大理卿李弘节孙女，太府卿李道谦之女。既笄，出适卢璥（卒于 700 年或稍前）②为继

---

① 前河南县主簿郑位撰《唐故修行寺主大德律和上体微墓记》，《邙洛碑志三百种》，第 250 页。
② 卢璥生卒年不详，据《大周魏州司马范阳卢君（璥）志石文》，仅知他于久视元年（700）窆于邙山南原，参见《洛阳流散唐代墓志汇编续集》，第 111 页。

室，①卢璥官至魏州司马（从四品下）。李氏生子卢若虚，官至汴州浚仪县令，另有继子御史卢微明、黄门侍郎卢藏用。睿宗时期，卢藏用迁黄门侍郎，微明任御史，故李氏获封号，诏授赞皇县太夫人，寻又加赵郡太夫人。开元十三年（725），73岁病逝于武德丞廨宇。因李氏"崇信释典，深悟泡幻，常口诵金刚般若经"。遗令："夫逝者圣贤不免，精气无所不之，安以形骸为累，不须祔葬，全吾平生戒行焉。时服充敛，送终唯须俭省，祠祭不得用肉。"其遗言内容有二，一是不与丈夫合葬。其子卢微明等遵奉遗言，当年十月，将母亲"迁归洛城东北，厝于先茔之旁"。② 当是葬于卢璥坟茔之侧。二是薄葬，着时服，祭祀用素。

魏 州

37. 刘处士之妻梁氏（794—849）

梁氏，其父亲梁邕"高蹈不仕，贲于丘园"。她出适永济县贝丘乡南苏孟村刘家，生二男二女。大中三年（849）春末，56岁病终于私第。自知时日无多，临终命诸子弟而诫之曰："吾疾甚矣，必将终乎。夫生灭人之常□，□□年过知命，不为夭枉，汝勿深恨。吾殁之后，务从俭薄，以素棺时□□□。古来厚葬，无益死生，汝宜慎

---

① 据《旧唐书》卷146《李若初传》（第3965页）："李若初，赵郡人。贞观中并州长史、工部侍郎弘节之曾孙也。祖道谦，太府卿。"知本墓志墓主人姓李。又据《旧唐书》卷94《卢藏用传》（第3000页），卢藏用"父璥，有名于时，官至魏州司马"。知墓主人李晋为魏州司马卢璥的续弦。

② 子卢若虚撰《卢君妻李晋志》，《唐代墓志汇编》，开元221，第1309—1310页。并见《唐代墓志铭汇编附考》第18册，第209—210、213页；《全唐文补遗》第6辑，第44页；《新出唐墓志百种》，第124页；《隋唐五代墓志汇编·洛阳卷》第9册，第142页；《邙洛碑志三百种》，第140页。

之。"劝诫他们不要太过伤心,要求将自己薄葬。其子女"追思遗诚",当年十一月将母亲窆于其父先茔,"瞻孟津于青龙之左,□御沟于白虎之西,眺魏都于朱雀之前,倚甘陵于玄武之后"。① 出身普通的她,很可能更多是出于为存者的家庭生计考虑而遗言薄葬。

38. 裴仲将夫人李氏(652—705)

李氏,陇西狄道人,纪王李慎第三女,唐太宗孙女,封东光县主,贝州刺史(从三品)河东裴仲将(646—719)夫人。武后垂拱年间(685—688),纪王慎被害,仅"藁掩之",县主"号恸,呕血数升"。神龙初,诏州县普加求访,祭以牲牢,复官爵,诸王皆陪葬昭、献二陵。东光县主闻之,感恸而卒,敕其子曰:"为我谢亲戚,酷愤已雪,下见先王无恨矣!"② 神龙元年(705)二月,54 岁薨于"□州□黄县"。③ 八个月后,迁厝于洛州河南县梓泽乡之原。④ 其遗言在墓志中也得到了证实。其丈夫贝州刺史裴仲将墓志载,李氏临终当天顾谓诸子曰:"天纲载维,幽明协庆,吾之今日,死且不朽。所恨园陵方阅,弗逮哀荣。"时"因勉自开抑而眦血弥甚,之暮而绝"。中宗闻堂姊死,玺书加赠,命编国史。至开元七年(719)二月,裴仲将薨于洛阳县嘉庆里私第,开元九年(721)四月,迁合葬于邙山之阳

---

① 《大唐刘处士夫人安定梁氏墓铭并序》,《全唐文补遗》第 7 辑,第 415—416 页。
② 《新唐书》卷 80《太宗诸子·纪王慎传》,第 3578—3579 页。《大唐故东光县主墓志铭并序》内容略同,《全唐文补遗》第 7 辑,第 342 页。
③ 查两《唐书·地理志》,县名为两字,且第二字为黄者,仅有二:一是澶州临黄县,一是魏州内黄县,均属河北道。又据《旧唐书》卷 11《代宗本纪》(第 299 页),大历七年,割魏州之临黄县,隶澶州。这说明大历七年之前,临黄县与内黄县同属于魏州。故可知东光县主卒地为魏州,临黄县或内黄县则不确定。
④ 《大唐故东光县主墓志铭并序》,《全唐文补遗》第 7 辑,第 342—343 页。

县主旧坟,①夫妻合葬。

邢　州

39. 郑府君夫人独孤氏(？—766)

　　独孤氏,河南洛阳人,其先本姓刘氏,颍川郡长史(从五品上)独孤府君长女,亳州刺史(从三品)郑府君之妻。婚后,生二男二女而寡,时儿女尚年幼,鞠育教导。乾元三年(760),因洛阳再扰,随子北征。永泰二年(766)终于钜鹿郡。因其"少因有行,思归宁而不得;晚值多故,去邦族而无复,由是终身有远父母兄弟之痛焉",临终顾其子:"葬我必于先大夫之垅。"长子郑季华等"泣奉遗旨"。大历三年(768),季华至自钜鹿,遵母志,将其返葬于洛阳龙门外祖父茔兆之侧。②

沧　州

40. 李功德山(654—716)㊫

　　李氏,号鉝上座,滑州卫南人,司空、英国公李勣孙女,户部尚书、卫国公李思文之女。李氏前夫为司农卿王弘福第二子右玉钤卫郎将(正五品上)王勣。光宅元年(684)九月,其堂兄弟柳州司马

---

①　族叔司门员外郎上柱国闻喜县开国侯裴允初撰《故银青光禄大夫贝州刺史上柱国闻喜县开国公裴君(仲将)墓志》,《唐代墓志汇编续集》,开元 038,第 479—480 页。并见《全唐文补遗》第 6 辑,第 37—38 页。

②　独孤及《唐故亳州刺史郑公故夫人河南独孤氏墓版文》,《全唐文》卷 393,第 3992 页。

徐敬业据扬州起兵反唐。^①徐敬业之乱被平定后,王勖被杀。其后,李氏迫于女皇武曌"严旨",改嫁中书侍郎温彦将之孙潞州屯留县令(从六品上)温炜(?—712)。温炜亦先于其离世,其后,李氏季弟沧州刺史友于伯姊,希望孀居的姐姐能去沧州。李氏"知年命之将□尽,而笃爱天伦,扶病言归,不舍昼夜"。以开元四年(716)闰十二月初至沧州,与弟弟"鸡黍相欢,展叙情理,吉凶庆吊,悲喜交集"。这次姐弟团聚仅 16 天,当月十九日,李氏 63 岁,卒于沧州官舍。因家族不幸、先后丧夫,李氏"常以惠定加行,贪慕真如""临终乃建说一乘,分别三教,谈不增不减,以寂灭为乐,意乐出家,遂帔缁服,如如永诀,非复常情"。温炜四子,并不能至,"子乔外继伯烨,有如母之酷,余并在远"。故温氏的三个女儿"式遵遗命",将李氏归葬于"洛阳河阴乡北原先人旧茔左右"。^②李氏临终遂愿服缁服离世。

41. 李鹄(834—859)㊋

陇西李氏,同州白水县令(从六品上)李元珪次女,前沧齐协律(正八品上)^③北平田宿夫人。"酷好经史诗笔",因此被北平田公青眼择为其季子田宿儿媳。大中十一年(857)冬,24 岁归于彭门,侍奉公婆之外,以琴书自适,儒籍外亦好释老氏书,以行善为乐。生一子田玉同,始二岁;别女三人,男二人,对诸子"抚鞠无异等"。

---

① 《旧唐书》卷 6《则天皇后本纪》,第 117 页。
② 《故潞州屯留县令温府君李夫人墓志铭并序》,《唐代墓志汇编》,开元 047,第 1186—1187 页。并见《北京图书馆藏中国历代石刻拓本汇编》(唐)第 21 册,第 63 页。
③ 指协律郎,隶太常寺,这里仅为官阶。

不幸在婚后一年半便病逝,大中十三年(859)五月,26 岁殁于州宅。寝疾弥留之际,对子女非常牵挂,最关心子女将来的婚事,谓其夫曰:"死者圣贤不能移,余命将尽于此。子必不得以往者滞念。孤坟宿草之后,则可以访婚淑德,勿使儿女辈久无所恃。""及将革之际,列命诸子,无言而谛视之。"次以不能尽孝于舅姑为憾,"所沉恨者,来子家未再周,舅姑知我厚,不得尽供养之道,以报慈爱,死且不瞑矣"。其年七月,李氏权葬于河南府河南县龙门乡南王村温泉里。①

幽 州

42. 吴金(716—788)佛

吴氏,渤海安陵人,吴休第二女,丈夫姓名、身份未知。其人"佐成君子,通惠家人""知命之岁,尤悟大乘,栖心真境,了性非我"。夫妻育有二子:长子为中孚,贞元初,被任为幽州永清尉兼都麾掌记。吴氏喟然叹曰:"昔曹家班母,有东征之述。逾乡徇禄,自古有之。予何固而倚门,徒见劳于负米。"于是"违桑梓",登车至燕土。两三年后,贞元四祀(788)四月,73 岁终于幽都县遵化里私第。其年十月,权迁兆于幽都县城西北保大乡之原。②

43. 韦雍夫人萧氏(? —821)

萧氏,幽州节度使张弘靖观察判官、摄监察御史韦雍之妻。③

---

① 武宁军节度掌书记试文馆校书郎姚潜撰《唐北平田君故夫人陇西李氏墓志铭并序》,《唐代墓志汇编续集》,大中 066,第 1018 页。并见《全唐文补遗》第 6 辑,第 171 页。
② 《唐故太夫人吴氏墓志铭并序》,《新中国出土墓志·北京〔壹〕》下册,第 9 页。
③ 《旧唐书》卷 193《韦雍妻兰陵县君萧氏传》,第 5150 页。

张弘靖出任幽州节度使后，"雍容骄贵"，与宾客"情意不接""政事多委之幕僚"，而其"所辟判官韦雍辈多年少轻薄之士，嗜酒豪纵"。当时朝廷诏以钱百万缗赐将士，张弘靖留 20 万缗充军府杂用，韦雍等判官"复裁刻军士粮赐""军中人人怨怒"。① 幽州风俗凶悍，尤不乐以文儒为主帅，而张弘靖"发禄山墓，毁其棺柩"②，欲尽革其俗，幕府宾佐"习于常态"，忿于新帅之变通。③ 长庆元年（821）七月，幽州军乱，推朱滔之孙朱克融为留后统军务，囚张弘靖于别馆，其判官韦雍、张宗元、崔仲卿、郑塤等均被劫，遇害。④ 韦雍临刃，萧氏涕而告曰："妾不幸年少，义不苟活，今日之事，愿先就死。"刑者断其臂，而后杀韦雍。萧氏在军乱之际，知必不可免死，"词气不挠""凶悍阚视"，当夕死。至大和六年（832），幽州节度观察留后⑤杨志诚表其烈，诏赠萧氏为兰陵县君。⑥

涿　州

44. 陆岘继室王氏（776—842）

王氏，守蓟州刺史（正四品下）、静塞军营田等使、检校国子祭酒兼侍御史（从六品下）陆岘（767—814）继室。元和九年

---

① 《资治通鉴》卷 241，唐穆宗长庆元年五月条，第 7915 页。
② 《旧唐书》卷 129《张延赏附子张弘靖传》，第 3611 页。
③ 《旧唐书》卷 193《韦雍妻兰陵县君萧氏传》，第 5150 页。
④ 《旧唐书》卷 16《穆宗本纪》，第 490 页。
⑤ 据《旧唐书》卷 180《杨志诚传》，杨志诚大和五年为幽州后院副兵马使，事李载义。趁朝廷赐李载义德政碑文之机谋乱，得为本道马步都知兵马使。文宗听从牛僧孺"自安史之后，范阳事非国家所有"的建议，任命其为幽州节度观察留后兼幽州左司马。大和七年，转检校吏部尚书。第 4675—4676 页。
⑥ 《旧唐书》卷 193《韦雍妻兰陵县君萧氏传》，第 5150 页。参考《新唐书》卷 205《列女·韦雍妻萧传》，第 5829 页；《旧唐书》卷 180《朱克融传》，第 4674 页。

（814），陆岘遘疾终于肃慎坊私第，与先夫人雍氏迁祔于蓟州城北归仁乡刘村之原。王氏寡居近 30 年，终于范阳县永福乡元村里私第。因其次子陆供曾摄涿州范阳县尉，王氏当随子居住。疾笃时谓二子曰："吾闻魂飞长夜，幽没岂殊冥；魂归九泉，万里无异壤。必葬我于府君之茔侧。"长子幽州节度押衙陆偏等泣奉遗旨，将母亲迁窆于父亲茔兆之坤维。① 王氏选择不合葬，应是因丈夫早已逝世 40 余年，且已与其前妻雍氏合葬，便选择与丈夫坟陇相依。

未知州名

45. 李琼（698—726）

李氏，深州饶阳人，出身赵郡李氏。及笄，"以羔雁之礼"出嫁赵公（702—757），赵公后以元勋拜大燕游击将军（从五品上）。夫妻育有一子赵令望。开元十四年（726），29 岁病逝于私第。临终托孤，嘱托左右重视对其子的教育培养："此虽孩提，特甚聪颖，当须教以师氏，饰以人文，伫其有成，必兴吾族。"赵公后娶太原王氏为续弦，但他铭记前妻遗言。李琼之子后来果然"才禄兼著，遗言有征"。其墓志载"哀子令望，奉谏郎、行光禄寺丞、上柱国、赐绯鱼袋、仍中书驱使"。而李氏之所以重视子女教育，应与其出身大族，

---

① 宣德郎试太常寺奉礼郎前摄幽州良乡县尉刘曾撰《唐故朝议大夫前行幽州大都督府录事参军幽州节度押衙使持节蓟州诸军事守蓟州刺史静塞军营田等使银青光禄大夫检校国子祭酒兼侍御史上柱国吴郡陆府君（岘）故夫人王氏墓志铭并序》，《唐代墓志汇编》，大中 141，第 2361 页。并见《北京图书馆藏中国历代石刻拓本汇编》第 32 册（唐），第 155 页；《全唐文补遗》第 4 辑，第 214—215 页。

自身亦"洁白文行"有关。赵公后来将二妻合葬于郡城西北桃花原。①

山南道

江陵府

46. 苑咸夫人邵氏(？—768)㊏

　　邵氏,颍州汝阴令邵谅第二女,中书舍人(正五品上)、集贤院学士、安陆郡太守(从三品)苑咸(710—758)之妻。肃宗至德三年(768)卒于扬州官舍,"权窆于禅智寺北原。世难家贫,久未归葬"。至安史之乱被平定后的代宗大历三年(768),邵氏亦离世,她"学兼内外,识洞玄微""晚岁尤精禅理,究无生学"。生前多次跟孙子等提及归葬,不与丈夫同穴安葬。其孙苑论等"恭闻斯语也久,不敢违先旨"。临终仍遗命左右:"归祔乡园,勿我同穴。"元和五年(810)冬,其孙苑论、询、诣等,分别将祖父、祖母归葬。苑诣自惟扬启举祖父旅榇,苑论、苑询等自江陵扶护祖母旅榇,"偕至于洛中"。次年正月,将祖父母葬于洛阳县平阴乡之邙原,"遵释教兮奉遗言,匪同穴兮建双坟"。茔域之内,苑咸居庚位,邵氏居壬位,距四十尺,"遵遗令,征历者之吉也"。同时下葬的还有早逝的苑咸长男大历时期河南府

---

① 《大燕游击将军赵郡李氏(琼)太原王氏二夫人墓志铭》《新中国出土墓志·北京〔壹〕》下册,第4—5页。

伊扬县尉苑籍及其夫人清河崔氏,二人安葬于南茔,相远七十丈。①

47. 李荣初夫人王氏(732—794)

太原王氏,楚州淮阴县令王光谦季女,17岁出嫁蔡州鄾城县令李美玉嫡长子李荣初(725—791)为妻。李荣初是陇西成纪人,出身名门,曾祖为润州刺史李玄义,祖父为太子右庶子李上义,故释褐以门子授右清道率府胄曹参军,转左卫兵曹参军。因天宝末年爆发安史之乱,李荣初避难南走,被黔中节度使、检校刑部尚书赵公珍,密表为从事,因非其素志,迫于王命出任。"迁大理评事,实掌兵要"。官至容管经略(治容州,为岭南五府经略使之一)招讨处置使参谋、大理司直(从六品上)兼殿中侍御史(从七品下),贞元七年(791)春,67岁终于江陵府表义里私第。王氏因丈夫出身名门,才高位低,在为丈夫服丧期满后,贞元十年(794)过世,当亦终于私第。临终顾谓其子李士华曰:"吾不起,可敛以时服,勿加缯彩。丧事称家有无,靡至伤生,罔有殚财。此吾所志,汝无庸违。"遗言坚决要求薄葬。其子于当年十一月将父母合厝于河南府偃师县亳邑乡北邙山之阳,迩于祖弥之大茔。②

---

① 孙前殿中侍御史内供奉苑论撰《唐故中书舍人集贤院学士安陆郡太守苑公(咸)墓志铭并序》,《全唐文补遗》第9辑,第389—391页。图版、录文并见郭茂育《唐苑咸墓志考释》,《洛阳新出土墓志释录》,第156—159页。
② 犹子前行河南府阳翟县丞王台撰《唐故荣管经略招讨处置使参谋大理司直兼殿中侍御史赐绯鱼袋陇西李公(荣初)墓志》,《全唐文补遗》第8辑,第100—101页。

南阳郡

48. 曲系之妻蔡氏(747—822)㊏

　　蔡氏,京兆府云阳县尉(正九品下)文质公第七女,适襄府郡丞曲谦之子南阳贞士曲系(710—786)为妻。天宝末,曲系"放言避世,乐道全真,优哉游哉"。贞元二年(786)卒,遗令荼毗。蔡氏"情勤妙道,志慕禅休,故得法号清净心,以怡真寂"。守寡36年后,长庆二年(822)十一月,76岁殁,安终之夕,遗命嗣子曲惟证曰:"昔汝先君之即丧也,志冥空有,遗令荼毗,形质虽殊,精爽如在。汝若礼从安祔,宜复归魂。"遗言将已安葬的曲系以招魂葬形式与自己合葬,"命葬贞魂,无违嗣典"。曲惟证"泣血呼天,言从理命",命其妻张氏及幼子曲喜郎,于当年底"复先考之灵魂,合皇妣之幽壤"于南阳郡城西北蒋村十里之原。①

汉中郡

49. 李府君夫人窦氏(719—743)㊏�道

　　扶风窦氏,蜀郡大都督府法曹参军事(正七品下)、唐安郡晋元县令窦宣文(从六品上)之女,丹坊鄜恒窐洺六州刺史窦孝谦孙女。初笄出嫁汉中郡都督府李少府,在唐代,少府是对县尉的称呼,②

---

①　乡贡进士孙正言述《唐故贞士南阳曲府君故夫人蔡氏墓志铭并叙》,《唐代墓志汇编》,长庆016,第2070页。并见《全唐文补遗》第4辑,第103—104页;《隋唐五代墓志汇编·北京大学卷》第2册,第76页。

②　《朝野佥载》卷6载,安州都督杜鹏举在唐中宗景龙末任济源县尉,时人称之为安少府。第136页。

结合此墓志铭的名称及窦氏卒地判断,李少府的官职当为西县尉(从九品上)。天宝二载(743)七月,25 岁终于西县官舍,留下尚在襁褓中的幼子李总。因窦氏"道释兼善",临殁"以厚葬非礼"遗嘱丈夫。故李少府"勉就高志,故为薄葬焉"。及"秩满,迎魂东归",以天宝七载(748)十一月将殡之于洛阳北邙之原。①

陇右道

兰 州

50. 吴弘简继室李氏(791—821)

李氏,汴州陈留县尉李贤之小女,楚州司马李崇贞孙女,右领军卫兵曹参军事(正八品下)吴弘简续弦,封陇西郡夫人。吴弘简先娶其次姊为妻,不幸早殁,为续二族之好,继娶妻妹。长庆元年(821)五月廿日,李氏 31 岁终于本家,归柩于金城之第。临终告其母:"我姊已坟于吴之先茔,今将死,必葬近我先君之墓,庶得下侍于泉台。"提出葬于本家祖茔。"其年十月廿二日,葬于长安县高阳原南姜村先君茔之北,从其志也。"因其所生女老老,才十龄,二子,苏郎始卯,小苏仅三周,②其归葬遗言当由丈夫遵照执行。

① 左威卫兵曹参军卢沼撰《大唐前汉中郡都督府西□(县?)李少府公故夫人扶风窦氏墓志铭并序》,《唐代墓志汇编》下册,天宝 133,第 1625 页。《全唐文补遗》第 4 辑,第 46 页。并见《北京图书馆藏中国历代石刻拓本汇编》第 25 册(唐),第 155 页。
② 吴延封撰《大唐故陇西郡夫人墓志铭并序》,《西安碑林博物馆新藏墓志汇编》下册,第 662—663 页。并见《全唐文补遗》第 8 辑,第 127 页。

敦煌郡

51. 尼灵惠(? —865)佛未

　　俗姓潘,沙州比丘尼。咸通六年(865)十月,比丘尼灵惠在其弟金刚、索家小娘子及外甥尼灵皈、外甥十二娘、外甥索计计、侄男康屯、侄男福晟、侄男胜贤,并索郎水官、左都督成真10人为见证人的情况下,写下遗书,将家生婢子一人赠予侄女潘娘,丧事亦令潘娘营办。其具体内容为:"尼灵惠忽染疾病,日日渐加,恐身无常,遂告诸亲,一一分析,不是昏沉之语,并是醒苏之言。灵惠只有家生婢子一名威娘,留与侄女潘娘,更无房资。灵惠变迁之日,一仰潘娘葬送营办,已后更不许诸亲各护。恐后无凭,并对诸亲,遂作唯书,押署为验。"①灵惠在病逝之前,趁自己头脑清醒之际,订立遗嘱,指定了丧葬营办者和奴婢继承人为侄女潘娘。通过遗嘱这种法律形式,其遗言必定可以得到很好的执行。因灵惠的亲人很多均在当地,故其当葬于敦煌本地。

---

① S.2199《咸通六年十月廿三日尼灵惠唯书》,中国社会科学院历史研究所、中国敦煌吐鲁番学会敦煌古文献编辑委员会、英国国家图书馆、伦敦大学亚非学院等编《英藏敦煌文献(汉文佛经以外部分)》第4卷,成都:四川人民出版社,1991年,第36页。录文见《咸通六年沙州尼灵惠唯(遗)书》,唐耕耦主编《敦煌法制文书》,《中国珍稀法律典籍集成》甲编第三册,北京:科学出版社,1994年,第1027—1028页。

淮南道

扬 州

52. 陈照（697—744）佛道

　　陈氏，字惠明，颍川郡长社县人，陈后主叔宝之玄孙，怀州司士参军陈希冲之女，母亲是房州刺史崔敬嗣之女。她先后为东海徐文公、扬州江阳县令（从六品上）卢全寿（后官至京兆府三原县令，正六品上）之妻，封颍川郡夫人。神龙元年（705），9 岁丧父，故为外祖父房州刺史崔敬嗣、外祖母金城郡君李氏鞠养。因"性仁孝恭友，谦俭聪哲"，特为伯父衢州长史陈希寂、叔父衡州刺史陈希固"爱重"，认为其"小年已有大节，必光吾族"。成人后，由外祖母作主，出适东海徐文公，生子徐崿。但后来"为叔父所夺，改媵于卢氏"。铭文言"伯父夺志兮禀命割恩"，说明其叔伯均命侄女改嫁卢全寿，他们或出于某种原因希望与卢家联姻。陈照虽然有愧于徐氏父子，但考虑到"然而今望昔，途殊事异，苟从吾父，犹有名焉"，仍听从了伯叔之命。

　　改嫁后，陈氏以仁德辅助丈夫，"卢氏之宰江阳也，有德政焉，有仁政焉，遐迩之人称焉"。陈氏封临颍郡君，加授颍川郡夫人。异母兄郓州参军陈之望"尝有大戾，尘于禁闱"。陈照诣阙上诉，参与营救，其兄"竟得减死"，被贬抚州临川县丞而已。陈照博学多识，儒释道兼通，"雅好史汉诗礼，略通大义；尤重释典道经，颇诣宗极"。徐崿参荥阳军事，诫之以"谦以应接，慎以处事。不为谋始，不为刚直,以此为心,吾无忧矣"。初,徐崐亲迎南安庞氏成亲,陈照曰:"吾恐不及此,及此非天乎。睹其从宦与成其室,吾事毕矣,焉用生焉!"故"遘疾不医,奄至薨背"。天宝三载(744)正月,48 岁薨于江阳县之官舍。次年十月,徐崐、卢恒等将之归厝于河南邙山卢氏先茔,"以域内更无坟地,遂卜兆于平乐原"。在陈照墓志的撰写上,开始徐崐自己执笔,但"执简含毫,言多无次",故托外姻近族、富学精才的荥泽县主簿博陵崔藏曜撰写铭志,以便"式播芳猷",使母亲的懿德嘉行得以记录,铭文云陈照"伯父夺志兮禀命割恩,克荷中馈兮表正二门"。从陈照墓志铭来看,其人知书懂礼,富有德才,受到陈门、徐门、卢门的共同尊重,前夫子和卢氏子共同参与了其丧葬事宜,是一位值得敬重的贤德之女。[①]

53. 臧晔夫人翟氏(724—796)

苍梧翟氏,金紫光禄大夫、宥州刺史翟义方之女,朔方节度十将游击将军左内率府率(从四品上)臧晔之妻,封南阳郡君。因其"少罹金夫之祸,时艰旅寓,不胜居孀之苦",贞元十二年(796)底,73 岁病逝于扬州客舍。遗命曰:"吾考妣松柏在洛城西北金谷乡,愿早归祔茔葬。"希望将自己葬于本家祖茔。其长子"衔哀受命",次年底"于金谷乡之原,近外氏茔卜地"合祔,以"副亡妣之愿"。[②]

---

① 荥阳郡荥泽县主簿崔藏曜撰铭《大唐颍川郡夫人三原县令卢全寿故夫人陈氏(照)墓志铭并序》,《全唐文补遗》第 6 辑,第 72—73 页。
② 布衣杨遂撰《唐故朔方节度十将游击将军左内率府率臧府君(晔)墓志铭并序》,《唐代墓志汇编》,贞元 083,第 1895—1896 页。并见《北京图书馆藏中国历代石刻拓本汇编》第 28 册(唐),第 134 页;《全唐文补遗》第 1 辑,第 230—231 页。

54. 裴琡(814—849)

　　裴氏,字子玉,河东闻喜人,是开元时期宰相裴耀卿玄孙,成都府新繁主簿裴敬长女,河南府河南县丞(正八品下)进士李涣夫人。宝历二年(826),13 岁出嫁其外兄御史中丞之子陇西李涣,生二男一女。大中三年(849)秋,李涣将述职河南县丞、集贤殿校理期间,裴琡殁于扬州,年仅 36 岁。"疾将不起,神用愈明,自审始终,诚以俭薄。唯曰二代未祔,越在他乡,此志不申,殁以为恨。"临终希望自己薄葬,以未能完成父祖之归祔为遗憾。当年底,李涣以妻丧及先于裴氏一个月亡于楚州的幼子之丧,葬于京兆府万年县义善乡凤栖原先茔。[①]

江南道

润　州

55. 尼元应(737—790)佛

　　俗姓卢氏,婺州刺史卢澪之女。既笄之年,嫁为东阳郡决曹掾陇西李晋卿(?—777)续弦。大历晚期,丈夫先殁,卢氏"栖心释氏",并"从受具之法",后为润州丹阳县昭代寺女尼。作比丘尼 13 年后,贞元六年(790)冬,54 岁卒于昭代寺。经夏十有三,宁神于丹阳县北之某原。李晋卿前妻卢氏之子河南府密县尉李畅为继母

---

① 行河南府河南县□□集贤殿校理李涣撰《唐故河东裴氏(琡)夫人墓志铭并序》,《西安碑林博物馆新藏墓志续编》下册,第 586—589 页。

占卜兆穴,从其遗令,"附于窀穸之事,率从苾刍之仪"。①

湖　州

56. 张婉(804—823)㈱

　　张氏女,湖州刺史(从三品)张士阶之女,殿中侍御史张翔孙女。她生于长安新昌里,长庆三年(823)六月,未及与婚,20 岁终于吴兴郡舍。抱疾弥留之际,"忍恨诀别"。父母对之悲泣,安慰父母曰:"死生之理,彭殇一致。何不思某气绝之后,与未有某时何异,奈何不以此割弃而悲泣如是乎。"希望父母不要因自己的离世而过度伤心。其年九月归窆于洛阳金谷之旧原。②

　　据张士阶第三女张婵(816—840)墓志铭,张士阶常谓其侍者云:"吾门不寿女,故世世怜女而甚于珠玉。"张婉病逝时,妹妹张婵仅 8 岁,她后来"心宗黄老,能以淡泊怡遣,遂自号灵隐",寄以长寿,惜 25 岁便病逝。③ 而张士阶孙女、侍御史内供奉张勤之女张婴(834—855),大中七年(853),20 岁"方为择配得旧姻武阳李

①　权德舆《唐故润州昭代寺比邱尼元应墓志铭(并序)》,《全唐文》卷 506,第 5152—5153 页。
②　父张士阶撰《张氏亡女(婉)墓志铭》,《隋唐五代墓志汇编·洛阳卷》第 3 册,第 210 页;《唐代墓志汇编》,显庆 079,第 278 页。据张婉墓志,其卒于"□庆三年六月十一日",《唐代墓志汇编》将其确定为显庆三年,但实际应为长庆三年。这由同书开成 041 兄乡贡进士张涂述《有唐张氏之女(婵)墓志铭并序》可知。张婵(816—840)为湖州刺史张士阶第三女,其墓志中明确记载"长庆中,吾先君由真司封郎,出为湖州牧","时婵年八岁",可知张婉为张婵之姊,前者比后者年长 12 岁,二人同为张士阶之女,张婉病逝时,张婵八岁。
③　兄乡贡进士张涂述《有唐张氏之女墓志铭并序》,《唐代墓志汇编》,开成 041,第 2198—2199 页;图版见《唐宋墓志:远东学院藏拓片图录》,第 443 页。

持"。大中九年(855)二月结婚,当年七月便卒。^① 张门之女固多不寿。

睦 州

57. 张柔范(658—726)⑩

张氏,郴州郴县令张景之孙,13 岁出嫁楚州盐城县令赵礼少子赵越宝。赵越宝后任洛州合宫县尉、杭州司士参军(从七品下)。夫妻无子,有一女,嫁睦州司功参军杜宪,故张氏晚年随女婿宦游。开元十四年(726)七月,69 岁终于睦州官舍。因张氏信佛,不食荤腥,不衣锦缋,"四禅恒以在心,六念未尝离口"。故临终诫言:"若逝者有知,虽异穴而奚妨;如逝者无知,纵合防而岂益! 我殁之后,勿祔先茔。"一年多后的开元十六年(728)二月,从其遗命,张氏被迁窆于河南府河南县梓泽乡邙山之原赵越宝茔左。^② 张氏遗言的执行者并未在其墓志中明确说明,但很可能是由其女婿、女儿遵照遗言安葬的。

58. 柳府君夫人权氏(?—786)

权氏,天水略阳人,许州临颍县令(从六品上)权侹之女,元和宰相权德舆的堂姊妹。贞元二年(786)三月,出嫁睦州桐庐县丞

---

① 父张勤撰《唐安定张氏亡女墓志铭并序》,《唐宋墓志:远东学院藏拓片图录》,第 78 页,图版见第 450 页。

② 奉义郎行睦州新安县丞廉察撰《大唐故杭州司士参军赵府君(越宝)故夫人张氏(柔范)墓志铭并序》,《唐代墓志汇编》,开元 276,第 1347 页。并见《全唐文补遗》第 6 辑,第 48—49 页;《北京图书馆藏中国历代石刻拓本汇编》第 22 册(唐),第 148 页。"若逝者有知",《全唐文补遗》作"若逝者有识"。

（从八品下）河东柳君，当年七月，因疾疠终于桐庐县官舍。柳君奉丧，"从遗旨"，将其妻权厝于润州丹阳县某原窦氏伯娣之茔次。①

吉　州

59. 殷府君夫人张氏（667—744）

张氏，襄州襄阳县令张涣之女，彭州濛阳县令（从六品上）殷府君之妻。其嗣子殷日用官至御史中丞、桂府都督，张氏母以子贵，获封清河郡君。天宝三载（744），张氏 78 岁终于吉州官舍，遗言"择兆原壤"。因其子殷日用中年即世，故其孙殷平等"恭承遗志"，28 年后的大历七年（772），将祖母葬于东都河南县伊汭乡里。②

邵　州

60. 阎婉（622—690）

阎氏，河南人，隋殿内少监领将作少监事、石保县公阎毗③孙女，将作大匠、工部尚书阎立德长女。贞观六年（632），11 岁即嫁太宗第四子魏王李泰（620—652）④为妃，李泰后任雍州牧、遥领相

① 权德舆《唐睦州桐庐县丞柳君故夫人天水权氏墓志铭（并序）》，《全唐文》卷504，第5133页。
② 进士严绶撰《皇彭州濛阳县令赠江州刺史太子宾客殷府君夫人清河郡君张氏墓志铭》，《洛阳新获墓志续编》，第433页。
③ 阎毗官衔据《隋书》卷68《阎毗传》，阎婉墓志载其祖父阎毗官爵为隋殿内监、右保公，实际上，前者为赠官，后者形误，第1595页。
④ 参考雷艳红《〈太宗子〉魏王泰的生年与薨年》，《中国典籍与文化》2004年第2期，第26页。

州都督、左武候大将军（正三品）。① 贞观十七年（643），晋王李治被立为皇太子，②魏王泰夺嫡失败，被贬为顺阳王，徙居均州郧乡县，33 岁死于贬所，后来赠官濮王，谥号恭。阎婉的命运也从此改变。直至武则天垂拱之际临朝听政，其子嗣濮王李欣方被任命为颍州刺史，但不久令其于环州安置，并死于途中。阎婉因此忧虑成疾，天授元年（690）九月，69 岁薨于邵州官舍。其"先志"是与丈夫祔葬，其儿媳周氏"历险奉柩"，5 年后将姑婆权窆于洛阳龙门北原。直至开元十二年（724）六月，其嫡孙国子祭酒、嗣濮王峤方赶赴均州郧乡县，"遵先志"，将亡祖母"祔葬于恭王墓西北隅"。34年后才得以完成心愿。③

汀 州

61. 郭仪（? —798）

郭氏，太原介休人，常州无锡县尉郭远长女。户部侍郎、御史大夫、诸道盐铁转运等使张滂中年丧妻，纳其为继室。张滂"廿年间，三度黜削，皆奉执公□，不容于朝，再谪炎荒"，因在诸道盐铁转运任上如实"证（裴）延龄矫妄"，④先贬卫尉卿（从三品），又被贬汀州长史（正六品下）。⑤ 郭仪随夫贬谪温湿的闽瓯之地，贞元十四

---

① 李泰职位据《旧唐书》卷 76《太宗诸子·濮王泰传》所载贞观十七年唐太宗诏书，第 2655 页。
② 《旧唐书》卷 4《高宗本纪上》，第 65 页；《旧唐书》卷 62《李大亮传》，第 2389 页。
③ 《大唐故濮恭王妃阎氏墓志铭并序》，《唐代墓志铭汇编附考》第 18 册，第 101、103 页。
④ 《旧唐书》卷 135《裴延龄传》，第 3727 页。
⑤ 《旧唐书》卷 13《德宗本纪下》载，贞元十年十一月乙酉，以诸道盐铁转运使张滂为卫尉卿。贞元十一年四月壬戌，贬卫尉卿张滂为汀州长史。第 380、381 页。

年(798),40余岁薨于汀州开元寺别院。张滂在为其妻撰写的墓志中详细转述了郭仪临终对女奴所讲:"顷以滂多病年高,谓君葬我,今则□□不死,翻乃葬□□终□□□□顾女奴曰:夫□则直,朝刻不容,远谪炎荒,我来随从。且夫之冠盖□□崇高□□千年□在膝下,死生常理,何恨如之。但忧其夫近来多病,男又童稚,未及与婚。有弟之丧,寄在燕赵;有妹之墓,旅于江湖。时日末良,不及启□,是其遗恨。"次年春,归葬于洛阳邙山。①

信　州

62. 尼善悟(837—879)佛

　　俗姓王,广陵人。笄年适高阳许实,育子二人:寇七、海客。婚后20年,许实先逝,王氏后为信州怀玉山应天禅院比丘尼。"大德以宿殖胜缘,冥符会证,爱因持读,遂洁熏修,乃造双峰师问禅那之旨。"后剃发受具戒为比丘尼。乾符六年(879)九月,43岁归寂于应天禅院,道腊有二。"遗令火焚,从拘尸城之制也。"其嗣子许寇七"请收灵骨以起塔焉",将母亲尸体焚化,并营塔于扬州江阳县道化坊谢楚地内,于次年七月归葬。②

---

①　夫清河张滂撰《唐前卫尉卿赐紫金鱼袋张公夫人太原郡君郭氏(仪)墓志铭并序》,《唐代墓志汇编》,贞元091,第1901—1902页。又见《唐代墓志汇编续集》,贞元047,第767页。

②　《唐故信州怀玉山应天禅院尼禅大德塔铭并叙》,《唐代墓志汇编》,广明002,第2500页。并见《全唐文补遗》第3辑,第307页;《北京图书馆藏中国历代石刻拓本汇编》第34册(唐),第1页;《善悟塔铭》,《隋唐五代墓志汇编·江苏山东卷》,第139页。

永 州

63. 马雷五（卒于元和中前期）宋

马室女，父师儒，业进士。"巧慧异甚"，刺绣不类人工，虽"家贫，岁不易衣"，却因"天资洁清修严"而使衣服自然生辉。元和中前期，①不幸 15 岁未婚病死。死后二日，葬于永州东郭东里。因其姨母是柳宗元在永州之妓，故平时与柳宗元有所接触。将死，谓父母："吾闻柳公尝巧我慧我，今不幸死矣，安得公之文志我于墓？"希望由柳宗元撰写其墓志铭，但其父母未敢相告，故直至葬日，柳宗元"乃闻焉"。因而"闵焉""以攻石之后也，遂为砂书玄砖，追而纳诸墓"。② 即其书写的葬志是在葬后放入其墓中的。

梁 州

64. 崔达（759—836）佛

博陵崔氏，利州葭萌县令崔同震之女、开州刺史郑诉外孙女。出适潮州刺史刘暹长子大理评事（从八品下）、宣武军节度判官彭城刘谈经，夫妻有四子四女。开成景辰岁（836）四月，78 岁寝疾殁于长子山南西道节度判官刘濛任所，当在梁州。崔达"晚参禅诵，

---

① 马雷五卒于柳宗元任永州司马期间。据《旧唐书》卷 160《柳宗元传》（第 4214 页），柳宗元在永贞革新期间，被王叔文任命为尚书礼部员外郎。但革新因各种原因导致失败，柳宗元被贬为永州司马，直到元和十年（815）三月，才例移柳州刺史。故柳宗元在元和中前期（805—814）在永州为地方官 10 年，在这一时期，马雷五早夭，柳宗元为其撰写了葬志。
② 柳宗元《马室女雷五葬志》，《柳河东集》卷 13《志》，第 219 页。

不茹荤血"。常谓刘濛曰:"神理好静,合葬非古道也。"故当年冬不克启祔,归葬于东都石桥邙山之阳,次于刘谈经茔之北,特建寿宫,逦迤相直,陪列刘谈经伯父先相国司徒彭城公松楸。①

剑南道

成都府

65. 韦户户(卒于 856 年之前)

　　韦氏,宰相韦处厚再从弟青州司户参军韦挺(770—825)次女,母亲柏苕是平原郡王、神策大将军柏良器季女,②宣宗时期户部郎中(从五品上)李苟夫人。李苟佐蜀期间,韦户户不幸终于成都官舍,时从其居的母亲在韦氏之前去世不久,权窆于河南府河阳县之南。故韦氏"临绝遗言,深用为托",嘱托丈夫将其母柏苕与父亲韦挺祔葬。至大中十年(856)二月,户部郎中李苟命其子渭奉外祖母之枢,安厝于万年县第五村韦挺之墓。③

---

① 朝散大夫前行京兆府蓝田县令上柱国刘伉撰《故彭城刘府君(谈经)博陵崔夫人(达)墓志铭并序》,《全唐文补遗·千唐志斋新藏专辑》,第 361 页。
② 韦挺年龄、柏苕身份,据乡贡进士冯行俭撰《唐故青州户曹参军韦府君(挺)墓志铭并序》载:韦挺,宝历元年六月廿三日,因宦殁于北海郡,享年五十六。媲妻柏氏。崇美卿族,貂蝉贵门。即龙武将军良器之季女也。《长安新出墓志》,第 254—255 页。
③ 外生前乡贡进士张台撰《唐故青州司户参军韦君夫人柏氏(苕)墓铭并序》,《长安新出墓志》,第 288—289 页。

岭南道

广　州

66. 符凤之妻玉英(? —约睿宗时期)

某氏,字玉英,前安乐公主府仓曹流人符凤之妻,"尤姝美"。[①]符凤知安乐公主驸马、武承嗣次子武延秀有不臣之心,谓其:"今天下苍生,犹以武氏为念,大周必可再兴。"每劝武延秀"著皂袄子以应之"。唐隆元年(710),临淄王李隆基发动政变,诛杀临朝的中宗韦皇后,武延秀与安乐公主并被斩,后被追贬为悖逆庶人。[②]因此之故,驸马府的符凤"以罪徙儋州,至南海,为獠贼所杀"。当时,玉英与丈夫同徙,獠贼见其貌美,"胁玉英私之"。她不欲受辱,谎称:"一妇人不足事众男子,请推一长者。"更衣盛服之后,立于舟,骂曰:"受贼辱,不如死!"之后"自沉于海"。[③]

端　州

67. 韦东真(? —870)

京兆韦氏,御史中丞、寿州刺史韦审规之女,陵州刺史韦渐孙

---

① 《新唐书》卷205《符凤妻玉英传》,第5822页。
② 《旧唐书》卷183《武承嗣传》,第4734页。
③ 《新唐书》卷205《符凤妻玉英传》,第5822页。并载《朝野佥载·补辑》,第180页;《太平广记》卷270《妇人》"符凤妻"条,第2121页。

女。她笄年归于杨收(? —868),杨收官至中书侍郎(正四品上)、同平章事,尚书右仆射(从二品),韦氏封韩国夫人。夫妻生三子:韦鉴、韦巨、韦镐。因杨收"以朋党好贿得罪",[①]咸通九年(868)八月,被贬为端州司马(从六品上),"寻尽削官封,长流驩州"。次年被诏令赐死。[②]　其后,韦东真"誓不生还",咸通十一年(870)十月卒于端州,临终前,即其子而命曰:"承家事死之道,尔宜保其旧;积善流庆之报,庶可濯吾冤。有生必谢,吾奚独存于是?"因"击心而嗥,一往不返"。其遗愿后来得以实现,杨收亲弟前中书舍人、浙水东道观察、中丞杨严"自洤阳移佐临汝,因得护二辅,由湘南归于伊洛"。其墓志载:"夫人所谓善庆濯冤之报者,岂虚也哉!"咸通十四年(873)春葬韦氏,合祔相国于巩县,从先茔兆次。[③]　而且,其子杨钜,乾宁初为翰林学士,终散骑常侍,杨鳞官至户部尚书,[④]可称"积善流庆"。

卒地未知

68. 杨庆夫人王氏(? —620)

王氏,本支姓,西域人,[⑤]王世充兄之女,郑国荥州刺史杨庆之

---

① 《旧唐书》卷178《崔彦昭传》,第4628页。
② 《旧唐书》卷177《杨收传》,第4599页。
③ 门生前行尚书户部员外郎陈琬撰《故韩国夫人韦氏(东真)墓志铭并序》,《洛阳流散唐代墓志汇编》,第638—639页。《旧唐书》卷177《杨收传》(第4595页)载杨收为同州冯翊人,任吏部员外郎时,迁卜旅殡毗陵的先人于河南之偃师。而据《新唐书》卷184《杨收传》(第5392页),其父濠州录事参军杨遗直客死于姑苏,杨收之父葬于河南府偃师县。而韦东真墓志载杨氏先茔为河南巩县,两者有所不同。
④ 《新唐书》卷184《杨收传》,第5395页。
⑤ 据《旧唐书》卷54《王世充传》,王世充字行满,本姓支,西域胡人,后冒王姓。第2227页。《隋书》卷85《王充传》载王充"卷发豺声,沉猜多诡诈,颇窥书传,尤好兵法,晓龟策推步盈虚"。第1894页。

妻。杨庆在隋朝官拜荥阳郡太守,其人在隋末多次改换门庭,大业末降李密,改姓为郭;李密为王世充所破之后,复归东都,更姓为杨。越王杨侗称制后,拜宗正卿,其后劝进王世充。武德二年(619)四月,王世充篡位,僭称天子,国号郑。① 庆复为郭氏。世充以兄女妻之,署其为荥州刺史。武德三年(620),王世充将败,②他欲携其妻同归长安,王氏谓之曰:"国家以妾奉箕帚于公者,欲以申厚意,结公心耳。今叔父穷迫,家国阽危,而公不顾婚姻,孤负付属,为全身之计,非妾所能责公也。妾若至长安,则公家一婢耳,何用妾为!愿得送还东都,君之惠也。"表示愿回东都,不欲归唐。杨庆不许。王氏"遂沐浴靓妆,仰药而死"。杨庆归唐为宜州刺史(正四品下)、郇国公,复姓杨氏,而其嫡母元太妃为王世充斩杀。③

69. 骞府君夫人范氏(卒于 672 年之前)㊛

范氏,华州长史(从五品上)金城郡骞府君之妻,同州司户参军骞味道之母,封敦煌郡君。范氏遗志"造石像"。骞味道"奉遵遗志,敬造阿弥陀石像一躯,并观音、大至两菩萨夹侍"。于总章五年(672)七月廿九日,雕镌克就。④ 从范氏夫、子的官职可知,其卒地当在两京之外地区。武则天为太后临朝称制初年(688),骞味道以左肃政台御史大夫为检校内史、同凤阁鸾台三品。⑤

---

① 《旧唐书》卷 1《高祖本纪》,第 9 页。
② 据《旧唐书》卷 1《高祖本纪》(第 11—12 页),武德三年秋七月壬戌,命秦王率诸军讨王世充。四年五月丙寅,王世充举东都降,河南平。王氏当自杀于武德三年。
③ 《隋书》卷 43《杨庆传》,第 1213—1214 页。
④ 孟利贞《龙门敬善寺石龛阿弥陀佛观音大至二菩萨像铭(并序)》,《唐文续拾》卷 1,载《全唐文》,第 11186—11187 页。
⑤ 《新唐书》卷 4《则天顺圣武皇后本纪》,第 87 页。

70. 郑崇道夫人魏氏(卒 713 年或稍前)

魏氏,定州鼓城人,户部尚书兼黄门监魏玄同(617—689)之女,歙州歙县令(从六品上)郑崇道(644—709)之妻。永昌初,魏玄同因与裴炎相交,为酷吏周兴构陷,被太后武曌赐死于家。① 时因"往卜兆不吉,未葬先君"。约开元二年(713),魏氏卒于临阛里,临终叹息,记挂父亲魏玄同仍未归葬,执嗣子宣城县郑章之手道:"迁奉大门,吾瞑目无恨。"希望儿子能将其外祖父归葬。郑章将母亲葬于洛阳县平阴乡原,并将外祖父归葬,"式遵遗旨,安厝兹茔"。②

71. 李元谅夫人阿史那氏(？—771)

阿史那氏,河南人,出身代北著姓。出嫁易州遂城府折冲、赠幽州大都督安塞多之子凉州安元光(727—793)为妻。以夫贵,封北海郡夫人,其丈夫功勋卓著,后官潼关防御使、镇国军使、陇右节度支度营田观察处置、临洮军等使、开府仪同三司、检校尚书左仆射兼华州刺史(从三品)、御史大夫、武康郡王。大历六年(771)十月底,阿史那氏先于丈夫 22 年终。"谋于蓍龟,乃建兆域。遗命祔葬,勿令改迁。"建中末(783),安元光因平朱泚之乱有功,"击败凶党,前临贼营。坏垣突入,敦阵骈衡",加尚书右仆射、右金吾卫上将军,赐姓皇室李姓,改名元谅。同年,以陇右节度、支度营田观察处置临洮军等使,移镇陇东要塞良原古镇,以遏虏骑入寇。良原镇,属于关内道泾州,先于兴元二年(785)没于吐蕃,贞元四年

① 《旧唐书》卷 87《魏玄同传》,第 2853 页。
② 行考功员外郎邵昗撰《唐故歙州歙县令郑府君(崇道)墓志铭并序》,《全唐文补遗·千唐志斋新藏专辑》,第 116—117 页。

(788)复置。① 贞元九年(793)十月,李元谅 61 岁,卒于良原镇。次年十一月祔葬于华州华阴县潼关原之新茔。其二子前太子右赞善大夫李平,前将作监主簿李莘"虔卜远日,复启旧埏",以合葬父母。②

72. 崔藏之夫人王氏(713—780)

王氏,定州义丰县令王讷长女,吏部侍郎李元恭外孙,膳部员外郎(从六品上)进士崔藏之③之妻,封文水县君。建中元年(780)夏,王氏 68 岁卒,权厝于华阴县中雍原。16 年后的贞元十二年(796),其子河南府偃师县令崔侠奉母枢归葬于河南县伊汭乡万安原先茔。临终之时,王氏"以侠必婚为念",后崔侠娶范阳卢氏女。在"奉祔之日,克成先意。粢盛洒扫,妇礼及申",以成"孝子事亲之志"。④

73. 郭延寿夫人房氏(724—788)㊋

房氏,幽州潞县人,处士房贞第四女,试太子左赞善大夫(正五品上)郭延寿之妻,封清河县君生子试光禄寺丞郭秀华。贞元四年(788)秋,三百九十甲子,即 65 岁终于临泉里私第,次年正月与丈夫合葬。因丈夫先殁,房氏独自养育爱子,以佛教为精神寄托,在蝗灾饥荒之际,在纳税之外,"纳金三百万,粟十秉,以供军用",并"信

---

① 《旧唐书》卷 38《地理志一》,第 1405 页。
② 守国子司业上轻车都尉杜确撰《唐故华州潼关镇国军陇右节度支度营田观察处置临洮军等使开府仪同三司检校尚书左仆射兼华州刺史御史大夫武康郡王赠司空李公(元谅)墓志铭并序》,《新中国出土墓志·陕西〔壹〕》下册,第137—138 页。
③ 《新唐书》卷 199《儒学中·马怀素传》(第 5682 页)载,大理卿元行充知丽正院时,曾奏进士崔藏之入校丽正书,后曾任膳部员外郎,应该与墓主为同一人。
④ 外孙右卫仓曹参军庾承恭叙《唐故博陵崔公(藏之)夫人文水县君太原王氏墓志》,《新中国出土墓志·河南叁·千唐志斋〔壹〕》下册,第 176 页。

心恭敬,供养布施"。在"嘱纩之际,更放家人从良。修诸景福,愿言嘉佑"。①

74. 韦宥夫人无名氏(？—829)

某氏,越州司马、临海郡太守(从三品)、扶风公韦宥之妻。韦宥伯父郑州原武县主簿京兆韦蕈,因无子,仅有一女,且无禄,携其妻赵郡李氏(？—789)随犹子时任越州司马的韦宥"佐郡于会稽"。贞元五年(789),李氏疾殁,权殡于会稽郡山阴县。韦宥后官至临海太守(从三品)、扶风公。大和三年(829),韦宥之妻离世。她在生前常诫其子韦泰繇等曰:"若尊其家,固谨于礼。礼之大,必先宗祀。若原武伯祖、祖母无伯叔嗣,崔氏诸孙,复偏露未立,尚旅殡异土。若奉吾言,毕会归先茔,则吾为而家妇,至□□之日,瞑目何恨。"希望其子能将其伯祖韦蕈、伯祖母李氏归葬韦氏先茔。韦泰繇等护灵座归洛,并"哀守慈训,启护偕至",将伯祖父母的灵柩一同归葬洛阳,当年十月窆于洛阳清风里之原。②

75. 徐放夫人元氏(775—835)佛

元氏,尚书左丞判度支元琇之女,崇玄馆学士高鸮外孙女,衢州刺史(从三品)徐放(766—817)之妻,封晋陵县君。夫妻育有四子三女,因"继丧三良子",元氏"悲伤怵迫",遂信佛,"洁斋事浮屠法,复诣其指归以自解"。大和八年(834)六月,病且亟,"视子妇如

---

① 《唐故试太子左赞善大夫太原郭府君夫人清河县君房氏墓志文并叙》,《西安碑林博物馆新藏墓志汇编》中册,第 557—558 页。
② 外孙崔裕撰《唐故郑州原武县主簿京兆韦府君故赵郡李夫人墓志》,《洛阳新获墓志续编》,第 467—468 页。

他日,言与气无溃挠者,几望三日安其归"。遗言三日处理完后事,可称是薄葬了。其女婿湖南观察推官杨发评价为"其达于性命者欤!"次年,61 岁卒。其三子前苏州长洲县主簿徐弘休、前池州青阳主簿徐宰及剃发从浮屠居的徐德祥"以轜輠合于洛之万安山"。①

76. 陈公之妻蒋氏(773—841)

乐安郡蒋氏,平民蒋政第四女,虔州赣县尉蒋楠孙女。她"少而孤露,育于母手",及笄岁,出适陈氏,生一子一女。开成五年(840)六月中旬卧病在床,次年初春"知大期向终",顾为其子陈季端曰:"吾气力顿衰,殆将不起。夫礼节廉让,汝粗知也,吾终之后,汝主奉家业,当谨节温勤,无至哀毁,此即吾瞑目无忧。"终年 69岁。后卜兆于扬州江阳县嘉宁乡北五乍之平原。②

77. 孙緘之妾王氏(826—853)

乡贡进士孙緘之妾王氏,临终遗言归葬长安,葬于其父茔之侧。大中元年(847),她 14 岁时,嫁为人妾,常劝孙緘不要沉湎于酒,勉励其读书。大中七年(853)随夫东下,遇疾,终于寝舍,年仅28 岁,育有一子京奴、一女伊奴。王氏生前尝谓孙緘曰:"余父冢长安中,苟终,愿归窆于其侧,得冥路以养,且无恨矣。"向丈夫表示希望能归葬长安,以葬于父坟之侧为无恨。孙緘当时对其言表示

---

① 子婿湖南观察推官试秘书省校书郎杨发述《唐故衢州刺史徐公(放)夫人晋陵县君河南元氏墓志》,《新中国出土墓志·河南叁·千唐志斋〔壹〕》下册,第220—221 页。
② 进士吕贞俭撰《陈少公亡太夫人蒋氏墓志铭(并序)》,《唐文拾遗》卷 29,载《全唐文》,第 10704 页;并见《唐代墓志汇编》,会昌 001,第 2210 页;《隋唐五代墓志汇编·北京大学卷》第 2 册,第 105 页。

赞赏:"嗟乎! 生则语余以忠,殁则侍父以孝,可谓女子之行无缺矣。"但因"事有不可者",考虑到王氏所生子女长大成人后不便祭奠亡母,并未能践行王氏的话。墓志云:"虑他日施飨奠,亡尔之圹,则人子之道得无恨耶!"故次年春将王氏归葬于北邙山杜郭村平洛乡,祔孙氏先茔之左。其母赵氏"以秦镐路隔,不遂临丧",遣女婿"施奠用具"。[①]

78. 卢子蕃之母无名氏(卒于 854 年之前)

卢某之妻,河南府伊阙县尉(正九品下)卢子蕃之母。其子卢子蕃在伊阙县尉任上"秩未满而身没,家贫子幼,归祔未及,因权厝于伊阙之山庄"。在将亡之夕,她召儿媳郑氏(800—854)曰:"傥姑之柩得归故乡,乃新妇之大孝,亡魂之无恨。"遗言将儿子和自己归葬故乡。郑氏遵守姑婆遗愿,"当昏不寐,当食不味,辛勤启举,来归故里,竟合葬于乡原,契先姑之厥旨"。墓志中提到合葬,当是指将舅姑合葬。大中八年(854)底,儿媳郑氏,殁于庐州巢县橐皋村,次年归葬于郑州荥阳县檀山岗卢氏之先茔。[②] 可知,这里即为卢氏的祖茔之地,卢子蕃之母当亦葬于此地。

79. 张免之妻唐氏(? —875)

唐氏,适清河张免(816—879)为妻。张家是军人世家,张免祖父张支瑰"幼从戎旅,效职辕门",张免"少驰英武,早效成功"。夫

---

① 乡贡进士孙绿撰《王氏墓志铭并序》,《全唐文补遗·千唐志斋专辑》,第 388 页。又载《新中国出土墓志·河南叁·千唐志斋〔壹〕》下册,第 242 页。

② 外孙乡贡进士郑嗣恭撰《唐故卢氏夫人墓志铭》,《唐代墓志汇编》,大中 100,第 2328 页。

妻育有嗣子三人：方简、方立、方益。乾符二年，唐氏遇疾于家，先
君而卒。乾符六年（879），张兔64岁遇疾终于家。中和三年（883）
二月，三子"训遗令薄葬，务取随时"，将夫妻合祔于潞州铜鞮县北
一里先人之茔。①

上述唐代两京以外遗言女性79人中，卒地分布于54个县以
上，其中，葬地信息未知者8人（编号为20、43、65、66、68、69、73、
74），有文献直接记载或可考证出葬地信息者71人。其卒葬地信
息，详见表3-1所示。

表3-1：唐代两京以外遗言女性卒地、葬地信息统计表

卒 地			序号、姓名及生卒年	葬 地
道	州郡府	县		
关内道	京兆府	云阳县	1. 董氏（756—841）	京兆府万年县霸城乡南窑村
		泾阳县	2. 颜顼（631—677）	雍州乾封县高阳原
		渭南县	3. 李氏（？—831）	京兆府长安县居安乡高阳原
		奉天县	4. 赵氏（838—871）	京兆府长安县高阳原
	华州	—	5. 郑本柔（792—823）	河南县金谷乡尹村北邙山之南麓
	同州	夏阳县	6. 元氏（770—804）	河南洛阳清风乡平乐里之北邙原
	凤翔府	麟游县	7. 杨氏（579—670）	雍州咸阳县洪渎原
		郿县	8. 何氏（685—742）	京兆府长安县居安乡高阳原
	新秦郡	—	9. 郭氏（679—752）	长安县义阳乡高阳原

① 《唐故张府君（兔）墓志铭》，《全唐文补遗》第7辑，第427—428页。

（续表）

卒　　地			序号、姓名及生卒年	葬　　地
道	州郡府	县		
河南道	河南府	巩县	10. 阎氏（635—712）	故洛城东北首阳原
		陆浑县	11. 封氏（670—726）	河南府河南县万安山北原
	汝州	—	12. 长孙氏（648—701）	洛州合宫县界龙门山寺侧
	陕州	安邑县	13. 杨氏（781—812）	河南府洛阳县北部乡北袁村之原
		—	14. 元洞灵（762—822）	陕州硖石县门信乡石柱里北原
	郑州	—	15. 燕氏（？—671）	京兆府醴泉县昭陵（陪葬）
		—	16. 岑平等（638—698）	洛州洛阳县清风乡和仁里之原
		中牟县	17. 崔氏（？—784）	洛阳龙门西原
		—	18. 孙廿九女（？—823）	洛阳北陶村
	蔡州	真阳县	19. 赵氏（？—750）	东京河南县平乐原旧茔
		—	20. 无名氏（约卒于814—817年）	—
	汴州	—	21. 朱氏（657—740）	河南府洛阳县清风乡平乐北原
		尉氏县	22. 薛氏（685—742）	洛阳龙门
	宋州	—	23. 张氏（622—695）	河南府合宫县邙山之南原
	徐州	丰县	24. 白氏（731—800）	华州下邽县义津乡北原
	郓州	平阴县	25. 崔淑（693—726）	河南府邙山大茔之北
	兖州	泗水县	26. 裴氏（709—781）	河南府龙门毕圭乡望春原

（续表）

卒 地			序号、姓名及生卒年	葬 地
道	州郡府	县		
河东道	河中府	—	27. 邓氏（？—868）	京兆府万年县洪固乡中大韦村
	绛州	—	28. 崔氏（766—832）	河南府河南县平乐乡北邙原
	蒲州	—	29. 张氏（677—759）	河南府偃师县首阳山南风陵之原
		—	30. 崔珏（786—819）	河南府河阴县广武原
	慈州	—	31. 李绒（818—864）	洛阳邙山
	汾州	平遥县	32. 郭氏（约 707—762）	平遥县城西二里新茔
	潞州	上党县	33. 赵氏（773—847）	潞府城西南故村西北一里半平原
	泽州	—	34. 陆氏（631—665）	京兆府县醴泉县昭陵南 23 里
河北道	孟州	河阴县	35. 尼体微（720—791）	河南府龙门天竺寺西原高顶
	怀州	武德县	36. 李晋（653—725）	洛城东北先茔
	魏州	永济县	37. 梁氏（794—849）	河南府先茔
		内黄/临黄县	38. 李氏（652—705）	河南府河南县梓泽乡邙山之阳
	邢州	—	39. 独孤氏（？—766）	洛阳龙门
	沧州	—	40. 李功德山（654—716）	洛阳河阴乡北原先人旧茔
		—	41. 李鹄（834—859）	河南府河南县龙门乡南王村温泉里
	幽州	幽都县	42. 吴金（716—788）	幽都县城西北保大乡之原
		—	43. 萧氏（？—821）	—

（续表）

卒　　地			序号、姓名及生卒年	葬　　地
道	州郡府	县		
河北道	涿州	范阳县	44. 王氏（776—842）	蓟州城北归仁乡刘村之原
	—	—	45. 李琼（698—726）	河北道所居郡城西北桃花原
山南道	江陵府	—	46. 邵氏（？—768）	河南府洛阳县平阴乡之邙原
		—	47. 王氏（732—794）	河南府偃师县亳邑乡北邙山之阳
	南阳郡	—	48. 蔡氏（747—822）	南阳郡城西北蒋村十里之原
	汉中郡	西县	49. 窦氏（719—743）	洛阳北邙之原
陇右道	兰州	金城县	50. 李氏（791—821）	长安县高阳原南姜村
	敦煌郡	—	51. 尼灵惠（？—865）	沙州
淮南道	扬州	江阳县	52. 陈照（697—744）	河南府邙山
		—	53. 翟氏（724—796）	洛城西北金谷乡
			54. 裴琡（814—849）	京兆府万年县义善乡凤栖原
江南道	润州	丹阳县	55. 尼元应（737—790）	丹阳县北之某原
	吴兴郡	—	56. 张婉（804—823）	洛阳金谷之旧原
	睦州	—	57. 张柔范（658—726）	河南府河南县梓泽乡邙山之原
		桐庐县	58. 权氏（？—786）	润州丹阳县某原
	吉州	—	59. 张氏（667—744）	东都河南县伊汭乡里
	邵州	—	60. 阎婉（622—690）	均州郧乡县李泰墓西北隅
	汀州	—	61. 郭仪（？—798）	洛阳邙山
	信州		62. 尼善悟（837—879）	扬州江阳县道化坊谢楚地内

（续表）

卒 地			序号、姓名及生卒年	葬 地
道	州郡府	县		
江南道	永州	—	63. 马雷五（卒于元和中前期）	永州家中
	梁州	—	64. 崔达（759—836）	东都石桥邙山之阳
剑南道	成都府	—	65. 韦户户（？—856年或之前）	—
岭南道	南海郡	—	66. 玉英（？—约睿宗时期）	—
	端州	—	67. 韦东真（？—870）	河南府巩县
未知道名	未知州名	未知县名	68. 王氏（—620）	—
			69. 范氏（卒于672年之前）	—
			70. 魏氏（约713年或稍前）	河南府洛阳县平阴乡原
			71. 阿史那氏(？—771)	华州华阴县潼关原
			72. 王氏（713—780）	河南府河南县伊汭乡万安原先茔
			73. 房氏（724—788）	—
			74. 无名氏（？—829）	—
			75. 元氏（775—835）	河南府万安山
			76. 蒋氏（773—841）	扬州江阳县嘉宁乡北五乍之平原
			77. 王氏（826—853）	河南府北邙山杜郭村平洛乡
			78. 无名氏（卒于854年前）	郑州荥阳县檀山岗
			79. 唐氏（？—875）	潞州铜鞮县北

据上表,卒于关内道 9 人,其中,7 人葬于本府,2 人葬于洛阳
邙山;卒于河南道 17 人,其中,14 人葬于本道,2 人葬于关内道(京
兆府、华州各 1),1 人葬地未知;卒于河东道 8 人,葬于本道者仅 2
人,葬于外道者 6 人(河南府 4,京兆府 2);卒于河北道 11 人,除 1
人葬地未知,葬于本道者仅 3 人,其余 7 人全部葬于河南府;卒于
山南道 4 人,葬于本道者仅 1 人,其余 3 人均葬于河南府;卒于陇
右道 2 人,葬于本道和京兆府各 1 人;卒于淮南道 3 人,葬于河南
府 2 人,京兆府 1 人,均未葬于本道;卒于江南道 10 人,葬于本道
者 3 人,葬于外道者 7 人(河南府 5,山南、淮南道各 1);卒于剑南
道 1 人,葬地未知;卒于岭南道 2 人,葬于河南府 1 人,葬地未知 1
人。在卒地信息未知者 12 人中,葬地信息可知者 8 人:葬于河南
府者 4 人,葬于华州、扬州、郑州、潞州各 1 人。从中可见,位于中
原的洛阳北有邙山、南有龙门,确实是唐人心中理想的葬地,不仅
卒于河南道者绝大部分葬于本道,并集中于洛阳,而且,卒于外道
的唐人,特别是唐代官宦女性多葬于河南府。另一个葬地集中的
地区是京兆府,本府遗言女性绝大部分葬于京兆境内,仅有一人葬
于洛阳。这与唐人墓志集中出土于长安、洛阳两地是一致的。

以下基本以每十年为一阶段,统计全部 29 个阶段的 79 位
两京以外遗言女性人数。其中,仅 63 号马雷五、69 号范氏两
人卒年不能确定,其余 77 名遗言女性分布于 21 个阶段中,以
卒于 820—829 年遗言女性最多,为 8 人;其次为卒于 740—
749 年、780—789 年、840—849 年三个阶段,各 6 人;再次为卒
于 720—729 年、790—799 年,各 5 人。详情如表 3–2 所示。
两京以外地区遗言女性的分布阶段较为集中,唐初 40 年仅 1
例、唐末近 30 年则空缺。

表 3－2：唐代两京以外遗言女性分阶段统计表

死亡时期	编　号	人　数
618—629	68	1
630—639	—	0
640—649	—	0
650—659	—	0
660—669	34	1
670—679	2、7、15	3
680—689	—	0
690—699	16、23、60	3
700—709	12、38	2
710—719	10、40、66、70	4
720—729	11、25、36、45、57	5
730—739	—	0
740—749	8、21、22、49、52、59	6
750—759	9、19、29	3
760—769	32、39、46	3
770—779	71	1
780—789	17、26、42、58、72、73	6
790—799	35、47、53、55、61	5
800—809	6、24	2
810—819	13、20、30	3
820—829	5、14、18、43、48、50、56、74	8
830—839	3、28、64、75	4
840—849	1、33、37、44、54、76	6

死亡时期	编　　号	人　数
850—859	41、65、77、78	4
860—869	27、31、51	3
870—879	4、62、67、79	4
880—889	—	0
890—900	—	0
901—907	—	0
合　计		77

　　就宗教信仰而言，79位女性中，具有佛、道信仰的女性28名，占总数的35.44％。其中，信佛女性22名（含比丘尼4名），占总数的27.85％；信道女性2名，占总数的2.53％。另外，释道兼信4名，占总数的5.06％。详见表3-3所示。两京以外地区非佛道信仰女性51名，占总数的64.56％，相比两京地区，这一比例明显偏低，显示出两京地区的佛教道教信仰更盛，可能与统治者的扶植与支持力度更大有关。同时，两京以外地区具有宗教信仰的女性中绝大多选择信佛，信仰道教者很少。

表3-3：唐代两京以外地区遗言女性宗教信仰情况统计表

宗教信仰种类	信众类型	信众人数	编　　号	合计
佛教	比丘尼	4	35、51、55、62	22
	优婆夷	1	36	
	居家佛教信徒	17	3、7、8、9、12、16、21、40—42、46、48、57、64、69、73、75	

（续表）

宗教信仰种类	信众类型	信众人数	编　　号	合计
道教	居家信徒	2	26、33	2
释道兼信	居家信徒	4	14、23、49、52	4

从死亡年龄来看，两京以外遗言女性79人中，有20人年龄未知，其余59人可以确定其年龄组。其中，60—69岁、70—79岁两个年龄组，女性留下遗言的人数最多，各为13人，占总数之比均为16.46％；其次是30—39岁年龄组，为9人，占比为11.39％；再次是50—59岁年龄组，为8人，占比10.13％。留下遗言人数最少的是90岁以上年龄组，有1人，其次是10—19岁年龄组，有2人。详情如表3－4所示。与两京地区遗言女性的地区相比较，两京以外地区遗言女性的年龄组更集中于60—79岁两个阶段。

表3－4：唐代两京以外遗言女性年龄分布统计表

年龄组	编　　号	人数
10—19岁	18、63	2
20—29岁	41、45、49、56、77	5
30—39岁	4、5、6、13、25、30、34、50、54	9
40—49岁	2、31、52、61、62	5
50—59岁	8、11、12、22、32、37、38、55	8
60—69岁	14、15、16、28、40、44、47、57、60、72、73、75、76	13
70—79岁	9、10、23、24、26、33、35、36、42、48、53、59、64	13
80—89岁	1、21、29	3
90岁以上	7	1

（续表）

年龄组	编　　号	人　数
年龄未知	3、17、19、20、27、39、43、46、51、58、65、66、67、68、69、70、71、74、78、79	20
合　　计		79

　　就婚姻状况而言，两京以外地区遗言女性 79 人中，未婚者仅5 人，其余 74 人均已婚，占比为 93.67％，包括帝妃、各级各类官员夫人、小吏与平民及流人之妻等，详见表 3－5 所示。相比两京遗言女性，在卒于两京以外地区的遗言女性中，高层官员夫人偏少。

表 3－5：唐代两京以外遗言女性婚姻及所属阶层状况简表

婚姻状况	丈 夫 官 职		编　　号	女性人数	合计
已婚女性	皇帝		15	1	55
	高官（4 品以上）	朝官	7、9、11、53、60	18	
		地方官	12、23、31、34、36、38、39、44、46、68、71、74、75		
	中层官员（7—5 品）	朝官	2、3、22、65、72	24	
		地方官	4—6、14、17、21、26、27、28、30、40、47、52、57、59、61、67、69、70		
	低层官员（9—8 品）	朝官	50	12	
		地方官	8、10、13、19、24、41、43、49、54、58、64		
	赠官		29	1	4
	散官		45	1	
	试官		73	1	

（续表）

婚姻状况	丈夫官职	编　号	女性人数	合计
已婚女性	小吏	55	1	4
	平民	16、25、32、33、37、48、62、76、77	9	15
	流人	66	1	
	未知或不明确	1、20、42、78、79	5	
未婚女性	出家为尼	35、51	2	5
	年轻而逝	18、56、63	3	

　　就身份而言，在 74 名两京以外地区已婚遗言女性中，有命妇 21 名，包括内命妇 1 名，外命妇 20 名；非命妇女性 53 名，包括朝官夫人 5 名、各级地方官家眷 32 名，散官、小吏、士兵之妻各 1 名，平民之妻 9 名，流人之妻 1 名，另有 3 人丈夫身份未知。相较两京遗言女性的身份，两京以外地区遗言女性呈现地方官夫人多、朝官夫人较少的特点。详情如下表 3－6 所示。

表 3－6：唐代两京以外遗言女性命妇、非命妇统计表

命妇/非命妇			编　号	合计
命妇	内命妇	皇妃	15	21
	外命妇	县主	38	
		王妃	34、60	
		国夫人	7、67	
		郡夫人/郡太夫人	9、11、29、36、50、52、71	
		郡君	53、59、69	
		县君/县太君	21、31、72、73、75	

（续表）

命妇/非命妇			编　　号	合计
非命妇	朝官夫人		2、3、22、65	38
	地方官夫人	州郡府官夫人	12、17、23、30、39、44、46、57、61、68、74	
		县级官员夫人	4、6、8、10、13、14、19、24、26、28、40、49、54、58、70	
		地方使职之妻	47、64	
		方镇僚佐之妻	1、5、41、43	
	地方官之妾		27	
	散官夫人		45	
	小吏之妻		55	15
	士兵之妻		79	
	平民之妻		16、25、32、33、37、48、62、76、77	
	流人		66	
	丈夫身份未知		20、42、78	

　　79 位卒于两京以外地区女性的遗言内容,涵盖 34 类 120 条。其中,以指定葬地者为最多,为 20 人,占比为 25.32%,其中又以归葬祖茔、葬于洛阳者较多;其次是不与丈夫合葬、薄葬两类遗言,各 14 人,分别占比 17.72%;表达临终心态、志向和对死亡的态度,为 13 人,占比 16.46%;再次,表达临终遗憾者 6 人,占比 7.59%;又次,嘱诫儿子、与亲人诀别,各 5 人,分别占比 6.33%;次之,与丈夫祔葬,担忧与挂念夫、子,嘱托丈夫三类遗言,各 4 人,分别占比 5.06%。上述 10 类遗言涉及内容为 88 条,占总数的 73.95%。另有 24 类 31 条遗言,每类均在 3 人次以下。不同于长

安、洛阳女性遗言分别以表达临终心态与志愿、不与丈夫合葬者为最多，两京以外地区遗言女性中指定葬地者比例最高，占近 1/4，指定安葬方式的比例则明显下降，从长安遗言女性的 15.15％、洛阳遗言女性的 8.00％，下跌至 3.80％，这表明两京以外地区的女性基本是传统棺墓葬和土葬。详见下表 3-7 所示。

表 3-7：唐代两京以外女性遗言内容统计表

序号	遗言内容			编　号	数量
1.	表达临终心态、志向和对死亡的态度			3、11、19、29、33、38、40、52、61、66、67、75、76	13
2.	不与丈夫合葬			1、7、9、11、12、14、16、21、26、36、44、46、57、64	14
3.	薄葬			10、15、17、25、33、34、35、36、37、47、49、54、75、79	14
4.	以礼安葬			32	1
5.	与丈夫祔葬			2、22、60、71	4
6.	指定葬地	洛阳	考妣茔域	53	20
			龙门	12、22	
			邙山	23、31	
		长安		8、27、77	
		丈夫祖茔		44、78	
		本家祖茔		1、7、17、18、39、46、50	
		指定具体安葬地点		14、24、58	
7.	择兆原壤而葬			59	1
8.	附于窀穸之事，率从苾刍之仪			55	1
9.	指定丧葬营办者			51	1

（续表）

序号	遗言内容		编　　号	数量
10.	关心墓志铭撰写	指定墓志撰写人	63	2
		书写平生事迹,但不要过度褒誉	33	
11.	嘱诫儿子	父冤得雪,敕其子代之谢诸亲戚	38	5
		将亲人归葬祖茔	70、74	
		保承家事死之道	67	
		主奉家业,谨节温勤,无至哀毁	76	
12.	拒绝服药医疗		52	1
13.	训诫子孙		21	1
14.	处分儿子谘问		23	1
15.	嘱托丈夫	照顾孩子和未婚的弟弟	5	4
		照顾诸子	30	
		为子女择偶	41	
		将其母与父亲祔葬	65	
16.	担忧与挂念	顾念遗托	25	4
		丈夫多病	61	
		儿子未及与婚	61	
		独子必婚	72	
17.	临终遗憾	未与父母诀别	6	6
		教子疏于义方,亏于礼训	33	
		不能再尽孝于舅姑	41	

（续表）

序号	遗言内容		编　号	数量
17.	临终遗憾	父祖二代未祔,越在他乡	54	6
		弟、妹未归葬	61	
		不能展觐礼于从母	5	
18.	希望返还东都		68	1
19.	与亲人诀别	与儿女诀别	4、41	5
		与父母诀别	56	
		希望诸子弟勿深恨	37	
		与弟弟诀别	40	
20.	希望儿子得到良好教育		45	1
21.	教训子孙未尝有愠色		29	1
22.	做功德	放家人从良	73	3
		施舍金钱	21	
		舍服用于功德	4	
23.	祠祭不得用肉		36	1
24.	留写遗书		51	1
25.	身后财产分配		51	1
26.	安葬方式	火葬	62	3
		塔葬	9	
		以招魂葬的形式与丈夫合葬	48	
27.	强调勿违遗言		9、26、27	3
28.	随子异地仕宦		42	1

（续表）

序号	遗言内容	编号	数量
29.	为绝丈夫后顾之忧,先于丈夫身死	43	1
30.	善事河阳帅检校右仆射乌重胤	20	1
31.	感谢儿子	28	1
32.	造佛像	69	1
33.	积善流庆之报,庶可濯吾冤。	67	1
34.	返回娘家,请夫别娶	13	1
合计		79 人	120

附　录

　　唐代遗言女性中,有四人卒地未知,无法排除卒于两京之地的情况,亦无法判断是否卒于两京以外地区,依前体例,权列于此,以备参考。

1. 王仙客之妻无名氏（约卒于开元中）佛

　　某氏,太原王仙客之妻,从仙客"考盘幽谷,气应客星"来看,当无官职,或为一隐士。夫妻有一子王场任朝散大夫、行太子宫尹府丞（正六品上）。王场长女王京（687—752）,字海无量,始笄归荥阳郡长史崔府君,封文水县君,于天宝十一载（752）十月,66 岁弃背于怀仁里私第,次年二月迁祔于洛阳邙山先府君王场之茔。王京墓志载其祖母"深诣释门,久探觉路",在"顾命之日,手付遗文",王京"孝不忘心,言若在耳,克苻宿愿,果证真如",故"脱落尘劳,捐舍饰好,精思圆寂"。① 说明王京祖母的遗言是让孙女信佛,而且王京牢记遗嘱,精修佛教,并因此归葬本家洛阳先茔。

2. 张具瞻夫人无名氏(卒于永泰中)

某氏,兵部郎中(从五品上)张具瞻夫人,长子为郴州刺史(从三品)张翃(709—778)。张翃娶荥阳郑综灵中女郑氏(723—779)为妻,郑氏"执进盥之礼,以事舅姑,卅年间,尽其爱敬承顺之道,及于姻亲"。代宗永泰年间,张具瞻妻寿终时,因长媳"在远",未在身边,特意出一箱衣谓侍者曰:"长新妇至与之,表吾平生知其纯孝也。"②在临终之前,感念长媳孝顺,特意托人留赠其衣物。据张翃墓志,张翃夫妻建中元年(780)合祔于"北邙焦固原先茔",这里应该是张氏祖茔,张具瞻夫妻当亦葬于此地。

3. 崔公夫人郑正(766—813)

郑氏,荥阳人,江州司士参军郑光绍之女,御史中丞卢弈外甥女。郑家重视婚姻,"事等齐宋"。11岁,适河南少尹崔微之子、刑部尚书崔隐甫之孙清河崔公,崔公后官至太常少卿(正四品)。婚后生子女五人,二子一女皆先于其离世。元和八年(813)三月,郑氏病逝,当天"陈衣寝门",诫次子崔漳、四子崔庆二人曰:"尔家上

---

① 《唐故中散大夫荥阳郡长史崔府君故夫人文水县君太原王氏(京)墓志》,《唐代墓志汇编》,天宝216,第1681—1682页。

② 嗣子前行汝州叶县尉士源奉述《唐故郴州刺史赠使持节都督洪州诸军事洪州刺史张府君墓志铭并序》,《唐代墓志汇编》,建中001,第1820页。

皆硕厚,可以立代,不为俗倾。吾疾膏肓,久乐俭薄,且处世已来四十八年,生已不然,葬何必备,敛形而已。"二子"恭承慈旨",将亡母薄葬,"木摩而不饰,服具而不炫",当年五月望启拭先茔,合祔于邙山。①

4. 赵启夫人任氏(787—848)佛

天水任氏,正议大夫、试通王府长史任缙之女,试左骁卫胄曹参军事(正八品下)天水赵启之妻,生三子。婚后 17 年,丈夫先逝,任氏"泣血居丧,从心灰烬。慕释氏之宗,阒然淡服,绵历星纪"。因病服药无效,命其子曰:"吾生不幸者三:幼失天慈,长多艰阻,尔偕未立,吾老无所依。"索笔遗诲曰:"吾之凤契,将祔汝先。命日者筮,固不吉,知不可袭,无如之何,但罄其家,遽备四事,归吾于女氏之党。"她还同信佛教的"缁门姊"诀别,"执叙涕零,属以身后"。并"历抚幼雉,为隔生别"。其本欲与丈夫合葬,因占卜为合祔不吉,故遗言其子不惜家财将自己归葬娘家祖茔。大中二年(848)十月,寡居近 30 年的任氏 62 岁,终于郭邑之西南私第。其子遵嘱,"以逾月廿八日吉,卜宅于城东南隅半里",以权"人子之道"。②

以上四位女性,涉及唐前期女性遗言 1 人,唐后期 3 人;有两位信仰佛教,另两位无宗教信仰。就婚况和身份而言,四人均已婚,非命妇;3 位女性为中上层朝官的夫人,1 位女性为低层朝廷武

---

① 内弟守河南县令郑元辅撰《唐故太常少卿清河崔公故夫人荥阳郑氏(正)合祔墓志铭并序》,《唐代墓志汇编续集》,元和 044,第 831—832 页。
② 《唐故宣德郎试左骁卫胄曹参军天水赵公讳启故夫人(任氏)墓志铭并序》,《全唐文补遗》第 9 辑,第 459 页。

官夫人；两人丈夫为文官、两人丈夫为武官。从遗言内容来看，涉及遗书 2 条，其余遗言内容各 1 条，包括：希望孙女信佛、留衣服给儿媳、回顾一生不幸、不与丈夫祔葬、不惜金钱归葬本家祖茔、薄葬。就卒地而言，有两人葬于洛阳北邙山，两人卒地未知。

下　编

唐代女性遗言研究

第一章　唐代女性遗言的执行

　　本章分佛教信仰女性、道教信仰女性和俗家女性三类,对唐代女性遗言的执行进行分类探讨。各种文献中记载唐代信仰佛、道二教的女性较多,特别是佛教,唐朝虽然号称三教并立,但对于儒教而言,宗教信仰色彩较淡,传统文献及墓志资料中并无提及女性信仰儒教者,故只能大致推断某位女性特别推崇儒家思想,因数量极少,故不作专门探讨,而是附于俗家女性遗言的执行部分。

　　有少数女性的遗言因内容不详,无法探讨,如上编第一章60号长安净影寺都维那义空(697—753)的遗言中提到"遗书分明,后莫愁恼"。更多一些的女性在遗言中仅表达其临终心态、对子女的担忧或对某些事情进行解释,因无须执行,故不必探讨。如上编第一章27号尼法澄(630—729)、55号尼实照(719—797)、69号裴棣(783—846)、第二章42号蒋道微(754—826)、第三章52号陈照(697—744)的遗言。另外,本章对唐代女性遗言的探讨,只对上编未出现的少数材料予以标注,对于来自上编的材料,不再一一出注,以避免重复,但会标明每一位女性在上编的编号,以便读者查阅。

第一节　唐代佛教信仰女性
遗言的执行

宗教是源于人类对某种理想信念的追求，更是苦难的产物。这表现在唐代女性佛教信徒身上就是寡居女性信佛者较多，仅就上编遗言女性中年轻寡居信佛者就有至少 9 人，[①]中年寡居信佛者则更多。据上编附录 4 号试左骁卫胄曹参军事赵启夫人任氏（787—848）墓志铭，任氏婚后 17 年，其丈夫逝世，任氏服丧期间，"从心灰烬。慕释氏之宗，阒然淡服，绵历星纪"。第三章 75 号衢州刺史徐放夫人元氏（775—835），丈夫先于其 18 年逝世，三子先后殁世，她"悲伤怵迫"，遂信佛。而韶州刺史裴札（728—784）夫人路氏，则在丈夫亡后，"凭释氏之教，冥助幽泉，拯拔沉苦"。[②]

---

① 上编第一章 53 号韦净光严（652—711）、58 号蔺氏（671—748）、37 号郭佩（761—801），第二章 63 号赵璧（627—702）、50 号柳府君夫人长孙氏（668—734）、17 号吴嘉（675—751）、23 号刘会如（692—752）、40 号郑嫧（766—814），附录 4 号赵启夫人任氏（787—848）。
② 子婿宣德郎试左领军卫兵曹参军韦珏撰《唐故朝议大夫金部郎中韶州刺史裴公（札）夫人陈留县君阳平路氏墓志铭并序》对其多年节用攒钱及归葬途中的艰辛进行了详尽描述。路氏在丈夫亡后，"以韶州旅榇，权窆他土，常用戚感于怀，遂度谋于中，节用于外，历八九稔，财力方集。贞元九年（793），岁协吉卜，将领幼子护丧而归，浮江泛淮，自河达洛，险阻艰难，备尝之矣"。载《新中国出土墓志·河南叁·千唐志斋〔壹〕》下册，第 185 页。参见前宋州柘城县尉杜密撰《唐故朝议大夫金部郎中韶州刺史裴府君（札）志铭并序》，《新中国出土墓志·河南叁·千唐志斋〔壹〕》下册，第 169 页。

一、唐代比丘尼遗言的执行

比丘尼是女子出家受具足戒者之通称。具足戒，又称大戒、近圆戒，受持具足戒即正式取得比丘、比丘尼之资格。在唐代，受具足戒的女尼有的有隶属寺院，上编中共 16 位，包括：长安遗言女尼 9 位，[①]洛阳 3 位，[②]两京以外 4 位；[③]受具足戒而无隶属寺院的女尼有 3 位，[④]均卒于长安或洛阳之里第。以下仅对文献中记载遗言较详且需执行的 16 例女尼遗言的执行进行探讨，这部分遗言主要涉及安葬事宜。在圆寂之前，就自己身后的安葬问题提出要求或进行事先安排，包括安葬方式、安葬地点、薄葬与否、丧葬营办者等方面，还涉及陪葬物品、做功德等内容。其中，除 2 例对遗言的执行者未予以说明之外，其余 14 例遗言中，执行者的身份主要包括两大类：一是比丘尼的弟子，二是其亲人。

（一）弟子执行师父的遗言

弟子执行比丘尼遗言之例有四，即来自洛阳安国寺二人，均遗言葬于龙门；来自长安崇敬寺一人，遗言薄葬；来自长安龙花寺一人，遗言不坟不塔，积土为坛，植尊胜幢，归葬故乡。上编[⑤]第二章

---

①　长安有隶属寺院比丘尼 9 位：27 号法澄、36 号辩惠、43 号法愿、47 号释然、54 号寂照、55 号实照、56 号尼契义、59 号坚行、60 号义空。其中，27 号、55 号、60 号的遗言无需执行或内容不明，本章不作探讨。

②　洛阳有隶属寺院的比丘尼 3 位：30 号惠隐、31 号清悟、32 号法真。

③　两京以外有隶属寺院比丘尼 4 位：35 号体微、51 号灵惠、55 号元应、62 号善悟。

④　第一章 30 号罗四无量，第二章 23 号刘会如、73 号元婉。

⑤　凡本书下编中提到的第×章××号，皆是指上编第×章××号，下文行文中不再标出"上编"二字。

30 号大安国寺尼惠隐(659—734)，始、洪诸军事三州刺史荣建绪孙女。开元二十二年(734)，76 岁涅槃，遗言曰："吾缘师僧父母，并在龙门。可安吾于彼处，与尊者同一山也。"其弟子尼圆德"生事竭仁孝之心. 礼葬尽精诚之志。追痛永远，建塔兹山"。第二章 32 号安国寺大德尼法真(730—813)，怀州刺史裴恂之女，20 岁"舍俗归道"，隶于安国寺。元和八年(813)，84 岁寂灭于精舍。其门弟子见用等"遵遗旨"，次年正月将其葬于河南县龙门山之宗谷。第一章 54 号长安崇敬寺临内外坛大德尼寂照(753—825)，刑部郎中、郢州刺史崔婴季女。因"夙植因果，早悟真如，坚求出家，志不可夺"，受具戒于宝应寺敬僧录，住持崇敬寺 50 年。宝历元年(825)，73 岁终于本寺，僧腊 52。"遗命以素□(轝?)载丧，不事华饰，简俭□制，垂于理□。弟子弘一、元真、弘济等，哀奉先旨，教无违者"。第一章 56 号龙花寺尼契义(753—818)，司门郎中、眉州刺史韦袞长女。元和十三年(818)，66 岁化灭，"遗命不坟不塔，积土为坛，植尊胜幢其前"。生前曾与其诸弟言及归葬故乡，后如其所愿，其弟子比丘尼如壹等将师父葬于京兆府万年县洪固乡之毕原。以上四人均出身官宦世家、未曾婚育、高龄涅槃，一人卒于唐前期，三人卒于唐后期。她们的弟子执行了师父的遗言。

(二) 亲人执行比丘尼的遗言

亲人执行比丘尼遗言者，较之弟子执行比丘尼遗言者的数量更多，这些遗言执行者的身份包括比丘尼的子嗣、姊弟、侄女等。

子嗣为遗言的执行人，只适合寡居后信佛女性。信州尼善悟遗言火葬、润州尼元应遗言丧葬据佛门仪式，以比丘尼身份下葬，均是由她们的子嗣负责执行。第三章 62 号信州怀玉山应天禅院尼禅大德善悟（837—879），本为高阳许实之妻，婚后 20 年丈夫逝世，41 岁剃发受具戒为比丘尼。乾符六年（879），43 岁归寂于应天禅院，"遗令火焚，从拘尸城之制也"。其嗣子许寇七"请收灵骨以起塔焉"。因时值唐末，"狂寇蚁聚"，许寇七"往回皆径其傍，一无惊畏"。这充分说明他是将亡母尸体予以焚化了的，并营塔于扬州江阳县道化坊谢楚地内，于次年七月归葬。第三章 55 号润州丹阳县昭代寺尼元应（737—790），本为东阳郡决曹掾李晋卿继室，大历晚期寡居后信佛为尼。贞元六年（790）冬，54 岁卒于本寺。李晋卿前妻卢氏之子河南府密县尉李畅为继母占卜兆穴，从其遗令，"附于窀穸之事，率从苾刍之仪"。元应在丈夫逝世后出家为尼十余年，且卒于寺，但其安葬事宜是由继子操办的，说明她与俗家的关系比较密切。

　　无隶属寺院的受具戒比丘尼中，第二章 23 号刘会如（693—752）的遗言也是由其儿子执行的。她本为朝请郎韩氏之妻，天宝初，年过半百寡居。其后诣圣善寺大师弘正，受五百大戒，法号会如，微削发，尽褐衣，居家戴发修行。天宝十一载（752），60 岁病逝于洛阳。病亟，遗嘱二子韩渐、韩益曰："吾殁之后，以道流处之，择东原不毛之地，建西方清净之塔，瞻望而父，以安吾神，幽明之间，不失尔祀，此吾志也。"面对母亲的塔葬遗愿，"二子行以孝彰，情由理著，恭理命之有素，瞻先茔而未忍"，在彷徨抉择之际，晚上做梦也梦到此事，"以进退荼蓼，精诚癙痗，征六梦于冥寞，候二尊之安否"。最终，"异其前知，终寝后命"。并未遵守母亲的塔葬遗言，出于孝道的考虑，兼顾母亲在家出家的身份，采取了权宜折中的方式，将母亲归葬于父亲之旧茔，但以母亲"受戒故"，"同居异穴"而已。墓志并言"嗣子奉尊先之训，卒归卫人之袝，不废周公之典"。

刘会如遗言塔葬,其子迫于世俗压力,将母亲葬入父亲旧茔,异穴而葬,并未完全遵守母亲的遗言。

有的女尼为未婚出家,其遗言由其姊弟或侄女负责执行。第一章 43 号长安济度寺尼法愿(601—663),龙朔三年(663),大渐之晨,谓诸亲属曰:"诚宜捐躯挚鸟,委形噬兽。"其墓志载,其姊弟虽然沉痛不忍,但仍依承遗约,丧事从简,以其年十月十七日营空于少陵原之侧。中国僧尼较少进行天葬,法愿出身于虔诚信仰佛教的兰陵萧氏家族,并没有婚嫁经历,不曾孕育子女,笄年便出家为尼,是坚定的佛教信徒,故提出天葬遗愿。她有持戒弟子近数十人,但仍是由其姊弟执行其遗言,且遗言的对象亦为亲属,充分说明她与俗家的关系更为密切,且其姊弟对法愿的选择能够理解,这与萧氏家族对佛教的信仰有关。第三章 51 号沙州尼灵惠(? —865)临终前,在其弟弟、外甥、侄子、官员及邻里等见证下郑重立下遗书,遗书的制定时间为咸通六年(865)十月,明确说明将仅有的家生婢子威娘赠予侄女潘娘,并无其他房资财产,后事亦令潘娘营办,诸人押署为验,以后"不许诸亲悕护"。她在病逝之前,以法律认可的遗嘱形式指定了丧葬营办者和奴婢继承人。因此,其遗言必定可以得到相应的执行,她不必担心无人为其主办丧事,而其所留下奴婢的归属,也不会在其死后,在诸位亲戚之间引起不必要的纷争。

另外,有两位受具足戒而无隶属寺院的比丘尼,材料中对遗言的执行人并未予明确说明,但应该为其亲人。第一章 30 号罗四无量(623—688),县主之女,本为在户部任职的刘府君之妻,寡居后皈依佛教,并"具戒总持"。临终遗命天葬"为平昔在日,□持具戒,灭度之后,令殉肌肤"。又从其墓志所云"敬奉遗言,而崇别塔",铭文所载"敬遵遗教,建塔传芳",可知她还遗言塔葬。其墓志并未说明奉行遗言者的身份,但载 8 年后,将其窆于京高阳原刘府君之茔东。其遗言执行人,很可能是其亲人,故其塔与丈夫坟茔相邻。有的优婆夷遗言广做功德。第二章 73 号剑州刺史郭府君(? —719)夫人元婉(680—746),40 岁寡居,后于寿觉寺主惠猷禅师处受具足戒。预见到自己将亡,她"顾谓左右,广修功德。乃舍财宝,放家僮,转大藏经,发最上愿"。其墓志载其有希秀等八子,当是其遗言的执行人,其遗言既被写入墓志,说明是被诸子认可的,当得到遵守。

(三)弟子和亲人共同执行比丘尼的遗言

相当一部分比丘尼的遗言则由其弟子和亲人,或弟子兼亲人共同执行。第一章 59 号京师宣化寺尼坚行(649—724),遗嘱"令门人等造空施身"。9 年后,坚行的亲弟大云僧志叶、弟子四禅、贤道、法空、净意等"收骨葬塔,以申仰答罔极之志"。坚行遗言的执行者为其亲弟和弟子,均为僧人,诸人共同负责执行坚行的遗嘱,对其行塔葬。第一章 36 号西京法云寺尼辩惠(702—754),幼年便承其父太子文学房温命斋度为沙弥尼。临终遗言"穿土为空,去棺薄窆"。次年二月,"迁座于城南毕原,禀前命也"。弟子侄女昭弘照等,"泣奉遗愿,敢违话言"。说明其临终前还指定了长安东南的毕原作为葬地。尼辩惠幼年出家,但卒于家,而非法云寺,且遗言之一为土葬,终其一生,应该都与世俗家庭维持了更为密切的关系。第二章 31 号东都安国寺尼清悟(755—805),黄门侍郎严武第二女。婚后一年,其丈夫便逝世,遂"归身释门"。大历六年(771)17 岁得度,配主安国寺。永贞元年(805),51 岁就化,遗言归葬龙门先茔,"以其年十月廿六日祔葬于龙门南土村,次先茔之左,遵旧志也"。其墓志中提到她有一弟子文亮,是其伯兄之女,作为其侄女兼弟子,是遗嘱的适合执行人,当是其遗嘱执行人。

从唐代比丘尼遗言执行者的身份可知,比丘尼虽然出家,但和俗家仍保持着比较密切的关系,不少比丘尼死后,她们的亲人负责营办或者参与了其丧葬事宜。

(四) 遗言执行者未知

长安尼释然遗言葬于长安毕原祖母坟茔之旁、洛阳尼体微遗言归葬龙门和薄葬,均得到执行,只是其墓志铭中对遗言的执行者未予以说明。第一章 47 号长安资敬寺临坛大德尼释然(732—766),左仆射、冀国公裴冕之女,自幼出家。永泰二年(766)七月,35 岁寝疾终于当寺。当月,从其先志,将其"安神于毕原,近魏国先祖夫人之茔"。第三章 35 号洛阳修行寺主尼体微(720—791),自幼向佛,30 岁出家,72 岁卒于孟州河阴县。遗言归葬龙门、薄葬。两年后,遵其遗志,"返葬于龙门天竺寺西原高顶,延望先师茔塔。及约为葬事,务从省俭"。

以上 16 例比丘尼的遗言,有 15 例均得到女尼弟子或家人的执行,仅第二章 23 号刘会如(693—752)的塔葬遗言,未得到其儿子的执行,只是将父母异穴安葬而已。

二、优婆夷遗言的执行

优婆夷指亲近三宝,受三皈、持五戒、施行善法之女众。三皈即皈依佛、法、僧。五戒即在家男女所受持之五种制戒:一杀生,二偷盗,三邪淫,四妄语,五饮酒。她们虽为佛教信众,并无隶属寺院,多有自己的法号。第一章 22 号行蜀州金堤府左果毅都尉张晕夫人姚氏(722—788)临终时十分挂念儿女,其"恤于仲女"的原因就是"仲女久披缁服,竟无房院住持",也就是并无隶属寺院。[①]　笔者将文献中说明女性持戒行者判断为优婆夷。因史料所限,优婆夷遗言者较少,笔者找到 6 例,5 位来自洛阳,1 位来自怀州,全部生活于唐前期。其中,有两例对遗言的执行者未予明确说明,其余 4 例遗言中,执行者的身份为其儿子,除了亲生之子,有的优婆夷的继子也参与了遗言的执行。

(一) 儿子执行母亲的遗言

优婆夷遗言塔葬天宝时期有一例,得到儿子的遵守。第二章 17 号清江郡太守夫人吴嘉(675—751),法号金刚藏。丈夫殁世后,断荤膻,"侨寓荆蛮,抚育童孺"。"久积戒行,深入禅寂,尤契东山。"天宝十载(751),77 岁病逝,临终顾谓诸子,遗愿塔葬归真,不与丈夫同穴合葬,"可于天竺伽蓝傍建宝塔,因依净界,迁寝吾身"。五子雍丘丞昭、阳武主簿向、壶关丞皓、左骁卫兵曹用、丹杨郡司仓昕,于当年底将母亲归葬于龙门乡之原。铭文曰:"凿龙之北,大路之西。爰建灵塔,密迩招提。"这说明诸子遵嘱塔葬,并未将其与父亲合祔安葬。

一些优婆夷基于佛教戒行,遗言不与丈夫合葬,这方面的例子有三,均发生于唐前期;有的同时还提出归葬祖茔、薄葬等遗言,诸

---

①　杨梅《唐代尼僧与世俗家庭的关系》指出:唐代碑石资料中常见"在家出家"的说法与尼僧住家并不相同,住家僧尼虽然身不住寺,但都隶名于某一尼寺,且具大小戒;而"在家出家"或"在家菩萨"则是对潜心向佛之信徒,也即居士的称誉,当中抑或有私度者。载《首都师范大学学报》2004 年 5 期,第 24 页。

子均遵照执行。第二章 63 号唐高祖窦皇后挽郎周绍业之妻赵璧（627—702），寡居信佛，76 岁卒于武周末期。临终之际，"以府君倾逝年深，又持戒行，遗嘱不令合葬坟陇，还归旧茔"。因其长子汉州司户参军周道冲先已卒，次子益州温江县令周道济"尊奉先言，不敢违失"，25 年后，将母亲"窆于河南府河南县平乐乡邙山之原"。其所指"还归旧茔"当指赵家祖茔。第三章 36 号魏州司马卢璥继室李晋（653—725），有三子：继子御史卢微明与黄门侍郎卢藏用，所生子汴州浚仪县令卢若虚。她 73 岁病逝于怀州武德县丞廨宇，因"崇信释典，深悟泡幻"，遗令："不须祔葬，全吾平生戒行焉。时服充敛送终，唯须俭省。祠祭不得用肉。"李氏因遵佛教戒律，遗言不与丈夫祔葬、薄葬。其丈夫卢璥早于武周时期卒于魏州官舍，临终遗言薄葬，并对薄葬的衣服、明器提出了明确要求。[①]或者夫妻在薄葬方面达成共识。其子卢微明等遵奉母亲遗言，当年十月将母亲"迁归洛城东北，厝于先茔之旁"。当是葬于卢璥坟茔之侧。第二章 3 号始宁郡诺水县令郑思九夫人陈氏（？—743），因其夫先卒，"聿修梵行"，天宝初遗训："吾生受清戒，死必异坟。"其墓志对其遗言的表述直接用了"遗训"二字，足以说明陈氏因受佛教戒律之故要求"死必异坟"的不容置疑。其嗣子遵嘱，次月葬母于渑池县之东原郑公坟之右地。上述三例优婆夷不与丈夫合葬的遗言，均发生于 8 世纪前半期，均得到儿子的理解和遵守。

---

① 《大周魏州司马范阳卢君（璥）石文》记卢璥遗言提到："气绝之后，速即归葬，敛以时服，棺周于身，铜铁缯彩，涂车刍灵，尽无所设。唯写《孝经》一卷，示不忘吾本也。"载《洛阳流散唐代墓志汇编续集》，第 111 页。

（二）亲人执行优婆夷的遗言

有两例优婆夷的墓志铭中对其遗言执行者的具体身份没有明确说明，但可推断应是其亲人。第二章 72 号薛府君之妻、魏州司马卢广庆季女卢未曾有（717—738），22 岁病逝于开元晚期。"未疾之辰，密有遗嘱，令卜宅之所，要近吾师，旷然远望，以慰平昔。"遗言将自己葬于洛阳阙塞恩师葬地附近。当月景中，迁神于洛阳阙塞之西岗。其遗言的执行人当为其丈夫或父母。这是笔者所见唯一一例直接称呼功德塔铭的主人为优婆夷之例。第二章 21 号尚舍直长薛府君夫人裴氏（667—725），因其信仰佛教，以"受诫律"之故，"先是遗付不许从于直长之茔"。次年，二月被葬于河南龙门山菩提寺之后岗，"明去尘也"。裴氏遗言不与丈夫合葬，得到执行，但遗言执行者的身份不明。

上述 6 位优婆夷均已婚，她们的遗言内容，主要是就安葬事宜作出安排，以要求不与丈夫合葬的内容为主，还涉及塔葬、指定葬地等内容。优婆夷的遗言均是由其儿子或其他亲人执行的。

三、普通居家信佛女性遗言的执行

在唐代信佛女性中，以普通居家信佛者人数最多。从上篇三章看，长安、洛阳及两京以外居家女信徒共 72 人（长安 28 人、洛阳 25 人、两京以外 17 人，所属地区不明 2 人）。这部分遗言的内容较为丰富，以有关丧葬事宜的遗言为主，也涉及做功德、训诫儿女、建立经幢和造佛像、嘱托丈夫、临终出家等方面。其中一些人的遗言并不需要执行,诸如仅表达临终心态、临终心愿、对儿女的担忧、与人辞诀等方面的遗言,还有若干遗言执行情况不甚明确,以下对得到执行情况明确的遗言列表并进行论述。

(一) 儿子执行母亲的遗言

在唐代,儿子对居家信佛母亲遗言的执行有 39 例,主要涉及丧葬事宜的处理,也少量涉及施赈衣物、造像、遵守母亲训诫等非丧葬事宜。

由表 1-1-1 可见,在唐代,儿子执行的居家信佛母亲关于丧葬事宜方面的遗言包括不与丈夫合葬(16 例)、与丈夫合葬(2 例)、薄葬(7 例)、塔葬(2 例)、葬于长安(4 例)、归葬娘家茔地(2 例)、葬龛(1 例)、岩穴葬(1 例)。另有一例,上编 52 号卢氏临终"示家人以死生之制,裁其轻重之仪",具体内容不详。儿子对母亲非丧葬事宜遗言的执行,主要体现在施赈衣物、造像、诫子类遗言上,他们均予以遵守。

唐代居家信佛女性遗言中提到频率最高的内容,是不与丈夫合葬,共 16 例。墓志所载唐代官员之妻因信佛修真,对佛教彼岸世界有自己的追求,故遗言不与丈夫合葬,均得到其子的执行。官员夫人中留下这一遗言者,既有朝官之妻,又有地方官员之妻,以后者为主;既有文官之妻,又有武官之妻;既有朝廷正式任命的官员之妻、宦官之妻,还有地方幕府官员和试官之妻。大多数人的儿子遵照母亲遗言执行,也有个别女性之子,面对母亲不与父亲合葬的遗言,内心非常矛盾,但最终仍选择了遵守遗言。典型之例是第三章 12 号润州刺史王美畅夫人长孙氏(648—701),面对母亲独葬于洛州合宫县界龙门山寺侧的遗令,其子陷入两难境地,"从命则

表1－1：唐代时期儿子执行居家信佛母亲遗言分类统计表

遗言类别	序号、姓名及生卒年	身份	遗言内容概述	遗言执行人及执行情况	上编中编号
不与丈夫合葬⑯	1. 达奚淑（590—651）	陈国夫人，黔州都督陈密公之妻	顾召诸子，勖以成德，又云合葬非古，徇意，窆公（陈密公）坟侧可以厝焉。	长子陈孝俭等窆之于先茔之侧。	一章35号
	2. 宋尼子（628—691）	邢州任县主簿王挺继室	归该反真，合葬非古，同穴何为？	诸子遵遗命，葬母于洛阳北邙，去父茔五十步，并将其父亲与其前妻高氏合葬。	二章49号
	3. 岑平等（638—698）	清苑公刘府君之妻	以清苑公早从悬窆，远在褚宫，言愍修途，知合葬之良难，非古，使随处以安神。	其子前郑州司仓敦仁，迁厝于洛阳洛阳县清风乡和仁里之原。	三章16号
	4. 仵氏（628—700）	柏善德之妻	平居之时，愿殡别圹；迁化之际，固留遗命。	其子金部主事柏孝感"事遵先托，无累后人"，将母亲葬于北邙之原。	二章28号
	5. 长孙氏（648—701）	润州刺史王美畅之妻	认为"合葬非古，何必同坟"，乃遗令于洛州合宫县界龙门山寺侧为空以安神魄"	其子王昕等"询访通人"，决定"敬遵遗训"，"栖山凿谷，架险穿空，构石崇其基，斯瘗陈其隙"，将母亲安葬。	三章12号

（续表）

遗言类别	序号、姓名及生卒年	身份	遗言内容概述	遗言执行人及执行情况	上编中编号
不与丈夫合葬⑯	6. 贾三胜（638—711）	毛处士之妻	不与丈夫合葬，坟兆虽同，仪形各异。	嗣子毛希望"别造新茔,迁徙旧处"。与丈夫同葬于河南平乐乡之原,"坟兆虽同,仪形各异,非同文之合葬,祈释教之往生"	二章9号
	7. 裴冬日（637—724）	闻喜县太君,魏州刺史尹元综之妻	将依佛,至愿出家。大启净居,遗言别葬	其子仙州司马尹子羽,洋州刺史尹子产等"泣血从命,推心诉天"	二章45号
	8. 孙四娘（约卒于751年或稍前）	新平郡淳质府司马樊行湮之妻	嘱其嗣子樊玄玉等"不令同穴安居"	其嗣子樊玄玉将亡母葬于安城东,从先茔。"茔内别置一塚,庶几慈母之令"	一章41号
	9. 李氏（697—768）	左威卫武威郡洪池府左果毅都尉赵府君之妻	纵犹议于封树,即愿存于贞独。	其三子遵嘱,"礼终惟孝,口泽无衰,爱卜旧茔,勤铭大隧"。"悟有皆空,归真曰以正,不封不树,惟清惟净"	一章15号
	10. 云氏（714—777）	亳州真源县令李府君之妻	临终命其子李珣曰:"吾闻合祔非古,不可从也。"提出不与丈夫合葬	李珣等"恭承遗命,不敢颠越"	二章48号

（续表）

遗言类别	序号、姓名及生卒年	身　份	遗言内容概述	遗言执行人及执行情况	上编中编号
	11. 萧氏(740—797)	兰陵郡夫人，工部尚书鲍宣之妻	顾命薄敛，异其茔兆。且合葬非古，卻我修其真哉	其子京兆府蓝田县尉鲍崇由"克遵遗旨"，将亡母归葬于洛阳北邙，穴宜公之东北隅	一章44号
	12. 任氏(736—810)	试太常卿李良之妻	遗言无忘，各置一茔	长子李瑀，次子李珍，季子李叔敖"恭命"，将亡母葬于洛阳县邙山	二章11号
不与丈夫合葬⑮	13. 张威德山(756—811)	行内侍省内给事宋公之妻	近给事故夫茔侧置一坟墓	嗣子宋重晏等	一章13号
	14. 边氏(744—812)	南阳间凑之妻	"吾早遇善缘，了知世幻，权于府君墓侧，别置一茔，他时须刋焚身，灰烬分于水陆，此是愿也。"	其子"遵理命"，在占卜后，于当月底将亡母袝葬于当县平陆乡积润村阿氏之墓次。是否火葬不得而知	二章13号
	15. 蔡氏(747—822)	南阳贞士曲系之妻	遗命嗣子曲惟证曰："昔汝先君之即丧也，志其空有，遗今荼毗，形质虽殊，精爽如在。汝若礼以安袝，宜复归魂"	其子曲惟证"泣血呼天，言从理命"，命其妻张氏及幼子曲喜郎，"复先考之灵魂，合皇姑之幽壤，于城西北蒋村十里之原"	三章48号

（续表）

遗言类别	序号、姓名及生卒年	身份	遗言内容概述	遗言执行人及执行情况	上编中编号
不与丈夫合葬⑯	16. 崔达(759—836)	宣武军节度判官刘谈经之妻	常谓长子刘濛曰："神理好静，合葬非古道也"	其子刘濛归葬母亲于东都石桥邙山之阳父茔之北，特建寿宫	三章64号
与丈夫合葬②	17. 刘氏(738—791)	开府仪同三司行尚书兵部郎中郭府君之妻	与丈夫合葬于郭氏祖茔	长子太子通事舍人郭镕奉遵遗命，以逾年底权厝于先茔之次	一章68号
	18. 武曌(623—705)	唐高宗皇后、武周女皇	遗制祔庙、归陵，令去帝号，称则天大圣皇后	中宗定其谥号为则天大圣皇后，次年五月，祔葬于高宗乾陵	二章15号
薄葬⑰	19. 韩氏(600—675)	左台殿中侍御史李巢之母	"素棺冀徇子平生，涂车庶遵于古典"	其子李巢恭惟受命，务从省约	二章33号
	20. 宋尼子(628—691)	邢州任县主簿王挺继室	"棺周于身，衣足以敛，不夺其志，死亦无忧"	诸子遵其遗命	二章49号
	21. 裴冬日(637—724)	魏州刺史尹元絳之妻	"遗约子孙，勿置茔树。旧域是遵、玄堂莫祔"	其仙子司马尹子羽、洋州刺史尹子产遵嘱	二章45号

（续表）

遗言类别	序号、姓名及生卒年	身　份	遗言内容概述	遗言执行人及执行情况	上编中编号
	22. 萧氏(740—797)	兰陵郡夫人,工部尚书鲍宣之妻	"顾命薄敛,异其茔兆"	其子京兆府蓝田县尉鲍宗由"克遵遗旨"	一章44号
	23. 张威德山(756—811)	行内侍省内给事宋公之妻	"葬事凶具,不要全至华饰。"	嗣子宋重晏	一章13号
薄葬⑦	24. 元氏(775—835)	晋陵县君、衢州刺史徐放之妻	遗言"视子妇如他日,言与气无渍挠者,几望三日安其归"	其三子前苏州长洲县主簿徐绍休、前池州青阳主簿徐绍发及剃发从浮屠居者的徐德祥"以辅祔德祥合于洛之万安山"	三章75号
	25. 张氏(792—857)	泗州仓曹参军刘府君(?—829)夫人	遗诫"俭薄营葬,勿遗妨生"。"有此处分者,岂止于再三焉"	其子刘航航遵遗嘱	二章75号
塔葬②	26. 郑氏(卒于769年或稍前)	荥阳县太君、右领军卫仓曹参军杜钑之妻	寝疾之辰,遗命"变周公之礼,遵释氏之教,灵塔斯起"	嗣子监察御史杜颖、易州司马杜亦、乡贡进士杜季伦、大理评事杜顺休,"周旋遗旨,建塔口龙口门西原,迁父茔于母亲茔侧"	一章67号

（续表）

遗言类别	序号、姓名及生卒年	身　份	遗言内容概述	遗言执行人及执行情况	上编中编号
塔葬②	27. 云氏（714—777）	亳州真源县令李府君之妻	"吾早履空门,怀归净土。身殁之后,俯从精舍,以塔葬吾。使旦暮得闻钟梵之音,死有归矣"	其子李昫等"恭承遗命,不敢颠越"。次年庶,将母亲建塔安葬于河南县龙门之原	二章48号
	28. 曹令姝（536—618）	随车骑上大将军、益昌侯唐君之妻	"随车在此,不须还于本乡也",即葬于卒地长安	其子轻车都尉、赵王府副典军唐晏遵嘱,"今窆黑水,孤妆相望",贞观七年将母亲单独葬于雍州长安县高原义阳里	一章62号
葬于长安④	29. 杨十戒（587—644）	卫州刺史李君之妻	葬于长安	其子元诚,元璀遵其"遗制",晋于京兆府万年县同人原之兆	一章19号
	30. 何氏（685—742）	果州相如县尉李府君之妻	遗言"今近京安厝"	长子李懤与其次子李惰,少子李嬬等遵先言,葬于京兆府长安县居安乡之高阳原	三章8号
	31. 张威德山（756—811）	行内侍省内给事宋公之妻	归葬于万年县细柳乡新店原,近给事故夫茔侧置一坟墓	嗣子宋重晏等恭承遗训	一章13号

（续表）

遗言类别	序号、姓名及生卒年	身　份	遗言内容概述	遗言执行人及执行情况	上编中编号
归葬本家祖茔②	32. 韦净光严(652—711)	扶阳郡君,司勋郎中杨某继室	"平昔之日,尝召诸子勒言,以为孝实天经,哀缠风树。生不逮于庐墓,死愿陪于窀穸。"希望将己葬于父亲韦仁慎茔侧	"诸子敬遵先旨",当年七月,"窆于万年县又丰乡铜人原父茔北一里间,庶冥通也"	一章53号
	33. 任氏(787—848)	试左晓卫曹参军事赵启之妻	"吾之夙契,将树汝先。命日者筮,固不吉,知不可袭,无如之何,佴罄其家,遽备四事,归吾于女氏之党"	其子遵嘱,"以逾月廿八日,卜宅于城东南隅半里","以叔'人子之道'"	附录4号
岩穴葬①	34. 董夫人(575—661)	隋建安县令董恭之女	"吾没之后,不须棺椁,致诸岩穴,宜望原野"	其子明达以死相谏,但因母亲坚持,只好"奉遵顾命",葬其子"京兆长安之城南马头空"	一章18号
龛葬①	35. 蔺氏(671—748)	苏州吴县令朱祥之妻	将自己于樊川凿壁龛而葬	其嗣子朱惟明请"高释"二人至家,以他们的名义提出母亲遗言。后"卜其载九月十有七日秘于此樊川之阜凿之在矣"	一章58号

（续表）

遗言类别	序号、姓名及生卒年	身份	遗言内容概述	遗言执行人及执行情况	上编中编号
身后事宜①	36. 卢氏(660—724)	太子詹事刘府君之妻	悉召家内长幼辞决，示以死生之制，裁其轻重之仪	因"时未兑从"，当月，其嗣子刑部员外郎刘权殡于大理评事刘润将亡母于亡父茔左，14年后，"归村村大茔"	二章52号
造像①	37. 范氏(卒于672年之前)	华州长史蓥府君夫人	遗志"造石像"	其子同州司户参军蓥昧道"奉遵遗志，敬造阿弥陀石像一躯，并观音、大至两菩萨夹侍"	三章69号
施赈衣物①	38. 韩氏(600—675)	殿中侍御史李巢之母	"临终之日，尤多素俭，凡旧衣服，皆令赈施"	其子遵嘱，"恭惟受命，务从省约"	二章33号
训子①	39. 许日光(671—735)	邓国夫人，太仆卿、特进鄂国公张晞之妻	"临终遗约，不忘仁义"，希望其子注重品德修养	其将作少匠张履冰、殿中丞张季良，典设郎张履直"曾是遗诚，如何勿伤"。	二章71号

情所未忍，违教则心用荒然"，最终"询访通人"，才决定"敬遵遗训"。再如，第二章 45 号魏州刺史尹元绰夫人裴冬日（637—724），因"将依佛，至愿出家"，故"遗言别葬"。其子仙州司马尹子羽、沣州刺史尹子产等"泣血从命，推心诉天"。虽然遵从遗命，"远于大茔异穴"安葬亡母，但内心很痛苦。另外，不同于很多女性的寡居后信佛，唐后期有一对夫妻共同信仰佛教，即第二章 11 号试太常卿李良（约卒于元和初）与其妻任氏（736—810），"年将知命，齐议道门，求持净戒，舍名职，归法地，弃世宠，期梵天"。夫妻均在遗言中提出独葬要求，希望各置一茔。长子李瑀、次子李珍、季子李叔敖"恭命"，次年十月将亡母卜葬于洛阳县邙山。

　　平民之妻亦有因信佛而遗言与丈夫别葬者，如第三章 16 号清苑公刘府君之妻岑平等（638—698）、第二章 28 号柏善德之妻仵氏（628—700）、第二章 9 号毛处士之妻贾三胜（638—711）、第三章 48 号贞士曲系之妻蔡氏（747—822），她们的儿子均执行了母亲的遗愿。这些女性中也有同时因佛教信仰和其他客观原因遗言不与丈夫合葬者，即岑平等。因其丈夫清苑公早于她 40 年逝世，故"早从悬窆，远在渚宫，言念修途，良难同穴，知合葬之非古，使随处以安神"。而蔡氏遗言将早已火葬的丈夫以招魂葬形式与自己合葬，是较为特殊的合葬，其子亦遵命照办。

　　相比而言，遗言与丈夫合葬的信佛女性很少，仅有两例。其中，第二章 15 号武曌（623—705）因是政治人物，临终之际的遗言也属于政治遗嘱，主要是考虑到死后的血食问题，将自己重新定位为李唐的皇后，而非大周的女皇，故遗制祔庙、归陵，去帝号。其子唐中宗李显嘱祔葬乾陵。故真正信仰佛教而遗言与丈夫合葬者仅第一章 68 号开府仪同三司行尚书兵部郎中郭府君夫人刘氏（738—

791)，其人"心归释门"，但遗言与丈夫合葬，只是因"考时未协□祔先茔"，故长子太子通事舍人郭鏑以逾年闰冬权厝于先茔之次。

关于唐代信佛女性的其他遗言，薄葬是佛教徒较为普遍的一种做法，有 7 位居家信佛女性遗言薄葬，唐前期有 3 例、唐后期有 4 例，其子遵嘱；有 5 位普通居家信佛女性遗言塔葬①，有两人的塔葬遗言是由其儿子执行；有 4 位居家信佛女性临终前遗言葬于长安，有两位女信佛女性临终遗言归葬本家祖茔，以成其孝道，其子均遵照执行。除此之外，还有两位儿子执行了母亲岩穴葬和龛葬的非常规葬式，两位儿子均承受了很大压力，但后者予以巧妙解决。第一章 18 号董夫人（575—661）卒于高宗前期，遗言："吾没之后，不须棺葬，致诸岩穴，亘望原野。"其子明达，坚决反对母亲遗命，不惜以死相谏，但母亲仍然坚持己见，只好"奉遵顾命"，于母亲卒后 7 日，葬其于"京兆长安之城南马头空"。但他自己却"心府失图"，承受了很大的精神压力。第一章 58 号苏州吴县令朱祥夫人蔺氏（671—748）卒于天宝中期，遗言于樊川凿壁龛而葬。因不忍拂逆母意，同时为了对抗不符合世俗常规的安葬方式，在蔺氏离世当天，其嗣子朱惟明请"高释"二人至家，以他们的名义提出母亲遗言，减轻了来自世俗的舆论压力。后卜葬于"樊川之阜龛"，得以顺利执行母亲的龛葬遗言。

（二）女儿执行或参与执行母亲的遗言

女儿执行居家信佛母亲的遗言，涉及遗言内容以指定葬地、不与丈夫合葬为多。指定的葬地有四例，均指定葬于洛阳。其中两

---

① 即第一章 10 号宋功德山、第一章 51 号刘宝、第三章 9 号郭氏、第一章 67 号郑氏、第二章 48 号云氏，后两位的塔葬遗言由其子执行。

例要求葬于龙门。第二章 44 号荣州长史薛府君夫人柳氏（643—718），"遗命凿龛龙门而葬"。其女故行洛州来庭主簿柳府君夫人"顺亲命"，以其年"自殡迁葬于龙门西山之岩龛"。第二章 27 号何无住行（699—772），遗命二女死后，将自己迁枢于洛阳城南信行禅师林。其女曹大娘、曹三娘遵其遗命，立坟安葬。一例要求葬于阙塞。第二章 62 号前尚书右丞、黔州都督府长史兼判都督事卢藏用夫人郑冲（686—750），其女及女婿前彭城郡彭城县主簿郑珹"遵理命"，窆之于阙塞北岗。另有一例则葬于邙山。第二章 58 号守洺州刺史高力牧夫人魏氏（663—729），临终"命无还葬，敛以周身"，提出不归葬，就地葬于洛阳。其子"恭执先旨"，将其"宅邙山之阳"。

女儿执行母亲遗言不与丈夫合葬之例有二。第二章 50 号左豹韬卫兵曹参军柳府君夫人长孙氏（668—734），临终遗言："可为孤坟，无事同穴。"其无嗣子，有二女，长女出嫁令狐氏，"泣□从命，恭其是诚"。长孙氏得以"悠然化往，邈以孤立"。第二章 5 号秦州上邽县令王令珣夫人朱元靬（675—741），寡居信佛，"沉瘵弥留"之际，约言五女："吾身殁之后，封树别坟，庶清静可凭，冀营魂有托。"当年十一月，窆于北邙之原，"先茔（茔）不从，古之道也。……诸女衔哀，众宾助绋"。

还有的信佛女性遗言龛葬、建立经幢，她们的女儿遵照执行。前述第二章 44 号荣州长史薛府君夫人柳氏（643—718）卒后，其女柳府君夫人"虔奉顾命，式修厥所。以其年八月廿九日自殡迁葬于龙门西山之岩龛"。第二章 27 号无住行（699—772），临终遗命二女曹大娘、曹三娘，在其死后，"立一陀罗尼幢，以取日出之影。是吾所愿言，必命二三孙子为吾持诵"。其女儿遵其遗嘱，在 9 年后的建中二年（781），建立陀罗尼经幢，经幢铭文由成都福胜寺九种恶人僧惠激撰写。

　　还有少数女性的临终遗愿是披缁出家。第三章 40 号英国公李勣孙女李功德山(654—716)，"临终乃建说一乘，分别三教，谈不增不减，以寂灭为乐，意乐出家，遂帔缁服，如如永诀，非复常情"。其后夫潞州屯留县令温炜之三女"式遵遗命"，将继母归葬于"洛阳河阴乡北原先人旧茔左右"。杨梅认为："她的临终归依或许是自为之举动，或许是按当时流行方式，由某大德和尚为其授在家菩萨戒，并赐字号，但她显然不是真正意义上的尼僧，因为在唐代，成为真正的尼僧还须履行一道必要的手续，即申请寺院正式容纳。"[①]这是十分有道理的。

　　还有女儿与兄弟一起参与执行母亲不与丈夫合葬的遗言。第二章 22 号行中书令、南阳郡王袁恕己之妃张氏(668—732)，其夫因参与发动神龙政变，为酷吏击杀。张氏"深达因果，专求道门"，启手足之辰，儿女俱在左右。平生所嘱，昔有深言，语及侍人："不愿同穴"。儿女遵嘱，当年底将张氏窆于河南府河南县伊汭乡梁村之西原，俯近袁恕己大茔之侧。第一章 10 号行内侍雷府君夫人、乐寿郡君宋功德山居长(689—745)，寡居信佛，临终嘱咐子女建塔独葬。其墓志铭文提到"不封不祔，惟清惟净。建此灵塔，苍然旧丘。"说明其养子女遵照其遗嘱将其塔葬。

(三) 孙子执行祖母的遗言

　　有的官员之妻遗言不与丈夫合葬、归葬、塔葬，但因子女已故，其遗言由其孙子执行。第三章 46 号安陆郡太守苑咸(710—758)夫人邵氏(？—768)，"晚岁尤精禅理，究无生学"，临终遗命左右：

---

① 杨梅《唐代尼僧与世俗家庭的关系》，《首都师范大学学报》2004 年第 5 期，第24 页。

"归祔乡园，勿我同穴。"元和六年（811）正月，其孙苑论、苑询、苑诎等分两路，将权窆于扬州禅智寺北原的祖父和卒于江陵府的祖母归葬于洛阳县平阴乡之邙原，"遵释教兮奉遗言，匪同穴兮建双坟"。两坟相距四十尺。这时他们应该都已五六十岁了，在他们有生之年，终于完成了祖母的遗愿。第三章 9 号右卫中郎李某之妻、隰城郡太夫人郭氏（679—752），临终"遗诫置塔，不令合□（祔?）"，强调勿违其言。因安禄山之乱的影响，30 年后其孙奉行迁葬，"令于先人域内，别造塔迁之"。

孙子参与祖母遗言的执行。第一章 65 号中书侍郎同中书门下平章事裴行俭（619—682）继室御正库狄氏（? —717），生前信佛，"每读信行禅师集录，永期尊奉"。卢向前曾对裴行俭的结姻进行分析，认为库狄氏遗言不与丈夫合葬，恐有难言之隐。原因在于其先嫁裴贞隐，后妻裴行俭，成翁媳婚之胡化状态。[1] 不论出于何种原因，其子孙依其遗志，当年，将其"迁窆于终南山鸥鸣堆信行禅师灵塔之后"。裴行俭神道碑中提到，其长孙裴参元，官至泾、邓二州刺史，次子裴延休任并州文水县令，次子裴庆远，任太常寺协律郎，季子裴光庭为武三思女婿，[2]开元时期官至侍中兼吏部尚书，他们当是库狄氏的遗言执行者。

（四）其他亲人参与居家信佛女性遗言的执行

丈夫执行妻子的遗言。在唐代，可能是因丈夫比妻子年长者居多，丈夫执行妻子遗言者并不多见，笔者仅发现两例。遗言女性

---

① 卢向前《唐代胡化婚姻关系试论——兼论突厥世系》，载氏著《敦煌吐鲁番文书论稿》，南昌：江西人民出版社，1992 年，第 33—37 页。
② 《旧唐书》卷 84《裴行俭并附子裴光庭传》，第 2806 页。

均卒于天宝十四载(755),遗言内容均事关丧葬方面。第一章51号右补阙高盖之妻刘宝(713—755),危亟之际,与丈夫诀别,"遗约棺才周身,敛以时服。唯随求陁罗尼咒所得水精念珠,系之肘上,他无所入。兼愿于故证果□(上)上座神道之傍,别起小塔"。上上座为其韦氏伯姊。当年,安于京兆府咸宁县洪固乡之平原西北,去上座塔121步。第一章21号典设局典设郎郑公之妻崔氏(689—755),居家而修梵行。遗言"多藏厚亡,圣师所诫。家大周也,愿返葬焉"。希望归葬其本家祖茔所在地洛阳、薄葬。当年十一月,其丈夫遵嘱,将其归葬于洛阳北邙之原。

　　女婿遵守岳母的遗言。由女婿为主执行居家信佛岳母遗言之例不多,仅发现两例。一例在遗言中指定了墓志撰写人。第一章49号归州刺史韦端符夫人郑霞士(806—874),在丈夫逝世后,携孤寓居于长安。咸通末,69岁卒,因"常以读再齿姻末,特厚慈爱,言托刊纪,志在详实"。托二女婿守河南县令张读撰写墓志铭。张读时"属官守洛下,有乖临奉,承讣悲涕,寄刻墓铭"。另一例则遗言归葬本家祖茔。第三章7号工部尚书武士彟继室、卫国夫人杨氏(579—670),咸亨元年(670)九月薨,遗愿"将追罔极之慈,愿在先茔之侧"。武三思撰《大周无上孝明高皇后碑铭(并序)》载:"圣上奉遵遗旨,无忝徽音,割同穴之芳规,就循孩之懿躅。即以其年庚午闰九月辛丑朔廿一日辛酉,迁座于雍州咸阳县之洪渎原郑恭王旧茔之左,礼也。"杨氏为武后之母,其丧礼由高宗出面,闰九月下葬前,赠杨氏太原王妃称号,葬日令"京官文武九品已上及外命妇,送至便桥宿次"。[1] 第三章57号杭州司士参军赵越宝夫人张

---

① 《旧唐书》卷5《高宗本纪下》,第95页。

柔范(658—726)，仅育有一子，晚年随女婿至睦州宦游。因信仰佛教，临终诫言"勿祔先茔"，一年多后被葬于赵越宝茔左。很可能是由其女婿及女儿遵照遗言安葬的。

　　侄子对姑姑火葬与不合葬遗言的执行。第二章 65 号常州武进县尉王府君夫人苏氏(766—844)，守寡 36 年后，会昌四年(844)，79 岁卒。因夫、子俱先于其离世，且信奉佛教，临终"奠无息嗣，哭唯诸侄，遗命不令祔葬"。即不令祔葬自己于王氏邙麓祖茔。并敕家臣曰："吾奉清净教，欲断诸业障。吾殁之后，必烬吾身。"侄男苏让营办其丧事，并撰写墓志，其墓志云："且甥侄之情，何心忍视。不从乱命，无爽礼经。"苏让遵嘱，将姑姑火化，但视其与姑父分葬的遗嘱为"乱命"，"奉夫人裳帷窆于劝之兆域"，将其衣冠与其子王劝合葬，违反了姑姑不祔葬的遗愿。

　　孙女执行祖母要求其信佛的遗言。第三章附录 1 号隐士王仙客之妻(约卒于开元时期)"深诣释门，久探觉路"，"顾命之日，手付遗文"给孙女王京(687—752)。王京为荥阳郡长史崔府君之妻，父亲王场为行太子宫尹府丞，对于祖母遗文，"孝不忘心，言若在耳，克符宿愿，果证真如"。王京临终"捐舍饰好，精思圆寂"，说明王京牢记祖母让其信佛的遗言，精修佛教。

　　还有的信佛女性，其墓志铭中未明确说明其遗言执行者的身份，当由其亲人或族人执行其遗言。第二章 1 号行洪府法曹参军荥阳郑府君夫人万俟氏(696—744)，中年寡居后，断荤习禅，其先志"不欲窆于荥阳，务随便于洛师可也"，次年七月，独葬于洛阳县平阴乡之原。第一章 37 号膳部员外郎兼侍御史崔君夫人郭佩(761—801)，太子宾客郭晞之女。20 余岁守寡，"归宗誓志，垂廿春"。贞元十七年(801)冬，41 岁卒。次年夏，"顺遗言""克葬于城南凤栖原尊阙之左次"，葬于父茔之侧。第二章62号前尚书右丞、黔州都督府长史兼判都督事卢藏用夫人郑冲（686—750），其丈夫长流岭表，开元初卒于岭南，夫妻无子。郑冲中年寡居后信佛，年近花甲时，认为死之将至，尝于宴坐之隙，命族扬言："自服膺释教，垂卅年，深悟真诠，早知浮假。至如同穴合袝，厚葬隔真，吾所不尚。"反对将自己与丈夫合葬和厚葬，不惜公开宣示，以减少后人将其独、薄葬时的社会舆论压力。其遗言当得到其族人的执行。第三章73号试太子左赞善大夫郭延寿夫人房氏（724—788），在丈夫卒后信佛，"嘱纩之际，更放家人从良。"其墓志中提到其有一子，或为其遗言执行人。

　　综合本节所述，比丘尼遗言的执行者主要是她们的弟子和亲人，两者的比例大致相当，遗言均得到执行。需遵守三皈五戒的优婆夷，她们遗言的执行者主要是她们的儿子，也有其他亲人，仅1例未得到完全执行。唐代居家信佛女性的遗言多样，执行者的身份以逝者之子为主，还包括女儿、孙子、丈夫、女婿、侄女、孙女等亲人，还有的无子孙者，可能是由其族人负责安葬和执行其遗言的，绝大多数的遗言均得到遵守，仅个别遗言，如苏让姑姑苏氏（766—844）不与丈夫袝葬的遗嘱，未能完全得到遵守。

第二节　唐代道教信仰女性
遗言的执行

　　道教是中国土生土长的宗教，以老子《道德经》为基础，唐代奉先秦时期老子李耳为始祖，将道家变成了道教，两者"泾渭难辨"。① 道教主张超脱,游离世人俗事,追求长生不老。道教徒的思想也反映到其遗言上。唐代女性信道者,有的是追求脱离世俗和长生,如第二章 18 号京师至德观观主元淳一(卒于大历年间)因有感于"修短存亡,曾何有常! 与其劳主于此世,岂若轻举于殊方"。故选择"深入道门,大弘法要"。有的则出于避祸,如第一章 61 号长安玉真观女道士杨真一(692—749),原为唐玄宗淑妃,因"恩遇滋深,猜阻间起,悟贵宠之难极,恐倾夺之生衅,乃栖心服道,恳愿从真"。

　　据学者保守估计:"以唐代道观数 4 000—5 700 余所、每观 7名道士计,那么应有道士 28 000—39 900 余名。"②虽然道教为国教,但唐代信道女性远少于信佛女性,故道教信仰遗言女性数量也比较少,笔者查到出家女冠 3 人,已受法箓在家出家女冠 3 人,居家信道女性 6 名。以下对其中需要执行的道教信仰女性遗言进行探讨。

一、女冠遗言的执行

　　笔者查到唐代女冠遗言三例,均来自长安。其中第一章 61 号玉真观女道士杨真一(692—749)、第二章 18 号至德观观主元淳一(卒于大历年间)的遗言无须执行,故可供讨论者仅一例。第一章 38 号内玉晨观法师韩自明(764—831),为地方刺史之女,22 岁出适孝廉张则见为妻,婚后育一子而张氏卒,遂栖心于神仙学,后被召入宫内为玉晨观三景法师。大和五年(831),68 岁病逝,出家修

---

① 　南怀瑾《禅宗与道家》,上海:复旦大学出版社,1999 年,第 184 页。
② 　王永平《论唐代道教的发展规模》,《首都师范大学学报》2002 年 6 期,第 8 页。

道的时间当在 30 年以上。临终日，她谓门人曰："吾将无形，消息大患。尔勿致□于神舍，勿虚美于象设。清净俭薄，殓形还葬，无费财而妄期福佑，吾知所适，不假是也。"其子张行简、侄韩楚长，门弟子周玄景、孟玄简及尼戒善等"泣奉遗言，动遵理命"。当月，迁神于京兆府万年县洪固乡冑贵里凤栖原，"不问于蓍龟，不入于先兆，言出世而达节也"。在流行占卜吉期、进行厚葬的唐代，可称薄葬。其临终遗言对象包括其子、侄、门弟子及一名比丘尼。这反映出其虽然出家，但和其家庭仍有密切联系。

二、在家出家女冠遗言的执行

除了有隶属道观的正式出家女观之外，还有已受法箓皈依道教的在家出家女冠，她们也属于正式的道教中人。[①]唐代在家出家女冠遗言者仅三人，其中第二章 54 号"蚤佩道箓，道讳瑶质"的太守崔某之妻徐玉京（823—870）只是表明自己的临终心态与志向，故以下仅讨论另两位女冠的遗言，两例遗言均得到其家人执行。

一例是由子女执行母亲遗言。第一章 9 号和政公主（729—764），与驸马都尉柳潭"并受法箓"。尝谓驸马曰："死生恒理，先后之间。若幸启手足，必当襚我以道服，瘗我于支提。"提出在卒后着道服、葬于塔。广德二年（764），公主 36 岁薨于京师。"有司奉诏，将厚其礼，驸马疏陈，皆蒙允许。"半年后，其子试太常少卿柳晟、鸿胪少卿柳晕、试秘书丞柳杲、试殿中丞柳昱及三女等，"虔窆公主于

---

① 查庆《唐代臣僚与道教的关系》认为受法箓是正式成为道教中人的条件，其云："李白果真登坛受箓，正式成为道教中人。"《社会科学研究》2009 年 6 期，第 128 页。

万年县义丰之铜人原,从理命也"。和政公主遗言死后要穿道服、塔葬,指定葬于铜人原,其四子三女并遵嘱。

另一例是孙子执行祖母的遗言。第二章 69 号许州扶沟县主簿郑道之妻李氏(631—707),在诸子成人之后,"受法箓,学丹仙",晚年"尤精庄老,都忘形骸"。神龙年间,77 岁卒于洛阳。遗训:"合葬非古,始自周公,淳真之道微矣。汝曹无丧吾真。夫孝在因心,仁□忘本。本之者真也。古人不封不树,丧期无数,斯盖得其真矣。小子勉之哉!""不封不树,丧期无数"出自《周易·系辞下》,原文为:"古之葬者,厚衣之以薪,葬之中野,不封不树,丧期无数,后世圣人易之以棺椁,盖取诸大过。"疏曰:"不积土为坟,不种树以其处。"[1]其后人"奉遗训",以景龙元年(710)十二月将其"窆于北邙之平原"。作为在家出家的女冠,她遗言不与丈夫合葬,不坟,且指定了埋葬地点,以期归真。其墓志并未言及执行其遗言的人到底是谁,但从其遗言末句为"小子勉之哉!"可知其遗言很可能是对其孙而讲的,其本人卒龄 77 岁,诸子应该五六十岁了,能称得上"小子"者当为孙辈。

三、普通居家信道女性遗言的执行

居家信道女性特指没有正式受法箓的居家道教女信众。这部分道教信徒的遗言有 6 例,远少于普通居家信佛女性。其中,第一章 14 号卢起信(?—754)的遗言无须执行。需要执行的信道女性的遗言 5 例,来自长安 2 人,来自洛阳 1 人,来自潞州、兖州各 1

---

① ［魏］王弼注,［唐］孔颖达正义《周易正义》卷 8《系辞下》,［清］阮元校刻《十三经注疏》,北京:中华书局,1980 年,第 87 页。

人，她们的遗言内容主要涉及不与丈夫合葬、对墓志铭撰写的要求、薄葬、指定葬地四方面。

一是由儿子执行居家信道母亲的遗言，有三例，涉及墓志铭的撰写、不与丈夫合葬及反对厚葬等内容，均发生于唐后期。女性关心墓志铭内容之例有二。第二章 56 号守太府寺主簿卢某（？—833）继室李真（786—839），"豫戒终期，形于文字"，遗书中"粗说生平"，藏于箧笥，临终"犹未绝笔"。李真预料到自己死期将近，预留遗书撰写生平事迹，很可能是作为墓志铭撰写的素材，其长子卢瑶等将之刻于铭志之后。第三章 33 号焦氏之妻赵氏（773—847），"洞识玄机，倾心好道"，75 岁终于潞州。寝疾在床，命诸子以薄葬、在墓志中讲其生平事迹，且不得过誉，不得违背其意思。其遗言得到遵行，由长男焦文庆撰述母亲墓志，由三子焦汉章书写，薄葬遗言亦当得到遵守。遗言不与丈夫合葬之例有一。第三章 26 号棣州厌次县令贾某之妻裴氏（709—781），"修学清净至道"廿七年，遗言其子试左金吾卫长史、上柱国贾抡将自己与丈夫别坟而葬。次年初，贾抡"扶护迁至龙门毕圭乡望春□□（原旧）茔内，□穴筑坟，安厝永毕"。虽然墓志字迹不清，仅知裴氏安葬在贾家大茔，但由"□穴筑坟"可知，其子遵嘱为亡母另外修建了坟墓。

二是子孙执行居家信道祖母的遗言。第一章 52 号殿中侍御史内供奉姚袞（约卒于元和中）夫人李氏（771—832），与丈夫并信道，大和六年（832），62 岁卒。因姚袞临终遗命指明了葬地长安城南吴道士观之旁，且云夫妻不合葬，"一旦夫人不讳，同域异封可也"。故李氏"理命亦为然"。子孙遵嘱，以其年十一月，"祔葬于万年县洪固乡之毕原"。

三是皇帝执行妃子的薄葬遗言。第一章 5 号唐玄宗（685—

761）丽妃赵氏（693—726），逝世当辰，遗言"心独系于元真""愿承恩而入道""形归下上，期去礼而薄葬"。玄宗诺其所请，将丽妃殡于长安龙兴观之精屋，"示以出家，从道例也"。并命河南尹监护，河南令副之，"丧葬务约，成遗语也"，当月便被窆于洛阳邙山，可称薄葬。其葬于洛阳，可能与玄宗的身后事宜在开元盛世可能尚未提到议事日程有关。① 出于对其遗愿的尊重，玄宗将之殡于龙兴观，以示其出家，足证其生前并未出家，故笔者将其视为普通道教信徒。

　　综上，唐后期长安正式出家女冠一人留下薄葬遗言，由其子、侄及弟子等执行。在家出家女冠 2 人，唐前期遗言不与丈夫合葬、葬于洛阳一人，由孙子执行；唐中期遗言着道服、塔葬一人，由其诸子女执行。普通居家信道已婚遗言需执行女性 5 人，卒于唐前期 1 人，卒于唐后期 4 人，她们的年龄跨度大，且身份多样，其中 3 人的遗言是由女性的儿子执行的，子孙和丈夫执行遗言各一。因道教追求长生、归真，修道对女性的人生和心态产生了不小的影响。

附：释道兼信女性遗言的执行

　　释道兼信女性的遗言有四例②，内容涉及指定葬地、卜善地结

---

① 姚平《唐代妇女的生命历程》第七章《婚姻之外的女性》将赵丽妃列为未出家女冠，第 247 页。焦杰《唐代道教女信徒的宗教活动及其生活——以墓志材料为中心》《《陕西师范大学学报》2013 年 2 期，第 125 页）认同了其说法，但作者亦指出：赵丽妃入道不久即逝，其入道是为满足其夙愿。但笔者认为仅从张说所撰《和丽妃神道碑铭》并不能说明赵丽妃是未出家的女冠，因为她在逝世当辰还说"神往土清，愿承恩而入道"，说明她去世之时并非女道士，入道只是其愿望。

② 第二章 42 号蒋道微（754—826）、第三章 52 号陈照（697—744）均为儒释道兼通，在此不论。

精庐以修行、薄葬、拒绝医疗四方面。遗言的执行者包括逝者的儿子、丈夫、外甥，其中仅遗言拒绝医药的一例未得到执行。

儿子执行母亲遗言之例有二。第三章 23 号泉州刺史薛士通之妻武城夫人张氏（623—696），生四子，均仕宦。张氏兼通释道，"雅好释典，兼崇道教，斋戒符箓，持皆精严，然皆达之以中，未尝过于执溺"。证圣二年（696）腊月，74 岁卒于三子薛文休所在的宋州。临终前，"容貌无扰，词气如平生。文休谘问，所言犹一二处分取尽"。万岁登封元年一月（696），其子"奉遗命"，卜厝于合宫县邙山之南原昭觉寺东三里安葬。指定葬所当在其遗言"一二处分"之列。第一章 50 号国子监丞、兴州刺史郭镠（797—876）之妻韦珏（813—877），"栖心于黄褐二教，悟大时可逃"。在为丈夫服丧礼毕后，韦氏得疾，"骨肉家隶，趍召医药"。韦氏曰："妇之失俪，谓未亡人，待亡者也。"故"巫医不征，药饵不前"。此例中，韦珏作为未亡人拒绝医药，其骨肉最后似遵从母命，并未为母亲求医问药。

丈夫执行妻子遗言之例如：第三章 49 号汉中郡都督府西县尉李府君之妻窦氏（719—743），天宝二年（743），25 岁终于西县官舍，幼子尚在襁褓中。因窦氏"道释兼善""以厚葬非礼"遗嘱丈夫。李少府"勉就高志，故为薄葬焉"。

还有外甥执行姨母遗愿者。第三章 14 号处州丽水县令王淮之妻元洞灵（762—822），自幼喜道，"黄其衣襦"。长庆元年（821）夏离世前一年，她自汝州梁川府抵长安，谓其甥中书舍人沈传师曰：因其"常思绝俗林峤，孑然独往，每以服教为念"，故提出："尔其为吾卜善地，结精庐。吾将袭气以存真。"要求外甥为自己觅一善地以结精庐，用于自己学道。传师"恭旨□胜行"。

元洞灵在临终前还指定了葬地，亦得到执行。因其丈夫处州丽水县令王淮"庸近无才能",且有"贰行",元洞灵"携己子而还于家"。长庆二年(822),61 岁终于其兄弟之陕州官舍。疾革,命曰:"吾乐静而未遂心,当葬吾于是郊,不远从兆域,处乎谐静独也。"两月后,"从先命",窆于陕州硖石县门信乡石柱里北原。执行者的身份很可能是其兄弟或侄子。

第三节　唐代俗家女性遗言的执行

　　唐代俗家女性遗言的执行者,包括她们的儿子、女儿、丈夫、孙子、弟弟、儿媳,或者其中两种的组合,也有儿女亲家及其他亲戚和朋友。王婉遗言中提及:"但于旧茔因地之便,别开幽室,以瘗残骸。亲属子孙勿违吾意。"这反映出唐人遗言的主要执行者是逝者的亲属和子孙,本章对唐人亲属和子孙执行女性遗言的情况进行专门探讨。

一、儿子对母亲遗言的执行

　　唐代绝大部分女性都会出嫁,而且是早婚早嫁。因统治者提倡早婚,且传统农业社会养儿防老观念浓厚,唐代女性初婚年龄集中在 14—19 岁,15 岁出嫁者人数最多,20 岁出嫁以上属晚婚,唐中期以前早婚现象多有。[①] 有鉴于此,唐代一般家庭子女较多,女性遗言的主要执行者为其儿子。面对母亲的临终嘱托,儿子大部

---

① 　万军杰《唐代女性的初婚年龄》,《华夏考古》2014 年 2 期,第 106、108 页。

分情况下都会遵守,即使有时很不认同母亲的遗言内容。

(一) 儿子单独执行母亲的遗言

儿子在大部分情况下,会尽可能遵守母亲的遗愿。据墓志资料,笔者将所见唐朝时期儿子单独遵守母亲遗言的情况统计为下表:

表 1-3-1: 唐朝时期儿子单独遵守母亲遗言概况一览表

序号、姓名及生卒年	身　份	遗言内容概述	遗言执行人及执行情况	上编编号
1. 李氏 (590—666)	箕州榆社县令王和之妻	与丈夫合葬于河南县界邙山之阳	嗣子兰州行参军王慈质遵嘱	二章 66 号
2. 王婉 (626—696)	琅耶郡君、纳言韦思谦继室	但于旧茔因地之便,别开幽室,以瘗残骸。亲属子孙勿违吾意。临将属纩,嘱三子"善为兄弟,深相友爱"	其继子凤阁舍人韦承庆,已生子来庭县令韦嗣立、左羽林卫兵曹参军韦淑"遵遗命",将亡母灵柩归附于雍州万年县铜人原之旧茔,窆于韦思谦大坟下之傍穴,"并坟接圹而安厝"	二章 37 号
3. 李氏 (645—701)	太仆寺丞许行真之妻	性惟畏水,惮于津涉。临终遗命,不许渡河	嗣子前冀州南宫县主簿许德广"奉先教于既没",同年底将亡母于邙山许氏坟茔之田	二章 34 号
4. 万氏 (643—710)	文林郎、吏部常选张伏宝之妻	临殁遗命,希望孙女与许婚对象前许州长社吕尉之子吕光庭为婚	其子太常太医正张思明遵嘱,令女儿与吕光庭结婚,姻缘美满	二章 70 号

（续表）

序号、姓名及生卒年	身　份	遗言内容概述	遗言执行人及执行情况	上编编号
5. 魏氏（卒于713年或稍前）	歙州歙县令郑崇道之妻	临终嘱嗣子宣城县尉郑章归葬其父郑玄同	其子郑章"式遵遗旨，安厝兹茔。"将外祖父归葬祖茔	三章70号
6. 封氏（670—726）	平原郡夫人、太府卿裴友植继室	不与丈夫合葬	裴友植前妻郑氏四子，相州司马裴孟坚，符玺郎裴伯仪等及己生一子"从诸绪言"，次年二月葬母于万安山北原	三章11号
7. 李端淑（670—728）	陇西县君、黄州刺史高府君之妻	遗言葬于娘家祖茔	其子"敬遵先命"，将亡母葬于万安山阳外祖父长安县令李绾茔侧	二章36号
8. 李氏（651—729）	太子中舍人刘濬之妻	吾内省无违，卒时不必用物覆面	嗣子秘书少监刘晃，次子祠部郎中刘昂遵嘱	一章24号
9. 卢氏（681—730）	范阳郡君，卫州刺史韦夐夫人	平生遗旨，与丈夫旧茔邻接	嗣子韦谅奉而行之，不敢失坠	二章59号
10. 薛氏（685—742）	行国子监主簿柳庭诰之妻	遗命与丈夫归葬于洛阳龙门	嗣子□协、务邕，克奉遗命	三章22号
11. 郭氏（约706—762）	武威郡若干元之妻	谓长子若干勃海曰：希望"死葬以礼"，厚葬自己。	其子"敬从""椁于是，棺于是，不愧于乾坤；车如云，马如云，无惭于拜送。"葬母于平遥城西二里新茔	三章32号

序号、姓名及生卒年	身　份	遗言内容概述	遗言执行人及执行情况	上编编号
12. 独孤氏（？—766）	亳州刺史郑公之妻、颍川郡长史独孤府君长女	临终顾其子：必葬我于父亲颍川府君坟垅。	长子郑季华等"泣奉遗旨"，至自钜鹿，将母枢返葬于洛阳龙门独孤府君茔侧	三章39号
13. 王氏（713—780）	文水县君、膳部员外郎崔藏之之妻	临终之时，以王氏独子崔侠必婚为念	后崔侠娶范阳卢氏女。奉衬之日，克成先意	三章72号
14. 万俟氏（723—791）	遂州刺史侍御史钱府君之妻	遘疾之初，诫子曰："吾殁已后，可殓以时服，棺以凡材。然珠玉而瘗之，是暴骸于中原也"	其嗣子钱执素"祇奉遗训，不敢越诸，涂车刍灵，式从古典"。将亡母窆于邙山南原	二章6号
15. 翟氏（774—796）	南阳郡君、朔方节度十将游击将军左内率府率臧晔之妻	遗命："吾考姚松柏在洛城西北金谷乡，愿早归祔茔葬"	其长子"衔哀受命"，次年底"于金谷乡之原，近外氏茔卜地"合祔，以"副亡姚之愿"	三章53号
16. 郑正（766—813）	太常少卿崔公之妻	诫次子崔漳、四子崔庆二人曰："吾疾膏肓，久乐俭薄，且处世已来四十八年，生已不然，葬何必备，敛形而已"	二子崔漳、崔庆"恭承慈旨"，将亡母薄葬，"木摩而不饰，服具而不炫"	附录3号

（续表）

序号、姓名及生卒年	身　份	遗言内容概述	遗言执行人及执行情况	上编编号
17. 无名氏（？—829）	越州司马、临海太守、扶风公韦宥之妻	诫其子韦泰麟等，将旅殡异土的丈夫伯父、伯母归葬先茔	其子韦泰麟等"哀守慈训"，护伯祖父韦夐、伯祖母赵郡李氏的灵柩归窆于洛阳清风里之原	三章74号
18. 王玄真（803—839）	上谷郡侯某之妻	谓子侯俭曰：尔若为吾持守二十五月之服，吾虽归于地下，亦足以为荣矣	其子"询礼于他人"后，如其言"从命"	二章61号
19. 洪氏（782—841）	苏州吴县尉余凭之妻	遗言二子余从周、余宗周："我死必葬我于洛北。他日，筮通年，启护尔父来祔我玄堂"	二子余从周、余宗周其年八月将母亲葬于北邙平乐乡之原	二章20号
20. 王氏（776—842）	守蓟州刺史、静塞军营田等使陆岘继室	遗言二子曰：必葬其于丈夫坟茔之侧	幽州良乡县令、节度押衙陆偘及摄涿州范阳县尉、摄幽州潞县尉陆供等"泣奉遗旨"，14年后将亡母灵柩迁窆于父亲茔兆之坤维	三章44号
21. 李氏（791—851）	陇西郡夫人、河南府河清县丞曲元缜之妻	家有理命，合祔于北邙原	奠子曲思明等以此托遗之命，合祔于北邙原	二章60号

（续表）

序号、姓名及生卒年	身　份	遗言内容概述	遗言执行人及执行情况	上编编号
22. 崔蕴（793—852）	邢州龙岗县令王府君继室	遗命儿子命侄男乡贡进士王凭撰写墓志	其子"号奉先讳"，请乡贡进士王凭为母亲撰写墓志铭	二章 12 号
23. 李纮（818—864）	陇西县君、慈州太守谢观之妻	遗言葬于洛阳邙山南原	其子进士谢承昭等奉护奉亡母窆于河南府河南县平乐乡王寇村邙山之南原	三章 31 号
24. 邓氏（？—868）	同州白水县令夏侯府君如夫人	爱自抱恙，语其子曰："我百年后，葬我于长安城足矣"	其子夏侯洙"奉慈旨"，次月底将母亲葬于万年县洪固乡中大韦村	三章 27 号

由上表可知，唐朝很多俗家女性的遗言是由儿子遵照嘱托执行的，以上 24 例，大部分情况是其亲子，有时是其继子执行遗言。上表所列 24 例遗言中，包括唐前期 10 例，唐后期 14 例。继子执行母亲遗言的情况，涉及 2 号凤阁舍人韦承庆对继母王婉（626—696）遗言的执行，6 号相州司马裴孟坚、符玺郎裴伯仪等四人对继母封氏（670—726）遗言的执行，两例均为继子与异母弟一起执行遗言，均发生在唐前期。上表涉及的遗言内容主要是丧葬事宜，包括葬于洛阳（包括归葬、改葬）6 例（序号 1、10、15、19、21、23），与丈夫合祔安葬 5 例（序号 1、10、19、21），不与丈夫合葬 4 例（序号 2、6、9、20），归葬本家祖茔（序号 7、12）、薄葬（序号 14、16）、指定葬地（序号 24）、将亲人及亲戚归葬先茔（序号 5、17）各 2 例，礼葬（序号 11）、指定墓志撰写人（序号 22）、葬不渡河（序号 3）、不以物覆面（序号 8）、指定服丧时间（序号 18）各 1 例，这说明成年儿子是母亲

后事的主要操办者,丧葬事宜的主要负责者。其余遗言事项为兄弟友爱(序号 2)和晚辈的成婚(序号 4、13)。

(二) 儿子与姐妹共同执行母亲的遗言

有时,儿子也与其姐妹一起执行母亲的遗言。例如:第二章 68 号瀛州刺史杜怀古之妻韦氏(633—697),生前对自己的后事已有处分:"百年之后,但于大茔内□厝,不须合葬。"其"儿女等奉遵先旨",神功元年(697)十月,葬母于少陵原杜怀古坟东五步。再如:第三章 25 号太原王晓之妻崔淑(693—726),有三男二女,"大渐不乱,顾念遗托,自尊逮卑,使彻其珍华,敛以时服,不忘俭也"。8 天后,殡于邙山大茔之北。这在重视卜葬的唐代,可称薄葬。又如:第二章 43 号守河南府颖源府右果毅张质之妻王氏(806—854),临终顾命儿女"诲诫勤俭,不坠家风,是吾所尚"。要求女儿传承勤俭的家风,暗含着薄葬之意。其子女"阙地为隧,……不埋珠宝"。

以上三例遗言,唐前期两例、唐后期一例,遗言内容为不与丈夫合葬、薄葬,子女均遵嘱行事。因女性一般随子居住,儿女共同遵守母亲遗言的情况,很可能是以儿子为主,女儿为辅。

二、其他亲人朋友对女性遗言的执行

唐代俗家女性遗言的执行人身份多样,除儿子之外,最主要的遗言执行者为其丈夫,其次是孙子,再次是儿媳、女儿,还有父亲、弟弟、妹妹及娘家亲人、其他家人及朋友,合计 23 例,见表 1 - 3 - 2。史料亦可见皇帝作为亲人执行女性遗言之例,因具有一定特殊性,将在其后专门予以探讨。

表1-3-2：唐朝时期儿子以外来人执行俗家女性遗言情况简表

执行人类别	序号、人物及生卒年	女性身份	遗言内容	是否执行遗言及执行情况	上编中编号
丈夫⑥	1. 李琼(698—726)	大燕游击将军赵公前妻	谓左右：须甫师教其子，饰以人文，广其有成，必兴吾族	是／李琼之子后来"才禄兼著,遗言有征"	三章45号
	2. 慕容氏(715—739)	左武卫司戈广平宋君之妻	敛以纯衣,冀以素馔,散分私情	否／"恩深哉,不可能也。"	二章14号
	3. 权氏(？—786)	睦州桐庐县丞柳君之妻	权厝于丹阳县某原窆氏伯姊之茔次	是／柳君奉其丧,以某月日权厝于丹阳县某原窆氏伯姊之茔次	三章58号
	4. 崔氏(798—822)	华州华阴县尉夏侯敏继室	崔氏请于其始：不葬于崔氏祖茔,愿得改卜他所	是／易其兆,诺夫人之志。夏侯敏奉母命,次月葬妻于偃师县亳邑乡刘村之原	二章26号
	5. 郑本柔(792—823)	华州潼关防御判官骁骑尉杨汉公之妻	诚托丈夫照顾三个年幼和没有成家的两个弟弟	是／杨汉公"年俯强仕,世荣已疏。强奇宦名,将副前意。"郑氏两子皆登进士第,婚前一子为国子周易博士	三章5号
	6. 王氏(826—853)	乡贡进士孙之妻	希望丈夫将自己葬于长安父家之侧	否／为他日子女施镜奁贵方便,次年春将王氏归葬于北邙山杜郭村平洛乡,衬孙氏先茔之左	三章77号

（续表）

执行人类别	序号、人物及生卒年	女性身份	遗言内容	是否执行遗言及执行情况	上编中编号
孙子③	7. 阎婉（622—690）	魏王李泰之妃	与丈夫李泰祔葬	是/34年后,其嫡孙国子祭酒、嗣濮王峤赴郧乡,将祖母祔葬于李泰墓西北隅	三章60号
	8. 李氏（657—739）	赠成纪县君,通州通川县丞张知仁之妻	遗言归葬长安凤栖原,与丈夫合葬。	是,嗣孙忿、象、冕等"恨先君之弃殁"因父殁已来已故,故执行祖母遗言,"奉遗言而归葬"	一章39号
	9. 张氏（667—744）	清河郡君,彭州濛阳县令殷府君之妻	遗言"择兆原壤"	是/其孙敳平等"恭承遗志",大历七年将祖母葬于东都河南县伊讷乡里	三章59号
儿媳②	10. 董氏（756—841）	方镇僚佐薛公之妻	吾无子承继,勿葬吾于夫之茔。卜地于本家先茔之侧	是/其女儿媳兼从任女"遵守道命,奉丧礼家",将董氏祔于万年县霸城乡南邵村先茔之左	三章1号
	11. 无名氏（卒于854年之前）	河南府伊阙尉卢子鬐之母	遗言儿媳,将儿子和自己归葬	是/儿媳郑氏"辛勤启举",来归故里,竟合葬于乡原,契先妣之厥旨	三章78号
女儿②	12. 颜顺（631—677）	相王府谘议参军段仲容之妻	遗言与丈夫"誓拟柏舟",同穴安葬	是/永隆二年（681）闰七月,迁坐于雍州乾封县高阳原先茔之后	三章2号

（续表）

执行人类别	序号、人物及生卒年	女性身份	遗言内容	是否执行遗言及执行情况	上编中编号
女儿②	13. 萧博（722—752）	饶阳郡安平县主薄王君之妻	薄葬	是／二女"恭承惠训，敬遵薄葬，追举不逮，用修真宅"	二章35号
父亲①	14. 韦美美（716—732）	左威卫仓曹栒如之长女	葬于祖母墓旁，以报祖母养育之恩	是／次年，父亲从其愿，将之窆于先茔之北	一章8号
弟弟①	15. 杨氏（781—812）	陕州安邑县丞沈群之妻，监察御史检校户部员外郎兼侍御史杨銶之女	"以去家相离，疾心缠疾，每情于其姑"愿衣褐还家。请夫别娶"	是／其姑未同意其和离家家。杨氏弟"号诉夫族""请柩归窆，沈母许之，救沈群与其杨柩护丧还归洛"	三章13号
夫弟①	16. 韦东真（?—870）	中书侍郎同平章事，尚书右仆射杨收之妻	即其子而命曰："承家事死之道，东宜保其旧；积善流庆之报，庶可灌吾冤"	是／杨收亲前中书舍人，浙水东道观察，御史中丞杨严"自洋阳移佐临汝，因得护二輀，由湘南归于伊洛"	三章67号
夫妹①	17. 杨云（716—774）	秘书郎、兼摄虢州朱阳县令府君继室	召文夫之妹崔氏女遗嘱，命外甥崔倬为自己撰写墓志	是／崔氏女主丧，从理命，当年八月底，葬其于霸主乡望春原席府君收东。崔氏女令其子崔倬为其舅母撰写墓志	二章53号

（续表）

执行人类别	序号、人物及生卒年	女性身份	遗言内容	是否执行遗言及执行情况	上编中编号
娘家亲④	18. 程氏（约贞观初期—659）	征士夫人	祔征士灵塔安□（厝）	是/遵先志	一章63号
	19. 崔氏（？—784）	润州长史程怀宪之妻，秘书监崔某中女	遣令薄葬，无用器备。	是/次年十月，迁窆于龙门西原，陪于父茔	三章17号
	20. 孙廿九女（？—823）	渭州白马县令孙起第三女	葬于祖茔	是/从其"先志"，迁祔于洛阳北陶村之大茔，"东接先府君夫人松槚，北联姿氏妹"	三章18号
	21. 李氏（791—821）	陇西郡夫人，右领军吴曹吴弘简继室	告其母：因其姊先亡于吴家先茔，希望自己死后往州陈留县尉李贤	是/七个月后，"从其志"，李氏葬于安县高阳原南姜村李贤茔之北	三章50号
自己家人①	22. 郑媩（766—814）	太子左赞善大夫王绾之妻	吾事已毕，放弃治疗	否/"少长序列，略号恳词，方进药膳。"并"就医于洛阳"	二章40号
青衣顺意者①	23. 郭氏（755—804）	试将作少监兼恭州刺史董嘉谟之妻	因与丈夫感情不睦，不与丈夫同穴安葬	是/当年十月，有青衣顺意者将郭氏就地权葬于长安县义阴乡未满村之高原原。	一章20号

　　上表列出了儿子以外亲人执行俗家女性遗言 23 例,包括唐前期 9 例,唐后期 14 例。上表涉及的遗言内容,包括归葬本家祖茔 5 例(序号 6、10、19、20、21),与丈夫祔葬 4 例(序号 7、8、12、18),薄葬 3 例(序号 2、13、19),不与丈夫合葬 2 例(序号 4、23),提出葬地要求 3 例(序号 3、9、14),其他遗言事项为教育儿子(序号 1)、照顾幼子和弟弟(序号 5)、归葬夫家祖茔(序号 11)、和离归本家(序号 15)、训子(序号 16)、指定墓志撰写人(序号 17)、放弃治疗(序号 22)各一例。可见,丧葬类遗言始终是俗家女性遗言的主要内容,还涉及对儿子的教育和照顾、对弟弟的照顾、训子、放弃治疗。其中,未被遵守者有三例(序号 2、6、22),占比 13.04%,其余均得到执行。

(一) 丈夫对妻妾遗言的执行

　　有的女性年轻离世,遗言丈夫教育或照顾好孩子,她们的丈夫遵嘱执行。第三章 45 号大燕游击将军赵公嫡妻李琼(698—726),29 岁病逝,临终嘱托左右重视对其子的教育,认为其以后"必兴吾族"。其丈夫牢记嘱托,其子后来"才禄兼著,遗言有征"。第三章 5 号华州潼关防御判官杨汉公之妻郑本柔(792—823),32 岁终于华州官舍。大渐之际,以"三孩尚幼,两弟无家"诚托丈夫照顾他们。杨汉公"强寄宦名,将副前意",其仕途较顺,文宗大和时期官至户部郎中充史馆修撰,[①]为照顾孩子提供了较好的基础。郑氏所生两子皆登进士第,婚前一子为国子周易博士。

　　有的年轻已婚女性遗言不葬于夫家祖茔,而是要求葬于他处。

---

① 《旧唐书》卷 17 下《文宗本纪下》,第 546 页。

第三章 58 号睦州桐庐县丞柳君之妻权氏（？—786），婚后仅四个月便病逝于桐庐官舍。柳君"从遗旨"，将其妻权厝于丹阳县某原窦氏伯娣之茔次。第二章 26 号长安万年县丞崔合之女崔氏（798—822），与其姊先后出嫁前华州华阴县尉夏侯敏为妻，婚后两年便病逝。崔氏不欲与其姊争嫡，弥留之际，请于其姑："妾之亡姊已坟于兆域之内。妾瞑目之后，愿得改卜他所。"故最终"易其兆者，诺夫人之志"。夏侯敏奉母命，次月将其枢葬于偃师县亳邑乡刘村之原，而未葬于邙山夏侯家墓地。

丈夫未遵守妻妾遗言有两例，遗言内容分别涉及薄葬和归葬长安。第二章 14 号左武卫司戈广平宋君之妻慕容氏（715—739），婚后仅一年多，25 岁殁于洛阳乘黄署公馆。大渐之际遗言："敛以纯衣，奠以素馔，散分私情，踵合常规。"其丈夫经过深思，认为"不可能"照办，并未遵照其遗言。第三章 77 号乡贡进士孙绿之妾王氏（826—853），育有一子京奴、一女伊奴。大中七年（853）随夫东下，28 岁遇疾终于寝舍。王氏生前尝谓丈夫："余父冢长安中，苟终，愿归窆于其侧，得冥路以养，且无恨矣。"希望能归葬长安，葬于父坟之侧。孙绿认为"事有不可者"，考虑到子女长大成人后不便祭奠亡母，并未践行王氏遗言。次年春将王氏归葬于北邙山孙氏先茔。

以上丈夫对妻妾的遗言，遵照执行之例占 2/3，不遵照执行之例占 1/3。这反映出唐代家庭中，丈夫相较妻妾地位为高，他们会自主决定是否执行妻妾的遗言。

（二）孙子对祖母遗愿的遵守

由孙子执行祖母遗言者，均为由于不同原因导致墓主之子已经亡故所致,共有三例,涉及与丈夫祔葬、提出葬地要求等内容,均得到孙子的执行。第三章 60 号魏王李泰之妃阎婉(622—690),随夺嫡失败被贬的丈夫徙居均州郧乡县。天授元年(690),69 岁卒于邵州官舍。其"先志"是与丈夫祔葬,其儿媳周氏"历险奉柩",5 年后将姑婆权窆于洛阳龙门北原。直至 30 多年后的开元十二年(724),其嫡孙国子祭酒、嗣濮王峤方赶赴郧乡,"遵先志",将亡祖母"祔葬于恭王墓西北隅"。第一章 39 号通州通川县丞张知仁之妻李氏(657—739),丈夫先于其 13 年亡故,殡于龙首原。开元廿七年(719),李氏 83 岁终于京第。遗言归葬长安凤栖原,与丈夫合葬。嗣孙塑、象、冕等"恨先君之弃殁",因父亲已故,故执行祖母遗言,"奉遗言而归葬"。第三章 59 号彭州濛阳县令殷府君之妻张氏(667—744),遗言"择兆原壤"。因其嗣子御史中丞、桂府都督殷日用中年即世,其孙殷平等"恭承遗志",大历七年(772)将祖母葬于东都河南县伊汭乡里。

(三)儿媳对婆婆遗言的遵守

有的女性因夫、子俱先自己而丧,在遗言中强调了对自己后事的处理,有的选择归葬本家祖茔,有的要求归葬夫家祖茔。第三章 1 号河东薛公之妻董氏(756—841),会昌元年(841)终于京兆私第,遗言曰:"吾无子承继,勿葬吾于夫之茔。卜地于我家先茔之侧,君身后所有办其事焉。"因其"夫与子俱无寿而先丧",孙薛鐇年幼,故由其儿媳兼从侄女主丧,"新妇夫人之从女侄也,遵守道命,奉丧馨家",将董氏祔于万年县霸城乡南窑村先茔之左。第三章 78 号河南府伊阙尉卢子薈之母(卒于 854 年之前),因卢子薈卒于伊阙县尉任上,时"家贫子幼,归祔未及,因权厝于伊阙之山庄"。

卢母将亡之夕,召儿媳郑氏(800—854)曰:"傥姑之尼得归故乡,乃新妇之大孝,亡魂之无恨。"遗言将儿子和自己归葬。郑氏"辛勤启举,来归故里,竟合葬于乡原,契先姑之厥旨",将舅姑合葬。

(四) 其他亲人对俗家女性遗言的执行

其他亲人对唐代女性遗言的遵守,涉及女儿、弟弟、小叔子、小姑子及其他亲人、婢女。在唐代,若女性丈夫已逝,且无子或儿子早逝,则由女儿执行遗嘱。第三章 2 号相王府谘议参军事殷仲容之妻颜颀(631—677),终于京兆府泾阳县城史氏女宅,遗言与丈夫同穴安葬。遵其遗言,永隆二年(681)闰七月,颜氏迁窆于雍州乾封县高阳原先茔之后。颜颀遗言的执行者身份未有明确记载,很可能是其史氏女遵嘱执行。第二章 35 号饶阳郡安平县主簿王君之妻萧博(722—752),遗言薄葬。其二女"才逾龆龀""恭承惠训,敬遵薄葬,追举不逮,用修真宅"。次月权安厝于北邙平乐乡之原。因唐代家庭中,一般子女较多,女儿单独执行母亲遗言的情况比较少见。

女儿夭折后,则一般由父亲执行女儿的遗言。第一章 8 号左威卫仓曹恂如长女韦美美(716—732),三岁丧亲,由祖母崔氏抚养长大,开元廿年(732),17 岁病卒于京。大渐之际,遗言葬于祖母墓旁,"所寄之心,不逾孝道:儿殁之后,望就先茔,祖母恩慈,尚未能报"。从遗言中的"儿殁之后"可知,韦美美的遗言对象应该是其父母。次年,其父从其所愿,将之"窆于先茔之北"。

还有弟弟遵守姐姐遗愿,将其姊归葬本家祖茔者。第三章 13 号陕州安邑县丞沈群之妻杨氏(781—812),32 岁病逝于安邑县乐贵里私第。病中,她"以去家相离,疚心缠疾",多次请于姑曰:"愿衣褐还家。请夫别娶。"直至杨氏病逝,其婆婆与丈夫沈群并未同意其和离请求。而后卜筮者"以年月不通",杨氏未能及时袝于沈氏先茔。杨氏弟杨珹、杨琚等"号诉夫族""请枢归殡"。沈母最后"哭而许",并敕沈群与杨珹护丧归洛,以其年十一月,附先茔于洛阳县北部乡北袁村之原,权窆于祖茔东北,妣茔之东。

　　小叔子、小姑子对嫂子遗言的遵守,各发现一例。第三章67号中书侍郎同平章事、尚书右仆射杨收之妻、韩国夫人韦东真(? —870),生三子。杨收因罪被贬端州司马,后诏赐死。咸通十一年(870),韦氏因激愤薨于端州。临终前,即其子而命曰:"承家事死之道,尔宜保其旧;积善流庆之报,庶可濯吾冤。有生必谢,吾奚独存于是?"杨收亲弟前中书舍人、浙水东道观察、御史中丞杨严"自洴阳移佐临汝,因得护二輀,由湘南归于伊洛"。咸通十四年(873)春葬韦氏,合袝相国于巩县,从先茔兆次。而且子杨钜,乾宁初为翰林学士,从入洛,终散骑常侍;杨鏻官至户部尚书,可称"积善流庆"。第二章53号秘书郎兼摄虢州朱阳县令席府君继室杨云(716—774),安史战乱中,其丈夫席府君和前妻韦氏所生四子先后离世。大历九年(774),杨云59岁卒,遗嘱不与丈夫合葬,召丈夫的妹妹崔氏女,命崔氏之子即外甥崔倬为自己撰写墓志。崔氏女"泣血主丧,毁瘠过礼,罄家举事。以八月廿七日葬于罼圭乡望春原舅氏坟□东,从理命也"。外甥崔倬亦"见托知言,衔涕操简,纪事幽壤"。

　　还有一些俗家女性的遗言得到遵守,虽然墓志等资料并未记载遗言执行者的具体身份,但大部分可据材料做大致判断。一种情况是由娘家亲人执行女性遗言,一般是见于女性遗言葬于本家祖茔的情况。第三章17号润州长史程怀宪之妻崔氏(? —784),

中年而卒,"遗令薄葬,死事挺骤,敛手足形,无用器备"。次年"迁窆于龙门西原,陪先君茔,盖从治命,示不忘亲也"。可知崔氏遗言包括薄葬、归葬本家崔氏祖茔两项内容。2004年1月,崔氏墓志出土于洛阳龙门西山,其铭文载"前临净域,后对天门,岿然单阙,块尔孤坟"。并未与丈夫合葬,而是孤坟独葬。墓志并未提及崔氏迁葬龙门是由谁进行的,但因为归葬本家祖茔,其娘家人肯定参与了迁葬事宜。第三章18号滑州白马县令孙起第三女孙廿九女(？—823),大中六年(852)五月,从孙氏女"先志",迁祔于洛阳北陶村之大茔,"东接先府君先夫人松槚,北联窦氏姊"。由其第34兄守给事中孙景商书于贞石。因孙氏女并未婚配,年轻早亡,其葬事当由其本家亲人操办。以上崔氏、孙廿九女均终于郑州自家私宅,遗言归葬本家祖茔,最终葬于洛阳,当均是娘家亲人遵照遗言行事。另一例则是已婚女性卒于兰州本家,遗言葬于长安父茔之侧。第三章50号右领军卫兵曹吴弘简继室李氏(791—821),长庆元年(821)夏,31岁终于本家,归枢于金城之第。因丈夫的嫡妻为其二姊,临终告其母:"我姊已坟于吴之先茔,今将死,必葬近我先君之墓,庶得下侍于泉台。"七个月后,"从其志",李氏葬于长安县高阳原南姜村父茔之北。墓志并未载李氏遗嘱的执行人,但云其"生一女曰老老,才十龄。二男:曰苏郎,始卯。曰小苏,三周而已"。其子女尚属幼年,不可能在半年多后完成从兰州葬母于长安的任务,应该是由其本家亲人完成其遗愿。

另一种情况是由自己家人执行俗家女性遗言。第二章40号太子左赞善大夫王绾(？—792)之妻郑媪(766—814),27岁守寡,元和九年(814)秋,49岁卒。因躬临亡母和亡弟祔葬之事,郑氏风毒疾加重,"意不欲治",因泣曰:"既立汝家,而了吾家事,复来乡里,觐世母、叔母,会兄弟亲爱,于今足矣,焉能服饵求暝眩乎?"她并不想服饵治病,但"少长序列,啼号恳词,方进药膳",因病重,还"就医于洛阳"。因其家人坚持恳请其服药治病,郑嬺开始服药,还曾去洛阳看病。

还有非家人执行俗家女性遗言的特殊情况。第一章 20 号试大理少卿郭俇第六女太原郭氏(755—804),其母薛氏为隋内史薛道衡之后。西南蛮质子董家不惜巨资求取名族,孀居的薛氏同意董家提亲,将其女嫁与试将作少监兼恭州刺史董嘉猷为妻。董嘉猷先于郭氏 12 年去世,归葬其祖茔。贞元廿年(804),郭氏 50 岁终于京第,无子女。郭氏临终感叹:"礼有合祔,畴职其仪,庭内既愉于他人,窀穸岂烦于同穴。"因其丈夫另有新欢,郭氏不希望与之合葬。最终,"有青衣顺意者,实承其命焉"。当年十月,将郭氏就地从权葬于长安县义阳乡宋满村之南原。青衣即郭氏之婢。唐人传奇《霍小玉传》载,"长安有媒鲍十一娘者,故薛驸马家青衣也,折券从良十余年矣。"①据之,青衣似非良人。又,唐人牛肃《纪闻》载:太子詹事沈佺期之子沈东美为员外郎时,"家有青衣,死且数岁",忽还家曰:"吾死为神,今忆主母,故来相见。"东美为之具食,"青衣醉饱而去",及暮,其僮发现积草之下有一狐大醉。"须臾,狐乃吐其食,尽婢之食也,乃杀之。"②尽管这是一则笔记,但说明青衣的身份确实是婢女,故称呼女主人为主母。用青衣代指奴婢很可能是因为青色衣服在唐代是低等级的服色。

综合上述 50 条儿子和其他亲人执行唐代俗家女性遗言的情况,执行者首先是逝者的儿子(24 例,另有儿女一起执行母亲遗言

① 蒋防《霍小玉传》,载《太平广记》卷 487《杂传记四》,第 4006 页。
② 《太平广记》卷 448《狐二》"沈东美"条引《纪闻》,第 3663 页。

3例),其次是丈夫、孙子、女儿、儿媳、父亲,还有弟弟,甚至夫弟、夫妹及本家亲人、自己家人及朋友(合计 23 例)等。在俗人家庭中,不管是儿子单独执行还是和姐妹一起执行母亲遗言,基本上是遵嘱行事;孙子、儿媳、弟、妹等一般也会遵守女性遗言。在这些遗言中,共有 3 例发生遗言执行人违背女性遗愿的情况,占 50 条俗家女性遗言的 6%。唐前期一位任低层武官的丈夫经过深思熟虑,未遵守妻子的薄葬遗言,认为不可能照办,涉及例证为第二章 14 号慕容氏;唐后期一位身为乡贡进士的丈夫未遵守其妾氏将其葬于长安父茔之侧的遗愿,那样不便于其子女长大成人后对母亲进行祭奠,涉及例证为第三章 77 号王氏;还有唐后期一位中层偏上文官之妻的家人并未遵守其放弃医治的要求,而是恳劝其服药治病,涉及例证为第二章 40 号郑嬚。丈夫不遵守女性遗言的情况明显高于其他身份的遗言执行者,从中反映出丈夫在一个家庭中的地位是高于其妻妾的,他们在执行遗言时对现实的层面考虑较多。

三、皇帝以亲人身份对女性遗言的执行

皇帝既是一国之君,在家庭中,也具有丈夫、儿子等身份,因皇帝以亲人身份执行女性遗言的情况并不少见,这里对此予以专门探讨。

(一) 皇帝作为丈夫对后妃遗言的执行

典型例证为太宗对长孙皇后遗言的执行。第一章 1 号唐太宗长孙皇后(601—636),贞观十年(636)将大渐,与太宗辞诀,提出死后薄葬的要求："但请因山而葬，不须起坟，无用棺椁，所须器服，皆以木瓦，俭薄送终。"她认为薄葬为有道之世的表征，率先为范。皇后去世后，太宗为文刻之石，称："皇后节俭，遗言薄葬，以为'盗贼之心，止求珍货，既无珍货，复何所求。'朕之本志，亦复如此。王者以天下为家，何必物在陵中，乃为己有。今因九嵕山为陵，凿石之工才百余人，数十日而毕。不藏金玉，人马、器皿，皆用土木，形具而已，庶几奸盗息心，存没无累，当使百世子孙奉以为法。"①试图践行长孙皇后的薄葬遗言，并希望后代继续践行薄葬。次年，太宗下诏薄葬："其王公以下，爰及黎庶，自今以后，送葬之具有不依令式者，仰州府县官明加检察，随状科罪。在京五品以上及勋戚家，仍录奏闻。"②长孙皇后死后约五个月，便于当年十一月庚寅，被葬于昭陵。③ 昭陵建于贞观十年，数月完工，是唐太宗令将作大匠阎立德摄司空，在九嵕山所营造，并因此"析云阳、咸阳二县置醴权县"。④ 但尽管昭陵的建造时间并不长，其"宫室制度闳丽，不异人间。中为正寝，东西厢列石床，床上石函中为铁匣，悉藏前世图书。钟、王笔记、纸墨如新"。⑤ 可知昭陵建筑本身壮观，因是太宗生前所建，是秉承了其本人意思的。而且，李世民于玉华宫含风殿临崩前，遗言高宗将僧智永弟子辨才手里珍藏的王羲之《兰亭序》藏于昭陵，⑥高宗遵嘱行事，可惜被五代后梁时，静胜军节度使温韬盗出。牛志平指出太宗实际上并未坚持薄葬，其曰："似乎太宗要做

---

① 《资治通鉴》卷194，唐太宗贞观十年十一月条，第6235页。
② 《贞观政要集校》卷6《俭约第十八》，第318页。
③ 《旧唐书》卷3《太宗纪下》，第46页。
④ 《旧唐书》卷77《阎立德传》，第2679页；《旧唐书》卷38《地理志一》，第1397页。
⑤ 《新五代史》卷40《温韬传》，第441页。
⑥ 《太平广记》卷208《书三·购兰亭序》引《法书要录》，第1591页。

一个薄葬的带头人,殊不知这一番表白纯属欺人之谈。"①

　　长孙皇后将大渐,时房玄龄(580—649)以谴归第。长孙皇后与太宗辞诀时还提出善待房玄龄,"非有大故,愿勿弃之"。并提出其本宗长孙氏勿掌权要以保全家孙永久,即不要重用其兄长孙无忌。这既是出于为国家考虑,也是为了保护自己的家人。贞观十一年(637),房玄龄与长孙无忌等四人并代袭刺史,以本官尚书左仆射为宋州刺史,改封梁国公,然事竟不行。贞观十三年(639),加其太子太师,十七年,与长孙无忌图形于凌烟阁。② 皇后的遗言应该起到了一定作用,但出于对长孙无忌的信任及对其才能的了解,唐太宗对他十分重用,甚至违背长孙皇后遗言,以其为顾命大臣辅佐太子李治。

　　最后,她还希望太宗纳谏、勿受谗、省游畋作役。太宗作为以纳谏闻名的英主,也有长孙皇后的一份功劳,她不仅在生前辅助太宗,在死后亦通过遗言的方式辅佐夫君。可惜太宗还是重用了长孙无忌,并在临终之际将幼主托孤于他。长孙无忌尽管在贞观时期和高宗永徽时期大权在握,权倾朝野,但因位高权重,对高宗掌权形成威胁。高宗在坐稳皇帝之位后,与武曌联合打压长孙无忌一派,"去其官职,流黔州",最终,他被大理正袁公瑜"逼令自缢而死,籍没其家",至十余年后方还其官爵。③

　　长孙皇后作为一代贤后,对太宗多有辅助,因其年轻病逝,夫妻感情深厚,太宗以后一直未立新的皇后。其所留遗言涉及薄葬、朝廷用人、纳谏等方面,太宗基于对长孙皇后的尊重和感情,对其

---

① 《唐代婚丧》第三章《厚葬之风》,第 182 页。
② 《旧唐书》卷 66《房玄龄传》,第 2461—2462 页。
③ 《旧唐书》卷 65《长孙无忌传》,第 2456 页。

遗言基本都遵照执行,只有在重用长孙无忌一事上违反了其遗言,但其后果是太宗始料未及的。

(二) 皇帝作为儿子对母亲遗言的执行

唐高宗执行太宗充容徐惠陪葬昭陵的遗言。作为帝妃,陪葬陵寝是一种荣耀。第一章 2 号唐太宗充容徐惠(627—650),擅属文,深受太宗"顾遇"。贞观末太宗崩逝后,她因哀生疾,不自医,病甚,谓所亲曰:"吾荷顾实深,志在早殁,魂其有灵,得侍园寝,吾之志也。"并做七言诗及连珠以见其志。次年,24 岁病逝。高宗诏赠贤妃,遵庶母遗言,将其陪葬于昭陵之石室。

但唐高宗对父亲太宗德妃燕氏的薄葬遗言未予遵守。第三章 15 号唐太宗德妃燕氏(? —671),高宗朝获封越国太妃,咸亨二年(671),60 多岁薨于郑州传舍。临终"申明薄葬,务从节俭。自构遗表,驰遣奉辞"。但高宗"特以太妃懿德,声冠列藩。……故申殊礼,以示加褒"。不仅未将其薄葬,反而将其风光发丧,甚至动用了女性很少使用的鼓吹威仪。高宗命工部尚书杨昉监护,率更令张文收为副,"中外发使,友驰相属。礼赐丰渥,并越常伦。丧葬所须,尽令官给,并赐温明秘器"。且"皇帝特为举哀,□□□日。又降别敕,尽东京观寺并为设斋。又遣使人往宋州,尽其境内观寺,转经行道,凡经三日,度二七人"。同时,"赐物七百段,米粟副焉。鼓吹威仪,周事资送"。中宫还"特为造绣无量寿像,神笔制铭,绣于座下"。不仅如此,百日就京宅设七百僧斋,别赐米麦二百石;在殡之辰,顿遣宫官,将□敕及皇后墨令就殡所宣讲;行次瀍洛,二圣又遣中使将御膳夫先于顿所造食以祭。"及窆,又使宫官临视,赐杂物、被褥、首饰、翟衣、佩绶等物焉。"如其墓志所言,"追远之隆,罕非其匹"。当年十二月,燕妃风光陪葬昭陵。可以说,燕妃的葬礼完全违背了其薄葬的本意,远远超出了太妃葬礼的规格。

(三)皇帝以其他身份对女性亲人遗言的执行

唐德宗遵守亲家母谷氏让儿子与公主成婚的遗言。第一章32 号义武军节度使等使、检校司空、同中书门下平章事张孝忠(730—791)夫人、邓国夫人谷氏(748—796),其嗣子为义武军节度易定等州观察处置等使、工部尚书、易州刺史兼御史大夫、延德郡王张茂昭。贞元十二年(791),谷氏 49 岁殁于长安,遗表以车服器用上献。同时,其幼子光禄少卿同正张茂宗早于贞元三年(787)许尚义章公主,谷氏亡,"遗占丐成礼"。德宗念张孝忠之功,不顾官员谏疏,借吉就婚,"即日召为左卫将军,许主下降"。贞元十三年,张茂宗于母丧中起复尚主。德宗力排众议,对谷氏遗言的遵守,其背后的政治因素实际上起到了决定作用,皇室与藩镇联姻只是出于巩固唐朝统治的考虑。

唐高宗未遵守弟媳纪王妃陆氏的薄葬遗言。第三章 34 号唐太宗第十子纪王李慎之妃陆氏(631—665),育有东平郡王李续等六子、江陵县主等八女。麟德二年(665),年仅 35 岁病逝于泽州馆舍。"易箦之初,特(阙三字)慈母,送终之礼,才使具于楸衣;居丧之制,不许越于苫寝,追往慎终,咸从遗命。"但虽然说是"咸从遗命",但因其王妃的身份,规格并不低,不仅官府出丧葬费用,赠布五百段、米粟三百石,高宗还令一名五品京官监护灵举还京,又遣司卫少卿杨知正监护仪仗送至墓所往还。次年底,陆氏被葬于昭陵南 23 里。

皇帝作为国家的最高统治者,具有绝对的权力,在他们的家庭中,也同样如此。以上五例,涉及皇帝对皇后、皇妃、太妃、儿女亲家、弟媳遗言的执行。尽管皇帝作为丈夫对后妃遗言基本予以执行,太宗违反长孙皇后遗言重用长孙无忌,也是出于对无忌的了解和对皇后的看重。作为儿子对母亲遗言的执行也多会遵守,也会尽量满足其他亲人的遗言,如德宗不顾谏官反对执行亲家母的遗言。但高宗对亲人的薄葬遗言均未予执行,包括太宗德妃燕氏、弟媳纪王妃陆氏的薄葬遗言,不仅如此,也许是出于慎终追远,还对她们进行了远远超过其地位的厚葬。总而言之,对女性的遗言,皇帝会视自己需要与否来决定具体如何执行。

综上所述,可知唐代俗家女性遗言的总体执行情况,丈夫对妻妾的临终遗言,会根据现实需要,确定和权衡是否予以执行,而不是无条件执行。皇帝作为丈夫对女性遗言的执行,同样如此。而儿女、孙子对逝者遗言的执行一般会尽最大努力去实现。作为女性遗言主要执行者的儿子,面对母亲不同于世俗安葬方式的遗言,有时会非常为难,但仍会努力予以实现。亲人对待女性遗言的态度,与两者之间的地位身份高低有很大关系。在古代丈夫作为女性之天,其地位相对作为妻子的女性要高,尽管唐代女性地位较其他古代时期要高,但仍然是男尊女卑的社会。遗言中明显不同于众的要求,都会对儿子等亲人的执行带来一定的困惑,形成不同程度的挑战。不同于信仰佛道的出家女性,俗家女性不同于众的遗言,对于执行的晚辈或亲人而言,具有更大的难度。

第二章　唐代女性的临终心态

　　夫人之存于大欲,莫不爱生而怵死;叶休愿则怡然自康,语咎征则惕焉深忌。由是密权利之厚,安金石之固,不知有终,奄忽而往者,乃举俗同,致物之常情。恶识乎形而即灭,未异于存殁之境;睿而无穷,不留于荣枯之分。①

　　唐玄宗开元十年(722),行礼部员外郎袁晖曾在为道士杨曜撰写墓志时,表达了上述自己对死亡的看法。恐惧不安,为此而追求权力与长寿,这也应该是很多人对待死亡的态度。另有一些唐人则从理性上认识到人皆有老、会死亡的事实。怀州刺史贾敦实(?—682)年九十余病笃之际,曰:"未闻良医能治老也。"②无名氏唐人云:"人生要死,死者天下之大期;物盛必衰,衰者古来之常运。"③至德二年(757)十月,坚守孤城睢阳近两年、以阻止安史叛军南下的张巡(709—757)被执,见其众哭,曰:"安之,勿怖,死乃命

---

① 朝散大夫行礼部员外郎袁晖撰《大圣真观杨法师生墓志并序》,《唐代墓志汇编》,开元 150,第 1260 页。
② 《新唐书》卷 197《贾敦颐传》,第 5623 页。
③ 《大唐故左卫司戈刘府君(景嗣)墓志铭并序》,《唐代墓志汇编》,开元 289,第 1355 页。

也。"①他们都或主动或被动地安天顺命。

　　生死离别之际,很多人会选择和他们的亲朋告别。但也有人在意识到死亡的临近时闭门绝俗,想自己一个人静静地面对。比如张行满(587—648),62 岁时以患卒于家,他"知命之纪,道场游观。听法既觉,则悟己无常;睹相思空,则知非一合"。彻悟之后,"遂闭门绝俗,不交非类"。② 榆林窟第 25 窟唐代壁画"老人入墓图"中的老人,在入墓之际和儿孙们告别后,也要独自修行,走完自己最后的行程。这些临终心态与做法是唐人生死观与人物性格的反映。相比男性,女性的临终心态更加感性,本章就专门对唐代女性的临终心态进行探讨。

第一节　坦然接受

　　不少唐代女性将生死视作必然之事,从而心态坦然,没有忧惧之心。至于坦然接受死亡的原因,则各有不一。

一、淡然接受

　　老年女性更容易感觉到大限将近,能够更坦然地接受人生必有死的事实。第一章 21 号太子左春坊典设局典设郎郑公之妻崔氏(689—755),天宝十四载(755),67 岁卒。疾亟,内外

---

① 《新唐书》卷 192《忠义中·张巡传》,第 5539—5540 页。
② 《张君(行满)墓志》,《唐代墓志汇编》,贞观 148,第 102 页。

亲人皆归探视,崔氏对其夫表达其对生死的态度:"死生天地之理,物之自然,奚可甚哀。"言未及终便逝。崔氏视生死为自然之道,遗令薄葬、返葬洛阳,十分平静。具有佛、道信仰的女性对生死的执着之心更加淡然。第二章 22 号行中书令、南阳郡王袁恕己之妃张氏(668—732),因丈夫为酷吏所害,信仰佛教,"深达因果,专求道门,荣贵都捐"。开元廿年(732),张氏65 岁终于洛阳。临终之际,"湛然归定,神将坐迁,生死之中,了然无惧,从容自在,功用难穷"。第一章 61 号唐玄宗淑妃杨真一(692—749),厌倦了争宠猜忌,"栖心服道,恳愿从真"。得内度为长安玉真观女道士。天宝八载(749)六月,58 岁归神于本观。将殁之际,抚侄杨宷而泣曰:"生必有灭,物无不化。且居生灭之境,岂逃物化之间哉? 所叹嫂年已衰,尔禄未及,是吾遗忧矣!"

也有年轻女性从容面对生死,尤其是佛、道二教的信仰者。第一章 28 号将作主簿韦虚舟之妻李氏(703—729),喜览贤妃哲妇之书,亦通佛教。开元十七年(729),年仅 27 岁终于京第,所生子女尚在童稚。李氏"识通物理,推分天和。虽婴疾弥留,而秉心渊塞。临当奄忽,精爽逾明"。与内外懿亲、平生法侣长辞,"喻存殁而同贯"。第一章 9 号肃宗第二女和政公主(729—764),广德二年(764),36 岁薨于京第。她与驸马都尉、太仆卿柳潭"并受法箓",尝谓驸马:"死生恒理,先后之间。若幸启手足,必当襚我以道服,瘗我于支提,往来行言,时见存恤,则所怀足矣! 子若不讳,我若此身未亡,洒扫茔垄,出入窀穸,奉君周旋。"谈及生死问题和身后事项,从容不迫。

二、无憾而卒

　　有的女性认为自己的人生已经圆满,故无憾而卒。第一章 66 号唐睿宗贤妃王芳媚(673—745)天宝四载(745)八月疾亟,时为 73 岁,阖门求医。顾谓亲人曰:"吾年过耳顺,待终可也。何药之为?""因摄心谛观,归于愿力。"对自己的富贵长命表示满足。第三章 29 号光州刺史张策之女、吕藏元之妻张氏(?—759),临终遗命诸子孙曰:"吾行年八十有三,教训汝曹,未尝愠色。汝既忠于国,孝于家,及吾无身,吾亦何患。忽乖寝膳,祷药靡效,谁谓荣蓼,集于我家。"对自己教育得法,长子吕諲身为同中书门下平章事而感到欣慰。第一章 69 号河东节度判官、监察御史里行韦庆复夫人、闻喜县太君裴楝(783—846),会昌六年(846),64 岁病逝于京。寝疾,谓子女曰:"吾是年前三岁周甲子。亦不谓无寿,况廿年,骨肉间如吾类,不啻十辈,与吾及者几希矣。今没无恨。"以上三人,一为皇妃,一为宰相之母,一为地方低层官员之妻。

　　有的女性临终之前,因自己关心之事结局完满而十分欣慰,故无憾而卒。第一章 29 号守秘书省校书郎卢大琰之妻李氏(797—824),日常诵经念咒,信仰佛教,长庆四年七月,28 岁构疾终于京第。其时其父李佐公已从"谪宦江徼"而至入朝为大理正,李氏认为一家团圆,善莫大焉,"方喜晨昏,及启手归全,意无所恨"。第一章 11 号守内侍省内侍伯员外置同正员朱公之妻赵氏(760—834),作为宦官之妻,中年丧偶,守寡 22 年,遂"专意内典",信仰佛教。其嗣子朱朝政奉命赴鸡林三岁,平安回归,并自宫闱令拜阁门使。赵氏遗命其子:"汝忠于国,又孝于家,海外三年,吾期重见,于此尽矣,更何恨焉?"以见到平安归来的儿子而欣慰不已。

　　有的女性的人生虽然有所遗憾,但因自己别无所求,故殁而无憾。濮阳郡临濮县令元有邻之妻韩氏(691—739),丈夫"有内宠,谋其广嗣"。韩氏"施惠及下",柔顺,"无愠色"。开元廿七年(739)遘疾,49 岁终于洛阳私第。生前"常以礼者忠信之薄,命者死生之说,吾将生□□厚,死归于顺,既厚且顺,此外何求?"[1]第三章 33 号焦某之妻赵氏(773—847),临终命诸子告曰:"吾年七十有五,死无恨焉。所媿者以吾性好闲□,疏于义方,养汝弟兄,遂亏礼训,斯实□恨,余无悔焉。……与汝永别之辞,隔生之念,痛□□□。"与诸子生死永别之际,虽然小有遗憾,但无恨无悔。第二章 54 号太守崔府君之妻徐玉京(823—870),因丈夫崔某先卒,栖心道教,道号瑶质。病逝前,每谓其嗣曰:"吾生四十八年,亦不为过夭矣。殁侍泉下,我之夙志矣。人谁无往,此往岂复恨耶?"以上,韩氏为求子嗣而别娶妾室,徐玉京年未半百便逝世,都有一些遗憾,赵氏则有与诸子永别之痛,但她们总体上感到死而无憾。

　　还有人因亲人陈冤得雪,了却平生遗恨而卒或就死。第三章 38 号唐太宗孙女、贝州刺史裴仲将夫人东光县主(652—705),是纪王李慎第三女,极为孝顺。武后垂拱年间(685—688)纪王慎被害,草草下葬。县主因之号恸呕血。神龙初,中宗诏州县普加求访,祭以牲牢,复官爵,诸王皆陪葬昭、献二陵。东光县主闻之,感恸而卒,敕其子曰:"为我谢亲戚,酷愤已雪,下见先王无恨矣!"在了却父亲冤案后,东光县主情愿追随父亲而去。其丈夫贝州刺史裴仲将墓志载,临终当天,她顾谓诸子曰:"天纲载维,幽明协庆,吾

---

[1]　秘书省校书郎北海王弼撰《大唐濮阳郡临濮县令元有邻夫人韩氏墓志》,《唐代墓志汇编续集》,天宝 001,第 582 页。

之今日,死且不朽。所恨园陵方闷,弗逮哀荣。"可见其孝心之
强烈。

三、视 死 如 归

　　视死如归的典型之例如:第三章 43 号幽州节度使张弘靖幕
府僚佐韦雍之妻萧氏(? —821),长庆初,死于幽州朱克融军乱。
朱克融统军务,囚其帅张弘靖,韦雍亦被劫。其妻萧氏闻难,与丈
夫皆出。韦雍被劫,临刃,萧氏呼曰:"我苟生无益,愿今日死君
前。"刑者断其臂,乃杀韦雍。萧氏是夕亦死。军乱之际,萧氏在自
己手臂已断情况下,目睹了丈夫死在自己面前,知必不可免死,故
抱定必死之决心。

　　某些具有佛、道教信仰者,基于其本身的信仰与追求,表现出
视死如归的态度。一些道教徒认为死当归真,至少是回归自然,不
以死亡为意。第二章 69 号许州扶沟县主簿郑道之妻李氏(631—
707),于诸子成人后,"受法箓,学丹仙"。神龙三年(707),77 岁
卒。晚年尤精庄老,曰:"夫死者归也,盖归于真;吾果死,当归于真
庭,永无形骸之累矣。"第二章 18 号长安至德观主元淳一,大历中
至河洛,因病返真于东都开元观,时年 60 余岁。临终,她谓门弟子
曰:"吾方欲撷三芝,练五石,干白日、升青天。虽事将志违,而道与
心叶。适去顺也,归夫自然。"虽然没有能够完成白日飞升的志愿,
但因心向道教,离世时其内心十分平静。佛教徒视死如归之例,如
第二章 11 号试太常卿李良之妻任氏(736—810),嗣子五人,夫妇
"年将知命,齐议道门,求持净戒,舍名职,归法地,弃世宠,期梵
天"。元和五年(810)十,任氏 75 岁,殁于东都河南县。临终之际,

"都捐世俗，视身终如归"。

四、达观知命

不以寿夭婴心，是达观知命的典型体现。第二章 29 号宰相张弘靖外孙、试太常寺协律郎郑当之妻王缓（807—833）虽然年仅 27 岁便病逝，却是达观知命的典型。临终前一日，她告丈夫以"寿夭阴定，非人能易，勿药俟命，鼓盆当师"。然后命女奴送掉自己的衣服首饰等，并平静地抚摸着其五岁的儿子曰："愿以此故，无远吾门。"第二章 56 号守太府寺主簿卢府君之妻李真（786—839），"食贫乐道，以禅诵自安"。开成四年（839），54 岁殁于东都。因其"达观彭殇之分，不以寿夭婴心"故"豫戒终期，形于文字，藏在箧笥"。

有的女性对死亡有冷静清醒的认识，临终前十分平静，这也是达观知命的一种表现形式。第三章 75 号衢州刺史徐放（766—817）之妻元氏（775—835），大和九年（835）61 岁卒。病且亟，她"视子妇如他日，言与气无溃挠，几望三日安其归"，这被其女婿湖南观察推官杨发评价为"其达于性命者欤！"第二章 75 号泗州仓曹参军刘某之妻张氏（792—857），39 岁丧夫寡居，62 岁又失爱女，自此之后久病在床，大中十一年（857）终于洛阳私第。在其所留遗命中提到："吾心崇释教，深达若空，人之死生，岂殊蝉蜕。汝当节去哀情，无令害己，俭薄营葬，勿遣妨生。"元氏说话与神情无异于平日，张氏认为死亡就如同蝉蜕，不需要过分哀伤，以死妨生不可取，她们平静如水的态度是以对死亡的理智认识为前提的。

达观知命的另一种表现是预知寿数将尽，不愿饵药，不欲浪费金钱，预先为临终做准备。第一章 64 号李君之妻裴氏（655—

711)，57 岁病逝于京第。预知自己病重不治，她十分清醒平和，对于亲族的求药治病之举，她说："天命有恒，生涯有极，修短定分，药饵何功？"第二章 38 号汝州长史崔暟之妻、安平县君王媛（648—721），74 岁病逝于东都崇政里第。她平时禅诵，且精通阴阳历算之数，预知寿限将近，"初构疾也，便命具汤沐，易衣裳，发箧中，告别，不营医疗，精爽自如"。面对儿女进药，曰："强为汝饮之，知无益也。"王媛心知医药不能治老，十分平和地面对死亡的临近。中国有人生七十古来稀的说法，一些唐代女性自知寿命将尽，服药无益，故不欲服药。类似的唐代男性如司空、太子太师李勣（594—669），总章二年（669）76 岁[1]病逝，"自属疾，帝及皇太子赐药即服，家欲呼医巫，不许"。诸子固以药进，辄曰："我山东田夫耳，位三公，年逾八十，非命乎！生死系天，宁就医求活耶？"并与子孙奏乐宴饮。[2] 左金吾卫大将军、京兆尹兼兵部尚书吴凑（730—800），贞元十六年（800），71 岁病逝，"及属病，门不内医巫，不尝药"。[3] 两人均为官谨慎，得以在风云变幻的政坛以富贵而令终，又高龄逝世，非常知足，因此拒绝延医服药。

　　第一章 1 号唐太宗长孙皇后不因病重而接受赦囚祈福之举，也是达观知命的一种表现。长孙皇后（601—636），贞观八年（634）从幸九成宫时染疾病危。当时，太子李承乾入侍，密启母后："医药备尽，尊体不瘳，请奏赦囚徒，并度人入道，冀蒙福助。"长孙皇后

---

[1]　李勣生卒年据朝散郎守司文郎崇贤馆直学上臣刘祎之奉敕撰《大唐故司空太子太师赠太尉扬州大都督上柱国英国公勣墓志铭并序》，《唐代墓志汇编续集》，总章 010，第 177—179 页；《新中国出土墓志陕西〔壹〕》上册，第 67 页。《新唐书》卷 93《李勣传》（第 3820 页）载李勣"总章二年，卒，年八十六"，当误。

[2]　《新唐书》卷 93《李勣传》，第 3821 页。

[3]　《新唐书》卷 159《吴凑传》，第 4956 页。

曰:"死生有命,非人力所加。若修福可延,吾素非为恶;若行善无效,何福可求。赦者国之大事,佛道者示存异方之教耳,非惟政体靡弊,又是上所不为,岂以吾一妇人而乱天下法?"因其"固争"而止。[①] 此事发生于长孙皇后卒前两年,据之,她对生死问题看得相当透彻,不欲通过赦免囚徒而祈求病愈。

第二节　遗 憾 担 忧

相当一部分唐人会带着各种遗憾离世,这些遗憾大多事关情感与亲情。

一、牵 挂 家 人

唐代女性临终前多表现出对子女、丈夫及父母等家人的牵挂。第三章 61 号户部侍郎、御史大夫、诸道盐铁转运等使张滂继室郭仪(?—798),因张滂得罪裴延龄,被贬为汀州长史,郭氏随夫贬谪温湿的闽瓯之地。贞元十四年(798),郭仪 40 余岁薨于汀州开元寺别院,临终谓女奴云:"……死生常理,何恨如之。"但忧其夫近来多病,男又童稚,未及与婚。有弟之丧,寄在燕赵;有妹之墓,旅于江湖。时日末良,不及启□,是其遗恨。临终之前,郭氏既担心丈夫的身体,又挂念儿子的婚事,还遗憾于弟、妹未及归葬。

当然,女性牵挂子女之例是最多的。第一章 45 号大理卿崔公

---

① 《旧唐书》卷 51《后妃上·太宗文德顺圣皇后长孙氏传》,第 2166 页。

之妻、荥阳县君郑氏（667—703），37 岁于京第大渐之际，顾命长子司农丞崔璘、次子华州参军崔琏等曰："汝免过失，吾殁无恨。两房兄弟，足可协睦，若生异端，□违吾意。"又训诸女："必崇内则，尽礼夫家，以弘妇道。"惦念诸子勿犯过失，希望女儿恪守妇道，以保平安。第一章 22 号行蜀州金堤府左果毅都尉张晕之妻姚氏（722—788），育有子女各三人。贞元四年（788）夏，67 岁终于京第，临终"属念诚深，忧之季男，恤于仲女。仲女久披缁服，竟无房院住持；季男初长成人，未有职事依附。缅想尔等，栖栖者欤！吾言及痛心，不忍瞑目，深思两遂，在尔诸男，速宣勉勖，无负吾志"。姚氏在遗言中并未提及丈夫的归葬和自己的丧葬事宜，而是担心早出家的女儿因未获度牒而没有隶属的寺院，刚刚成人的小儿子还未获得安身立命的职事，并十分关心子女的婚姻问题。第一章 69 号河东节度判官监察御史韦庆复之妻裴棣（783—846），丈夫先逝后，守寡 37 年，"以成就门户为念"。其女适前进士于球，不幸无与偕老，儿子韦退之任将仕郎前监察御史里行。会昌六年（846），裴氏 64 岁病逝。值其寝疾，子女问安之际，必曰："今没无恨。然吾子家未立，且艰难于名，今方整羽翼，所未忍舍之。以是汲汲于医药。"第三章 4 号凤翔府麟游县令李钦说之妻赵氏（838—871），咸通十二年（871）秋，34 岁病逝于奉天县官舍。将临大渐，斋沐俟时，"视儿女以哀伤，泫然血泪"。以上四例中，有三例女性在临终前对儿女的担心都有体现，并没有表现出重男轻女的倾向，仅裴棣一例特别表现出对儿子的关心，这或许与其丈夫早逝，她希望儿子能够承担起韦家的门户有关。不同于裴棣，第二章 2 号吏部郎中、河南少尹苗府君夫人杨氏（756—807）则十分担心其子的未来生活。元和二年（807）秋，她 52 岁卒，"临决付命，遗恨悲于弟妹。念汝少孤，遭世不愍。吾之疾苦,未卜前途。抚育之分,未能使汝免于饥寒之忧。仰惟先轨,骨肉标擗,痛毒何追"。因离开早孤的弟妹而遗憾,对其子苗让依依不舍。

有的女性对不能再侍奉老人表示遗憾。第二章 7 号试左内率府胄曹参军裴简之妻崔氏(789—814),婚后一年半过世,留下尚在襁褓中的幼子。临终前与裴简及父母诀别,"临殁辞所事所生,以不克为妇为子为恨,谓所从以不疏己宗为托"。以不能继续尽孝于姑婆、侍奉丈夫为遗憾。第二章 26 号前华州华阴县尉夏侯敏续弦崔氏(798—822),与其姊先后嫁夏侯敏为妻。长庆二年(822),不幸在婚后两年因诞育子嗣而生病,她对前往探视的姑婆泣而言曰:"妾不才,幸为姑之冢妇。今形貌羸瘵,不类于人。所憾者,事姑之节未彰,埋魂之祸将及。苟气不绝息,命或更生,则愿髡髪居家,没齿侍姑之左右。"当年四月底,年仅 25 岁终于东都私第。临终前,崔氏为不能对公婆尽孝而遗憾。第三章 41 号前沧齐协律北平田宿之妻李鹄(834—859),好读书,儒籍外亦好释老氏书。不幸婚后一年半病逝,年仅 26 岁。临终谓其夫曰:"所沉恨者,来子家未再周,舅姑知我厚,不得尽供养之道,以报慈爱,死且不瞑矣。"深以不能尽孝舅姑为憾。

有的因病而亡的女性,尽管自身很痛苦,但不忍言己苦以焦其母之心。第一章 33 号岭南节度使薛珏孙女薛氏(799—822),10岁时其父河南府缑氏县尉薛弘庆亡,其母为范阳卢氏。因疾未嫁,"虽有甚苦辄不出于口",忍痛不言。及既甚,人问其故,答曰:"生之短长,命也。予未大尽,天其自瘳。予命苟至矣,言之又何求耶?且吾奚忍以将尽之身前,焦吾母之心哉。"为了不让寡母担心,薛氏女忍痛不言。

二、未及与亲人诀别

与亲人诀别是唐代女性一项重要的临终关怀事项,女性逝者在临终之前很希望与亲人见上最后一面(详见本编第三章第一节相关内容),如果未能与想见面的亲人见面则会深感遗憾。以下试举三例说明。

第三章 6 号同州夏阳县令陆翰夫人元氏(770—804),生两男两女,贞元末,35 岁终于夏阳私第。辞世之日,陆翰“职于使,又不克董丧”“縻职他县,至则无及矣”。元氏兄弟四人或游远,或守官,或归养,皆不克会葬。将诀之际,子号女泣,问其遗训,则曰:“吾幼也辞家,报亲日短,今则已矣,不见吾亲。亲乎,亲乎!”她以未见及父母兄弟诀别而伤感。

第一章 12 号荆南监军使、行内常侍吴德墉之妻赵氏(807—863),咸通四年(863),57 岁终于京第。临终召左右曰:“夫万品修短,各有其分,吾于生死,苟无惑焉。□我所天,掌国命,监抚藩维,恨不得面诀存没,永谢幽明。”因未得面诀夫君,长吁数声,复以遗言诫令叮嘱诸子。赵氏身殁之前领悟了生死要义,已不再困惑,另一方面又以不能面辞在外监军的丈夫为遗憾。

第二章 57 号鄂州中丞郑鸾第二女郑张八(861—877),因病17 岁终于乾符四年(877)。其长姊适高氏,“别离数年,未克会面。每至望恋,言与泪俱”。及其抱病,又遭季兄之祸,“积其悲惋,成于膏肓”。其舅乡贡进士绥曾闻其疾病中之语,遗意昭然彰显了其孝爱之心。

三、其 他 遗 憾

有的女性遗憾于不能与丈夫偕老。第一章 51 号右补阙高盖之妻刘宝（713—755），天宝十四载（755），43 岁病逝于长安宣平里。危亟之际，在给丈夫高盖的遗言中，表达出其临终的遗憾心态，"获观先人，诚惬所仰。但阻偕老，顾深吞恨"。

有的女性以父祖未及祔葬为遗憾。第三章 54 号河南府河南县丞进士李涣之妻河东裴琡（814—849），大中三年（849）秋，李涣将述职河南县丞时，裴氏 36 岁，以疾殁于扬州。临终希望薄葬，"唯曰二代未祔，越在他乡，此志不申，殁以为恨"。其父成都府新繁主簿裴敬、祖祔江陵县尉裴翊未能祔葬，成为其遗恨。

个别女性因长期忧愁不寿而早卒。荥阳郑琼（809—841），字德润，盐铁司、殿中御史郑博古之女，出嫁兖海沂密等州观察推官、文林郎、试大理评事杨牢（801—858）。其夫出身关中高门之家，《新唐书》卷 188 有传，年少以孝著名。28 岁擢进士第，当年娶同为高门的郑琼为妻。[1] 然杨牢因"性狷急"，"累居幕府，主人同列多不容。"而郑琼虽"有志行"[2]，夫妻感情并不融洽，这从杨牢在外有别宅妇并生有一子可以看出[3]。故她性本悲怯，每自疑不寿，自云："吾年七岁，时在京城中有以《周易》过门者，先夫人为吾筮之，遇乾之剥，以□之寿不能过三十。"由是恳苦求助于佛道，衣黄食蔬

---

① 李志生《妇女的自我感受：郑琼与杨牢的婚姻情感生活》，《山东女子学院学报》2017 年第 5 期，第 53—54 页。
② 《唐语林校证》卷 3《夙慧》，第 317 页。
③ 李志生《妇女的自我感受：郑琼与杨牢的婚姻情感生活》，载《山东女子学院学报》2017 年第 5 期，第 56 页。

斋戒,讽诵《道德经》,抄写佛经,晦朔放生,以图庇佑。同时十分在意平日吉凶征兆,恶闻哭声,喜吉语。开成五年(840)春,郑琼得疾,服药未效,自以焦氏《易林》筮之。遇□字辞乾坤,既恐惑,因多噩梦。踰年殁于东都。郑琼出身官宦之家,善守妇道,但性格悲怯,因幼年卜卦而深忧自己不能以寿终,变得疑神疑鬼,事事小心,最终因过分忧虑 33 岁便过世。[①]

　　以上诸例,从侧面反映出虽然唐代女性中颇有一些巾帼英雄,但很多仍是扮演着传统的相夫教子、赡养老人等角色。

第三节　痛 苦 而 死

　　古代社会,女性不事生产,她们的身份、地位具有依附性,在家从父,出嫁从夫、夫死从子,丈夫的离世会对她们造成重大打击。从唐代女性遗言的临终心态来看,在离世之前痛苦而死者以多年寡居女性和丈夫先于女性离世者为主,她们因各种原因痛苦而死。

一、追随丈夫求死

　　第三章 19 号汝南郡真阳县尉裴处珽(？—750)之妻赵氏(？—750),其丈夫天宝后期病逝于真阳县廨宇。自丈夫卧疾,赵氏"恒求代死之师。倐忽云亡,旋作辍弦之讖"。13 日之后,其预言成真,亦卒于真阳。唐代战争期间与唐末战争期间的此类女性,

---

①　兖海沂密等州观察推官文林郎试大理评事杨牟撰《荥阳郑夫人琼墓志铭》,《全唐文补遗》第 1 辑,第 323—324 页。

与隋末乱世战乱遗言具有相同内容,由此可见战争与乱世带给女性的痛苦是十分巨大的,她们往往难以承受。

一些唐代女性在遭遇非常之变时,特别是丈夫被害的情况下,自己也选择追随亡夫而去,表现出誓不生还的决心。第三章67号端州司马杨收夫人韦东真(? —870)因丈夫前中书侍郎、同平章事杨收冤死而悲愤不已,"动思冥佑,誓不生还"。一日即其子而命曰:"承家事死之道,尔宜保其旧;积善流庆之报,庶可濯吾冤。有生必谢,吾奚独存于是?"遂"击心而嗥,一往不返"。

二、寡妇以未亡人自居

有的女性则在丈夫卒后,为了照顾孩子或孝顺舅姑,以未亡人心态生活,心如死灰,生活缺少希望,最终哀痛而死。这类女性一般夫妻感情较好。唐前期之例如:第三章11号太府卿裴友植继室、平原郡夫人渤海封氏(670—726),开元十四年(726),57岁病逝于河南陆浑县山舍。其丈夫先逝,并已与前妻郑氏合葬,封氏以未亡人自称,且遗言不与丈夫合葬:"吾性略近俗,事存远风。后起孤坟,无循合葬。"又如德阳郡什邡县令京兆韦长卿(685—741)之妻河东薛氏(698—744),在丈夫卒后,"孀嫠至艰,缟练行变"。天宝三载(744)"自蜀还秦",护送丈夫灵柩返回长安。此后"久客思乡,以从怀土之恋"的薛氏,以"未亡为称,但深同穴之悲"。当年染疾,47岁终于西京昭国里私第。当年七月,夫妻合祔于长安城南毕原。①

---

① 詹事府司直薛奇童撰《唐故德阳郡什邡县令韦府君(长卿)墓志铭并序》,《长安新出墓志》,第171—172页。

　　唐后期此类例子更多。第二章 53 号秘书郎、兼摄虢州朱阳县令席府君续弦杨云(716—774)，安史之乱时期，"河洛再陷，关辅大恐。交兵建燧，群盗蜂起"，其丈夫席府君"忧愤即世"，其前妻韦氏所生四子亦"歼逝"。杨云遵守丈夫遗言，将其归葬于龙门山北趾，并为因战乱而未及立茔碑的舅公建碑。之后，她才"殁无恨""于龙门茔域，溉柏扫墓，启手待终而已矣"。直至大历九年(774)，59 岁终于河南县敦行里私第。此例中，杨云在丈夫死后，已经心灰意冷，只是为了处理丈夫和舅姑的丧事，才勉力生活，之后便"启手待终"了。尚书屯田员外郎于申夫人京兆韦懿仁(755—807)，系大理少卿韦光弼长女、太子仆韦昭训孙女、户部侍郎李峄外孙女。大历三年(768)，初及笄，归于京兆尹、御史大夫于颀元子进士于申(754—793)，[①]两年后成礼。婚后 23 年，贞元九年(793)八月，于申即世，"夫人哀深昼哭，言称未亡，誓固柏舟，事光彤管。摈落荣辱，栖息空门，耽味玄言，深入禅悦，孀媭斋洁，一十五年"。韦氏以未亡人自称，寡居 15 年，以信佛为精神寄托。元和二年(807)五月，终于京师宣平里第。三个多月之后，长女之婿冯翊令清河崔泽，护其丧，祔于兴平县于申旧茔。其铭文载："屯田旧茔，松槚森列，夫人归祔，双凤同穴。"[②]第三章 3 号太学博士班繇之妻李氏(？—831)，生数子，但"唯长子及甫孝侍于侧"，其余均夭折。丈夫死后，李氏"旦暮不食，而及甫号擗过礼"。曰："吾所未亡者以尔，吾闻西方教日一食，吾从之，以抑其心。"大和五年(831)春末终于

①　于申生卒年，据其从叔朝散大夫前行尚书祠部员外郎于公异撰《唐故朝议郎行尚书屯田员外郎上柱国梁县开国子赐绯鱼袋河南于公(申)墓志铭并序》，周绍良主编《全唐文新编》卷 513，长春：吉林文史出版社，2000 年，第 6010 页。

②　承务郎守京兆府兵曹参军刘公舆撰《唐故尚书屯田员外郎于府君(申)夫人京兆韦氏(懿仁)墓志铭并序》，《唐代墓志汇编》，元和 018，第 1962 页。

京兆渭南之别业。

在唐代,有部分女性出于未亡人的心态而不欲就医服药。第一章 2 号唐太宗充容徐惠(627—650),太宗崩逝后,"追思顾遇之恩,哀慕愈甚,发疾不自医"。病甚,谓所亲曰:"吾荷顾实深,志在早殁,魂其有灵,得侍园寝,吾之志也。"并为七言诗及连珠以见其志。太宗崩逝后一年,徐惠 24 岁便病逝。第一章 6 号顺宗李诵(761—806)王良娣、谥庄宪皇后(763—816),生前"深抑外家,无豪丝假贷,训厉内职,有古后妃风"。元和十一年(816),54 岁崩于长安南内咸宁殿,祔葬于顺宗丰陵。遗令曰:"皇太后敬问具位。万物之理,必归于有极,未亡人婴霜露疾,日以衰顿,幸终天年,得奉陵寝,志愿获矣,其何所哀。"第一章 50 号国子监丞、兴州刺史郭谬之妻韦珏(813—877),乾符三年(876)冬,其丈夫病逝,韦氏为丈夫服丧礼毕后得疾,以未亡人自称,拒绝"骨肉家隶"的"趋召医药"。其曰:"妇之失俪,谓未亡人,待亡者也。"故"巫医不征,药饵不前",乾符四年二月,65 岁卒。其骨肉最后似遵从母命,并未求医服药。还有一位女性则因已完成今生任务而拒绝医药。第三章 52 号陈后主叔宝之玄孙颍川郡夫人陈照(697—744),初为东海徐文公之妻,生子徐崐,后依其伯父衢州长史陈希寂、叔父衡州刺史陈希固之命,改嫁扬州江阳县令卢全寿。陈氏博学多识,儒释道兼通,且造诣极高。其子徐崐参军荥阳军事,又亲迎南安庞氏成亲,陈照曰:"吾恐不及此,及此非天乎。睹其从宦与成其室,吾事毕矣,焉用生焉!"故"构疾不医,奄至薨背"。天宝三载(744)正月,48 岁薨于江阳县之官舍。陈照未满知命即拒绝医疗,撒手人寰,表明她已经对人生没有了其他的希望,故不愿再活。

以上,徐惠、韦珏都是在丈夫死后,以未亡人的心态欲追随丈夫于地下,一般是夫妻感情较好,故做此选择。庄宪王皇后以得奉顺宗陵寝为己愿,她是在顺宗卒后 10 年,54 岁病逝的。沈伯弘在其《唐代医疗设施及其效益评估》一文中以徐惠和李勣、吴凑两位官员之例,指出前者是出于不想独活于世的心愿,后者是出于对此生的满意,已经看透生死的心态。作者提出唐人得疾不延医的思想,认为其相当特别,但又言"也不能排除这种思想在唐人间的普遍性"。其看法具有一定矛盾,并进而上升到另一个层面,提出这种思想是唐代医学普及的最大阻力。[①] 就笔者目前所见,唐人得疾不延医,除了沈氏文中所谈到的这两种心态,还有前述唐人预知自己寿数将尽,医药已经无力回天,故不再服药,不欲浪费金钱和医药资源,这是其达观知命的一种表现,例证见本章第一节。真正符合沈氏所言得疾不延医,不助于医学普及的就是出于未亡人心态而拒绝就医,还有看透人生,将人生视作一种已经完成的任务,但这种情况,就笔者所掌握的唐人遗言 700 余例来看,这只占极小的比例,故绝非普遍,这种思想并不可能成为唐代医学普及的最大阻力。

三、因其他原因痛苦而死

有的女性临终前表达了自己饱受病痛折磨之苦。第一章 27 号京师兴圣寺主尼法澄(630—729),同州冯翊县令孙同第二女。开元十七年(729)冬,因风疾卧病二旬,饮食绝口月余之后,除饮水之外,坐绳床七日不动方卒,90 岁。

---

① 沈伯弘《唐代医疗设施及其效益评估》,载《唐宋变革说及其宰制论述的猖獗》,第 78—79 页。

　　有的女性在临终前感叹人生之孤苦。第二章 42 号殿中少监
王汶之妻、乐安郡太君蒋氏（754—826），系吏部侍郎、大理卿蒋钦
绪孙女、巩县主簿蒋清之女，其子王衮官至吏部郎中兼侍御史知杂
事。安史之乱期间，其父巩县主簿蒋清与御史中丞卢奕同殉国，时
蒋氏仅出生一月，因母亲范阳卢氏携之藏于井中而幸免于难。宝
历二年（826），蒋氏 73 岁，病逝于东都宅第。因其幼孤，早年随母
在军旅中颠沛流离，深感人生之孤苦。故其"诵妙法莲华经，广自
在惠因，法海实相义"。晚年"亦探黄老之术，受正一箓，道号道
微"。王衮馈药之辰，尝有命曰："昔我孤苦，每怀忘生。复思□情，
谁与追远。尔念此诚，有时而行。是以偷视晦明，忍死未敢。"

　　被政敌冤杀者则不仅抱憾而终而已，还在临终前诅咒仇敌。
第一章 4 号唐高宗萧淑妃（？—655），在被皇后武曌害死之前表
达了对武曌的仇恨。武后得知高宗对王皇后、萧良娣仍有感情
后，诏杖二人百，剔其手足，投酿瓮中，数日死。初，诏旨到，萧良
娣骂曰："武氏狐媚，翻覆至此！我后为猫，使武氏为鼠，吾当扼
其喉以报。"武后后诏六宫毋畜猫，这也是她搬至洛阳办公的原
因之一。

第四节　勇 于 赴 死

　　人生有限，畏死为常态，但一部分女性会在一些特殊时刻主动
选择结束自己的生命。有的女性因不肯受辱于贼人而勇于赴死。
第三章 66 号安乐公主府仓曹流人符凤之妻玉英（约卒于唐睿宗时
期），极姝美。符凤知安乐公主驸马武延秀有不臣之心，谓之大周

可再兴,每劝武延秀著皂袄以应之。其后,武延秀夫妻死于唐隆政变,公主被追贬为悖逆庶人。符凤流放岭南,在广州为獠所杀。时玉英亦同徙,獠贼"胁玉英私之",她谎称:"一妇人不足事众男子,请推一长者。"更衣盛服,立于舟,骂曰:"受贼辱,不如死!"之后跳海而亡。第一章57号户部尚书封敖孙女、校书郎殷保晦之妻封绚(卒于881—882年间),唐末黄巢入长安时,有贼悦其姿色,逼娶之。封绚骂曰:"我,公卿子,守正而死,犹生也,终不辱逆贼手!"遂遇害。玉英和封绚在出于绝对弱势的情况下,不肯忍辱偷生,被迫结束自己的生命。

某些在政变中的官员家眷,选择宁死不屈。大和九年(835年),宰相李训、凤翔陇右节度使郑注因甘露之变失败被杀。礼部郎中钱可复曾为郑注僚属,将死,其女仅14岁,为父祈免,曰:"杀我父,何面目以生!"抱可复求死,亦被斩。[①]

有的女性具有一定的政治身份,因不忍受辱,在自己政权灭亡之际选择自杀,主动结束自己的生命。第一章34号唐宣宗第四女广德公主(?—881),在中和元年(881),在丈夫尚书右仆射于琮为黄巢所害后,并贼号咷而谓曰:"予即天子女,不宜复存,可与相公俱死。"[②]誓与国家共存亡、与夫君共死生。同日,自缢于室中。另外,第三章68王世充兄女王氏(?—620),在王世充将败时,其丈夫郑政权荥州刺史杨庆欲携其同归长安,王氏谓之曰:"国家以妾奉箕帚于公者,欲以申厚意,结公心耳。今叔父穷迫,家国阽危,而公不顾婚姻,孤负付属,为全身之计,非妾所能责公也。妾若至长安,则公家一婢耳,何用妾为!愿得送还东都,君之惠也。"鉴于自

① 《新唐书》卷179《郑注传》,第5316页。
② 《旧唐书》卷200下《黄巢传》,第5394页。

己的特殊身份,不欲归唐,表示愿回洛阳,杨庆不许。王氏"遂沐浴靓妆,仰药而死"。

以上分淡定接受、遗憾担忧、痛苦而死、勇于赴死四种类型,对唐代女性的临终心态进行说明。从这些女性在生死之际的不同心态,可见她们不同的死亡观。在临近生命的终点之际,相当多的女性已经能够坦然地面对死亡;个别女性义不受辱,选择提前结束自己的生命;部分女性今生留有没能达成的遗憾;部分女性则痛苦而死。在已婚女性以丈夫为天的中国古代,女性在寡居后,很多人选择信佛作为寄托,还有的女性以未亡人自称,内心十分痛苦,难以自解。

第三章 中古社会背景下的
唐代女性遗言特征

　　守池州刺史颜标之妻阳平路氏（834—869），嗜佛，号曰自在心，咸通十年（869），36 岁终于洛阳。其"临终不付托后事，明达不乱"，颜标认为其妻"无妇人女子之气，真可以为吾妻也"。① 对其临终仍然明达不乱表示赞赏，认为其并无女子临终详细嘱托后事的典型表现，深感自豪。可知，唐人心目中女性遗言具有其自身特点，一般会在临终前详细嘱托后事。本章结合具体的中古社会背景，探讨唐代女性遗言的特征。首先概括唐代女性遗言的内容，然后就不与丈夫合葬、薄葬两项重点遗言内容进行具体研究。

第一节 遗言所见唐代女性的
临终关怀

　　本部分对不同阶层、不同身份的唐代女性在临终前的关心事

---

① 朝议郎使持节池州诸军事守池州刺史上柱国赐绯鱼袋颜标撰《唐琅玡颜夫人阳平路氏墓志铭并序》，《洛阳新获七朝墓志》，第 372 页。

项及所思所想①进行考察，说明她们离世之前对哪些方面比较
重视。

一、遗言中的情感眷念

唐代女性遗言中的情感眷念方面的内容，主要体现在她们对
家人的惦念、与亲人诀别、报恩亲人等方面。

（一）惦念家人

若男性先卒，多虑及妻儿及家族之将来，这显然与男性的社会
与家庭角色相关。女性若先卒，常不放心自己的家人。

1. 惦念晚辈

因唐代女性年长逝世者多于年轻女性，故遗言中多表现出对
晚辈的惦念，临终前最放心不下的常常是自己的子女、孙子女，希
望晚辈平安顺遂。女性在临终前对子女、孙子女等晚辈的牵挂主
要在四个方面：子女的婚姻问题、子女间的团结和睦相处问题、子
女的成长和教育问题、子孙的德行问题。

（1）担心子女的婚姻问题

这是女性临终时特别关注的一个问题，特别是对于年幼的儿

---

① 涂宗呈《神魂、尸骸与冢墓——唐代两京的死亡场景与丧葬文化》（台湾大学
博士论文，2012 年）第二章第二节"临终场景：从生到死的转变"中有约 8 页
篇幅对唐人遗言与遗书的多种方面都有所涉及和讨论，也包括逝者运用何
种方式让家属奉行其遗言。只是因这部分内容并非论文重点，所以分析和
论述相对简单。作者认为遗言一般都是交代身后丧葬的事宜（第 56 页），据
笔者考察，实际上这仅是唐人遗言中的一个重要组成部分，遗言还包括其他
许多事项。

女很是挂念。第三章 72 号膳部员外郎崔藏之夫人、文水县君王氏（713—780），临终"以〔其独子崔〕侠必婚为念"。王氏卒后 16 年，崔侠已任河南府偃师县令，且聘范阳卢氏女为妻，才奉母枢归葬洛阳万安山，并申妇礼，以展孝思。第三章 41 号沧齐协律田宿之妻李鹄（834—859），生一子，始二岁；另有别女三人，男二人。大中十三年（859）病逝，年仅 26 岁。寝疾弥留，谓其夫曰："子必不得以往者滞念。孤坟宿草之后，则可以访婚淑德，勿使儿女辈久无所恃。"

对于即将婚配或已婚子女，女性也比较关心。第一章 32 号义武军节度使、检校司空、同中书门下平章事张孝忠（？—791）夫人邓国夫人谷氏（748—796），临亡时，藉用民间借吉婚嫁的做法，遗表请求让张茂宗与义章公主成婚，以终嘉礼。谷氏遗言及此，是因贞元三年（787），德宗以其次子张茂宗尚己女义章公主，拜为驸马都尉，只是以公主幼待年。此事涉及藩镇与皇室的联姻，故其子的婚姻问题并非简单的家庭私事，谷氏对此十分挂怀。次年，德宗念张孝忠长子河中节度使张茂昭之勋，起复尚在服丧期中的张茂宗为授左卫将军同正、驸马都尉，诏尚义章公主。

第二章 16 号东都留守李士素之妾曲丽卿（801—859），59 岁殁于东都私第，其季女李云卿嫁给洛阳令魏镳为妾。曲氏在病中嘱托家人勿将自己重病的消息告知李云卿，临终口授遗书，重申其意，"困亟之际，尚口占其书。训女深切，俾老于魏"。训诫女儿与丈夫魏镳携老。鉴于曲氏自己的婚姻经历，在即将走向生命终点之时，她的唯一愿望就是希望女儿守护住自己的幸福生活。

（2）关注子女团结与家庭和睦问题

一些唐代女性临终时对子女间的团结与家庭和睦问题十分关心。第二章 37 号纳言韦思谦继室王婉（626—696），出嫁时韦思谦嫡妻崔氏之子韦承庆已 10 岁,她婚后又生二子。万岁通天元年(696),王氏 71 岁终于神都,时继子韦承庆官至凤阁舍人,已生子韦嗣立任河南府来庭县令、韦淑任左羽林卫兵曹参军。王婉平时教诸子以和睦相处,临将属纩时,再次申明希望同父异母的三兄弟能在其身故之后友好相处、互助互爱,谓三子曰:"汝等宜善为兄弟,深相友爱,吾今困惫,余何所言。"第一章 45 号大理卿崔公夫人、荥阳县君郑氏(667—703),37 岁卒于京第。大渐之际,顾命长子司农丞崔璘、次子华州参军崔琏等曰:"汝免过失,吾殁无恨。两房兄弟,足可协睦,若生异端,□违吾意。"希望诸子勿犯过错,和睦相处。

(3)关注子女的成长和教育问题

不少女性去世时十分关注子女的健康成长和教育问题,特别是年轻而逝的女性。第三章 45 号大燕游击将军赵公嫡妻李琼(698—726),开元十四年(726),29 岁卒,有一子。临终遗言于左右曰:"此虽孩提,特甚聪颖,当须教以师氏,饰以人文,亿其有成,必兴吾族。"第三章 5 号华州潼关防御判官、殿中侍御史内供奉杨汉公之妻郑本柔(792—823),32 岁终。大渐之时,"以三孩尚幼,两弟无家。痛极□□,因有诚托"。第二章 29 号前宣武军节度参谋郑当之妻王缓(807—833),27 岁卒。绵历抱疾时,一子翁儿年始五岁,临终前一日,抚之谓丈夫曰:"愿以此故,无远吾门。"希望丈夫仍然维持与其娘家的关系。

(4)关注子孙的德行问题

一些女性临终时更为关注后代的德行修养问题。第一章 35 号黔州都督陈密公之妻达奚淑(590—651),"迁神之际,方复绪言。顾召诸子,勖以成德"。谆谆告诫诸子注重品德。第二章 51 号唐太宗贵妃、纪国太妃韦珪(597—665),大渐之际,"遗训子孙,勖以忠节"。第二章 71 号太仆卿、特进鄂国公张暐夫人许日光(671—735),有子将作少匠张履冰、殿中丞张季良、典设郎张履直,"临终遗约,不忘仁义"。希望他们注重品德修养。第三章 67 号中书侍郎同平章事杨收之妻韦东真(？—870),生有三子杨鉴、杨巨、杨镐。因丈夫朋党纳贿事发被贬为端州司马,韦氏逝于端州。临终命其子曰:"承家事死之道,尔宜保其旧;积善流庆之报,庶可濯吾冤。"第一章 45 号大理卿崔公夫人、荥阳县君郑氏(667—703),大渐之际,训诸女"必崇内则,尽礼夫家,以弘妇道。"嘱咐女儿恪守妇道。

2. 惦念父母、丈夫及兄弟姊妹

一些早卒的唐代女性,希望丈夫担负起照顾自己父母及兄弟姐妹的责任。第二章 7 号试左内率府胄曹参军裴简之妻崔氏(789—814),婚后一年半过世,留下尚在襁褓中的幼子。临终前,她与丈夫及父母诀别:"以不克为妇为子为恨,谓所从以不疏己宗为托。"第一章 29 号守秘书省校书郎卢大琰夫人李氏(797—824),生一子二女。婚后 17 年,长庆四年(824),28 岁终。危亟之际,殷勤相诧丈夫曰:"他时奉我慈父,无失我敬养,愿于兄弟亦无亏友于。"嘱托丈夫孝养其父,友爱其兄弟。第二章 74 号监察御史元稹嫡妻韦丛(783—809),因她尚未满月,便失生母裴氏,故由继母武威段氏抚养成人。27 岁逝世时,遗言丈夫:"离则思,思则梦,梦则悲,疾则泣,恋恋然予不知其异所亲矣。"因感念继母养育之恩,嘱托夫君照顾好继母,诀予之际,"切以始终于敬为托焉"。

还有的女性临终前担心丈夫的身体状况。第三章 61 号户部侍郎、诸道盐铁转运等使、卫尉卿张滂继妻郭仪（？—798），因丈夫张滂被贬为汀州长史（正六品下），贞元十四年（798），她40余岁卒于汀州开元寺别院。临终张滂不在身边，而其子张叔虞年未及冠，其顾身边女奴道："夫□则直，朝刻不容，远谪炎荒，我来随从。……但忧其夫近来多病，男又童稚，未及与婚。"除了担其未成年之子的婚姻，言语中对丈夫的身体心存忧虑。

（二）与亲朋诀别

在男主外、女主内的中国古代社会，女性基本上过着相夫教子、照顾老人的居家生活，也更重视感情。唐代女性临终诀别的对象一般是丈夫、子女、孙子女、父母、兄弟姐妹等亲人，出家者还与弟子、通修道者诀别，对亲朋进行嘱托，表达其心情。前文已经提及，如果在人生最后重要时刻，没能跟一些亲朋见上最后一面，很多女性内心会深感遗憾。以下试就已搜得女性遗言，说明唐代女性临终前与亲朋的诀别情形。

尚未婚配而因病早逝的年轻女性，临终前多与父母告别。第三章56号湖州刺史张士阶之女张婉（639—658），20岁病逝。抱疾弥留，忍恨诀别。当时其父母对之悲泣，她劝慰道："死生之理，彭殇一致。何不思某气绝之后，与未有某时何异，奈何以此割弃而悲泣如是乎？"劝告父母不要因自己的离世而过度伤心。第一章48号司农寺少卿柳泽之女柳婉（720—732），年仅13岁，病逝于京师官舍。临终"因言至理，强慰"父母曰："生死者，盖人之常分。赋命已定，有何忧焉。"并进膳于父母，以进其最后的孝心。她们的遗言被镌刻在冰冷的墓碑上，我们仍可从中感受到两位女子的拳拳孝心。

　　已生育子女的已婚女性，则会与子女诀别。第三章 41 号沧齐协律田宿之妻李鹄（834—859），26 岁卒，所生子玉同，始二岁；别女三人，男二人。将革之际，列命诸子，无言而谛视之，不忍离去。对子女的牵挂难舍跃然纸上。第二章 25 号河南县尉李瑄别室张留客（842—871），因多年独自操劳家庭生计，照顾四子及公婆，咸通十二年（871）底，30 岁殁于洛阳。病笃弥留之际，张氏"命酒，召骨肉环酌引满，怡怡然神思无挠"。此生努力生活的张氏，和诸骨肉把酒话别后，没有留下遗憾而辞世。

　　一些女性在临终前有机会与丈夫诀别。第一章 7 号武宗李炎王才人（？—846），约 30 岁追随丈夫，自经而死。因长年饵药，武宗 33 岁病逝，临终与才人诀别时。王才人先安慰武宗："陛下大福未已，安语不祥？"然后从容表示："陛下万岁后，妾得以殉。"愿意在死后追随武宗。武宗与王才人的辞别，成了二人临终前的互相辞别。第一章 26 号进士孟启之妻李琡（837—871），35 岁以疾殁于京第。在其病重前不久，"舐笔和墨"，写下了对自己身后安葬事宜的安排，遗书之末，是对其夫的"眷余之情，诚诀于后"。以书面形式与丈夫诀别。

　　唐代女性还有在临终前与兄弟姐妹诀别者。第三章 40 号李勣孙女李功德山（654—716），先后两嫁，后夫亦先于其亡故后，其季弟沧州刺史友于伯姊，希望李氏能去沧州。"夫人知年命之将□尽，而笃爱天伦，扶病言归，不舍昼夜。以开元四年（716）闰十二月三日至于沧州，鸡黍相欢，展叙情理，吉凶庆吊，悲喜交集。"姐弟团聚仅 16 天后，李氏卒于沧州。第一章 33 号河南府缑氏县尉薛弘庆第五女薛氏（799—822），24 岁病逝。"疾亟，以礼辞亲谢兄姊而殁"。附录 4 号试左骁卫胄曹参军事赵启夫人任氏（787—848），寡居近 30 年,62 岁终于私第。临终与同信佛教的"缁门姊"诀别,"执叙涕零,属以身后",并"历抚幼雏,为隔生别"。

临终诀别中的一项重要内容是对子弟儿孙的期望与挂念,年长女性对此十分重视。第一章 13 号淄青节度监军使、行内侍省内给事宋公之妻张威德山(756—811),临终前"重延亲族于家,命子弟于前,云欲寿终,与亲党男女诀别。"嘱咐子弟:"夫立身之本,以忠孝为先,但守前规,吾死无恨。"第一章 16 号太子右千牛卫率刘府君之妻李娘(609—693),属纩之时,"固言熏修之有福助,薄葬足以光亲,咸命子孙与之离诀"。

也有未曾婚配,父母亦不在身边者,有人选择跟自己的情人告别。第二章 8 号洛阳青楼女子沈子柔(? —870),因咸通晚期流行疹疫而卒。卧病之际,她感慨自己来日无多,扶衾接见情郎从事柱史源匡秀,吁嗟曰:"妾幸辱郎之顾厚矣,保郎之信坚矣。然也,妾自度所赋无几,甚疑旬朔与疹疫随波。虽问卜可禳,虑不能脱。"此后未及浃旬离世。沈子柔属于下层女性,在唐代处于较低地位。但妓女中颇有多才多艺者,文人多喜与之交游。长安名妓李娃,得嫁常州刺史荥阳公,[①]天宝末进士韩翃因代宗御批终得"章台柳"柳氏。[②] 沈子柔是唐晚期洛阳官妓,其人因疫病而殁,临终之前与其情人源匡秀诀别,其情人在为其撰写的墓志铭中不惜笔墨,对其临终情形进行了详述。

还有一些女性有机会在临终前与更多的亲人进行诀别。第二章 52 号太子詹事刘府君夫人、范阳郡君卢氏(660—724),临终前"悉召家内长幼已下与之辞诀"。第一章 28 号将作主簿韦虚舟之

---

① 蒋防撰《李娃传》,载《太平广记》卷 484《杂传记一》,第 3985 页。
② [唐]孟棨撰《本事诗·情感第一》,上海:古典文学出版社,1957 年,第 9 页。

妻李氏（703—729），临终之际与诸亲友诀别，"内外懿亲，平生法侣，喻存殁而同贯，申赠问以长辞"。第二章 7 号试太子左内率府冑曹参军裴简夫人崔氏（789—814），26 岁殁世，其子尚在襁褓之中。临终前与父母、丈夫及幼子诀别，"临殁辞所事所生，以不克为妇为子为恨，谓所从以不疏己宗为托"。这些女性得以与更多的亲朋告别，应该深感欣慰。

（三）报恩亲人

一些女性因死前未能对父亲尽孝而对此念念不忘。工部尚书段纶之妻、唐高祖之女高密公主，永徽六年（655）薨，遗命："吾葬必令墓东向，以望献陵，冀不忘孝也。"①还有夭折的年轻女子，在临终前对养育自己的祖母念念不忘。第一章 8 号左威卫仓曹恂如长女韦美美（716—732），三岁丧亲，其祖母崔氏将其鞠育长大。17 岁卒，大渐之际，"所寄之心，不逾孝道：儿殁之后，望就先茔，祖母恩慈，尚未能报。再三回顾，更欲申情，情未尽申，气即将奄"。遗言葬于祖母墓旁，希望能尽孝于地下，以报养育之恩。

与报恩亲人相对，还有的女性会在临终前诅咒仇敌。第一章 4 号唐高宗萧淑妃（？—655），永徽六年（655）为刚坐上皇后位置的武曌对被废的王皇后和萧淑妃施以杖刑后投入酿瓮害死。初，诏旨到，萧氏骂曰："武氏狐媚，翻覆至此！我后为猫，使武氏为鼠，吾当扼其喉以报。"这一诅咒，使心亏的武后诏六宫毋畜猫。

---

① 《新唐书》卷 83《诸帝公主传》，第 3643 页。

二、遗言中的经济安排

（一）财产分配

财产分配是死者临终前所关心的一项重点内容。有男性在生前留下遗令预分财产，如太原元谋功臣刘弘基（582—650）、[1]开元宰相姚崇（650—721）。[2] 就女性而言，她们能自由处置的财产多为衣服首饰之类的个人物品。一些女性临终前将其财物送给亲人或其他需要之人。第二章 38 号汝州长史崔暟之妻、安平县君王媛（648—721），精阴阳历算之术，"自刻讳年"。卒前月余初不豫之际，便"发箧中缣綵，遗亲亲告别"。附录 2 号兵部郎中张具瞻之妻卒于永泰中（765—766），因其长媳郑氏（723—779）随夫仕宦"在远"，她出一箱衣谓侍者曰："长新妇至与之，表吾平生知其纯孝也。"赠长媳以衣服。第二章 29 号试太常寺协律郎郑当之妻王缓（807—833）绵历抱疾之时，命女奴将自己的衣服首饰之具送人，以免浪费。第三章 51 号沙州尼灵惠（？—865）临终留下遗书，灵惠有弟弟、外甥、侄子，并无房产，只有家生婢子一名威娘，将其留给侄女潘娘。

还有一些女性选择将个人物品施赈。第二章 33 号左台殿中侍御史李巢之母韩氏（600—675），"临终之日，尤多素俭，凡旧衣服，皆令施赈。"其子敬遵遗命，务从节省。第一章 48 号司农少卿

---

① 《旧唐书》卷 58《刘弘基传》载刘弘基遗令给诸子奴婢各十五人、良田五顷，第 2311 页。

② 《旧唐书》卷 96《姚崇传》临终前"先分其田园，令诸子侄各守其分"，第 3026—3029 页。

柳泽之女柳婉(720—732),临终之前,"凡有衣资,皆令舍施"。第三章 4 号凤翔府麟游县令李钦说之妻赵氏(838—871),将临大渐,"舍服用于功德,愿济幽冥"。

(二) 丧葬花费

唐代处于中古盛世,流行厚葬,因其为流行做法,唐人极少在遗言中提及于此。遗言以礼厚葬的典型之例是第三章 32 号威郡人若干元之妻郭氏(？—762)。她 50 余岁卒于代宗初,是安史之乱的见证者,很可能因担心子女因政局动荡将丧事从简,故而在临终时向儿子提出以礼安葬的恳求,希望"生事以礼,死葬以礼"。不希望儿女将其草草安葬。其子依嘱,车马如云,安葬亡母。尽管唐人留下厚葬遗言数量较少,但唐人如果在平时或遗言中未提及薄葬自己,大都可以视之为遵循常规,进行厚葬,其子女也会将之视为孝亲而尽力厚葬。

要求薄葬的遗言因不符合常规做法,在唐代墓志中反而被特殊强调而记录下来。正如涂宗呈所指出的:唐人要求薄葬的遗言,常会被墓志记录下来,且往往会特别表明是死者自身的要求,读起来好像是家人尤其是子女的自我辩护,或许是要藉此避免被冠上不孝的罪名。他还指出遗言具有的约束力:唐代社会风气以厚葬为主流,要用薄葬的方式是要冒着一定风险,所以常会被墓志记录下来,由此可见死者遗言还是有一定影响力,可以约束家人的做法。[①] 唐人遗言中常见提及薄葬,女性遗言薄葬者有 43 人,提及具体要求者有 30 例。从这些薄葬遗言来看,唐人眼中主要的薄

---

① 　涂宗呈《神魂、尸骸与冢墓——唐代两京的死亡场景与丧葬文化》,第 58 页。

葬,主要体现在入殓衣服、棺椁等丧葬器具、陪葬的物品、祭祀用品等方面节约用度,以减少经济支出。

　　入殓衣服的俭省,主要体现于遗言敛以时服。第一章 17 号奉冕直长源氏侧室赵懿懿(646—666)、第三章 36 号魏州司马卢璬继室李晋(653—725)、第三章 25 号王晓之妻崔淑(693—726)、第一章 51 号右补阙高盖夫人刘宝(713—755)、第二章 6 号遂州刺史侍御史钱府君夫人万俟氏(723—791)、第三章 47 号荣管经略招讨处置使李荣初夫人王氏(732—794)在遗言中均提到敛以时服,即当季所穿的衣服。王维为鲁郡任城县尉河东裴回(705—743)撰写的墓志铭中提到"家贫,祭以枣脯,殓以时服"。可知下葬"殓以时服"者是家贫之人薄葬的一种表现。裴回虽出身冠族,祖父裴思义曾任户部、吏部侍郎,河东郡太守,但其本人"官才一命",只做了一任官,并未积累多少家产,天宝二年(743)39 岁便卒于西京新昌坊私第。同时其家庭负担很重,其妻已亡故,卒时"慈母在堂,诸弟未仕,儿未有识,女且婴孩"。[①] 王维言其家贫,诚不为虚。贫户亦能做到的敛以时服,在中高层官员之家眼中,自然属于薄葬范畴。另外,第三章 34 号纪王妃李慎妃陆氏(631—665),易簧之初,要求"送终之礼,才使具于楸衣;居丧之制,不许越于苫寝"。

　　俭省丧葬器具,也是薄葬的表现,包括棺椁的使用与否及其材质。第一章 26 号进士孟启之妻李琭(837—871),遗书薄葬:"凡衾襚之具,涂刍之列,靡不毕留其制度。俭约下逼,谦㦤难遄。"从衾襚到涂车、刍灵,均要俭约。第一章 1 号唐太宗长孙氏(601—636)临终与太宗诀别,要求"因山而葬,不须起坟,无用棺椁,所须器服,

---

①　王维撰《故任城县尉裴府君(回)墓志铭》,《全唐文》卷 327,第 3317 页。

皆以木瓦,俭薄送终"。第一章17号奉冕直长源府君之妾赵懿懿(646—666),"遗言敛以时服,不棺椁"。第二章41号中书令崔知温之妻杜德(644—718),遗令葬唯瓦木。第一章36号西京法云寺禅师尼辩惠(702—754),遗言棺薄窆。第三章17号润州长史程怀宪夫人崔氏(? —784)"遗令薄葬,死事挺壤,敛手足形,无用器备"。第二章6号钱府君夫人万俟氏(723—791)遗言:棺以凡材,不瘗珠玉。第一章13号行内侍省内给事宋公之妻张威德山(756—811),遗言子弟亲党"葬事凶具,不要全至华饰。"第一章54号长安崇敬寺临内外坛大德尼寂照(753—825),"遗命以素□(辇?)载丧,不事华饰"。第三章37号刘处士之妻梁氏(794—849)在遗言中提到素棺薄葬,即棺材之上不需要有花纹装饰,务从俭薄。

有的女性在遗言中要求陪葬物品和祭祀物品要简单。第一章21号太子左春坊典设局典设郎郑公之妻崔氏(689—755)疾亟,谓其夫曰:"多藏厚亡,圣师所诫。"第二章14号左武卫司戈宋某之妻慕容氏(715—739),大渐之前遗言:"敛以纯衣,奠以素馔,散分私情,踵合常规。"

一些女性在遗言中提出丧事薄葬的总体原则为"称家有无"。第三章47号荣管经略招讨处置使李荣初夫人王氏(732—794)遗言提到"丧事称家有无,靡至伤生,罔有殚财"。第二章75号泗州仓曹参军刘府君夫人张氏(792—857)遗命再三提及"俭薄营葬,勿遗妨生"。第一章42号杨知退夫人卢氏在遗言中提到"古人之制,所贵称家。送终之仪,不尚虚饰"。反对"以今日之事而务丰费以为"。三人都提出只要用家中所有之物处理其后事,根据家庭经济状况和条件量力而行即可。与遗言敛以时服的唐代女性阶层相比，提出"丧事称家有无"、不要以死妨生者，分布阶层并不广泛，三位女性均为中层文官或武官之妻。

（三）关心家业

第三章 76 号虔州赣县尉蒋楷之孙蒋氏（773—841），病卧半年多，知大期向终，顾谓其子曰："吾气力顿衰，殆将不起。夫礼节廉让，汝粗知也，吾终之后，汝主奉家业，当谨节温勤，无至哀毁，此即吾瞑目无忧。"蒋氏在临终十分重视日后家业的维系，这关系到后代的生活质量，故对儿子殷殷嘱托。

三、遗言中的丧葬安排

唐代女性遗言中的丧葬安排，主要包括葬式要求、与丈夫分葬或合葬，预备后事、指定埋葬或权厝地、出嫁女要求归葬祖茔、关心墓志撰写、总结生平事迹。其中，与丈夫分葬或合葬、出嫁女遗言归葬现象，本章第二节和第四节将分别予以探讨，故这里暂不讨论。

（一）葬式要求

在遗言中对安葬方式提出要求的唐代女性，除和政公主为道教信徒，其余均为佛教信徒。其中以遗言塔葬最多，包括和政公主，其次是火葬，再次是龛葬，还有土葬和天葬。

遗言塔葬的女性最多，有 10 例。其中卒于长安者 6 例，包括唐前期 4 例、唐后期 2 例，她们是第一章 30 号地官刘府君之妻罗四无量（623—688）、59 号京师宣化寺尼坚行（649—724）、10 号行内侍雷府君之妻宋功德山居长（689—745）、51 号右补阙高盖之妻刘宝（713—755）、67 号右领军卫仓曹参军杜钑夫人郑氏（卒于 769 年或稍前）、9 号驸马都尉柳潭之妻和政公主（729—764）。卒于洛阳者 3 例，均发生于唐后期，两人卒于天宝后期，一人卒于大历晚期，她们是第二章 17 号清江郡太守夫人吴嘉（675—751）、23 号朝请郎韩氏之妻刘会如（693—752）、48 号亳州真源县令李君夫人云氏（714—777）。卒于新秦郡 1 例，即第三章 9 号右卫中郎李府君夫人郭氏（679—752）。这些遗言很多同时提及不与丈夫合葬。

遗言火葬三人，两人卒于洛阳，一人卒于信州。她们是第二章 13 号南阳何凑之妻边氏（744—812）、第二章 65 号常州武进县尉王府君夫人苏氏（766—844）、第三章 62 号信州怀玉山应天禅院尼善悟（837—879）。

遗言龛葬二人，分别来自洛阳和长安。第二章 44 号荣州长史薛府君夫人柳氏（643—718），"遗命凿龛龙门而葬"。第一章 56 号苏州吴县令朱祥之妻蔺氏（671—748），遗言命其子将自己于樊川凿壁龛而葬。

遗言天葬三人，均来自长安。第一章 43 号长安济度寺尼法愿（601—663），遗言诸亲属曰："诚宜捐躯挚鸟，委形噬兽。"第一章 30 号地官官员刘府君之妻罗四无量（623—688），寡居信佛，持具戒，属纩之际遗命："灭度之后，令殉肌肤。"

遗言土葬二人，来自长安。第一章 36 号西京法云寺辩惠禅师（702—754），"禀前命也，穿土为空，去棺薄窆"。而第一章 56 号长安龙花寺尼契义（753—818）"遗命不坟不塔，积土为坛"。

（二）指定埋葬之地

在唐代，一些女尼和优婆夷选择与师僧、父母或祖母葬于一地。第二章 30 号洛阳大安国寺惠隐禅师（659—734），临涅槃时云："吾缘师僧父母，并在龙门。可安吾于彼处，与尊者同一山也。"第一章 47 号京师资敬寺尼释然（732—766），遗志葬于毕原，近祖母魏国夫人之茔。第二章 72 号魏州司马卢广庆季女卢未曾有（717—738），22 岁病终，遗嘱"令卜宅之所，要近吾师，旷然远望，以慰平昔"。第二章 27 号曹某之妻何无住行（699—772）遗言其女："吾死之后，可以吾枢于城南信行禅师林。所愿不离善知识。"

一些女性则在临终前对葬地进行了明确说明，洛阳是最常见的指定葬地。第二章 58 号守洺州刺史高力牧夫人魏氏（663—729）、1 号行洪府法曹参军郑某之妻万俟氏（696—744）、20 号苏州吴县尉余凭之妻洪氏（782—841），均遗言就地葬于洛阳，不必归葬；第二章 19 号巂州都督姚懿第三任夫人刘氏（？—707）则遗言殁后"可于龙门山外用为窀穸，冀近家园"。卒于洛阳之外的女性，第一章 21 号太子左春坊典设局典设郎郑公夫人崔氏（689—755）遗言"家大周也，愿返葬焉"。第三章 23 号泉州刺史薛士通夫人张氏（622—695）遗令卜厝于邙山之南原，12 号润州刺史王美畅夫人长孙氏（648—701）遗令葬于洛州合宫县界龙门山寺侧，22 号行国子监主簿柳庭诰夫人薛氏（685—742）遗命与丈夫合葬于河南县龙门乡北原，31 号慈州太守谢观夫人李纮（818—864）遗言葬于洛阳邙山。

另一常见指定葬地是京师长安。第一章 19 号卫州刺史李君夫人杨十戒（587—644）遗制厝于京兆府万年县同人原之空，20 号试将作少监兼恭州刺史董嘉猷夫人郭氏（755—804）归葬于长安县义阳乡宋满村之南原，36 号西京法云寺尼辩惠（702—754）、56 号长安龙花寺尼契义（753—818）遗言葬于长安城南毕原，卒于两京之外地区女性亦有遗言葬于长安者,第三章9号果州相如县尉李公夫人郭氏(679—752)遗令近京安厝,77号乡贡进士孙绿之妾王氏(826—853)遗言归窆长安父冢之侧,27号同州白水县令夏侯府君如夫人邓氏(?—868),遗言其子卒后"葬我于长安城足矣"。对于唐人的归葬地点集中于两京的现象,裴恒涛认为这与儒家文化的影响有关,是唐王朝中央政府具有很强的向心力和认同感的表现。①吴丽娱则更强调唐朝中原文化核心区的形成是延续传统和数百年历史积累所导致的事实,更重要的是其现实意义。②

　　因为唐代下葬需要占卜吉时,或者因战乱或死于外地等特殊情况而不能及时下葬,有些女性会在临终前为自己的灵柩指明了权厝之地。据研究,唐人权葬基本上是用在第一次丧事,即夫妻未行合葬或者本人未归葬之前。③如:第三章58号睦州桐庐县丞柳君之妻权氏(?—786),婚后几个月病逝,遗旨"权厝于丹阳县某原窦氏伯娣之茔次"。第一章23号陈苌夫人柳氏(758—801),临终遗言丈夫"愿杀礼,以成吾私。迩先夫人之墓而窆我焉。将俟君之不讳,而归复于正其可也"。要求将自己权厝于本家祖茔,俟后待丈夫身死再改葬于陈家京兆三原县祖茔。

(三) 关心墓志撰写

　　唐人颇为关心自己死后墓志的撰写,男性指定墓志撰写人及

①　裴恒涛《唐代的家族、地域与国家认同——唐代"归葬"现象考察》,《河南科技大学学报》2011年第6期,第10—17页。
②　吴丽娱《孤立四十年后的怨冢回归——从新出墓志看唐代官员的归葬问题》,《隋唐辽宋金元史论丛》第4辑,第17页。
③　吴丽娱《孤立四十年后的怨冢回归——从新出墓志看唐代官员的归葬问题》,《隋唐辽宋金元史论丛》第4辑,第22页。

自撰墓志铭者较多,女性相对较少。唐代具有佛道信仰的遗言女性计有 115 名,仅第一章 49 号郑霞士(806—874)在遗言中指定女婿守河南县令张读撰写自己的墓志铭。另外,第二章 56 号守太府寺主簿卢府君继室李真(786—839),在预感到即将走到生命尽头之时,"豫戒终期,形于文字","粗说生平",藏在箧笥。虽然尚未完成,但也初具规模。家人将其刻于铭志之后。李氏对自己生平事迹的撰写有可能是为墓志铭的撰写提供素材,也有可能是通过这种方式给亲人留下怀念。

　　唐代没有宗教信仰的女性计 125 名,在遗言中指定墓志撰写人者有 5 例,相对较多,她们对于阴间世界体现个人形象与人生价值的"名片"制作更为关心。[①] 第二章 53 号秘书郎席府君继室杨云(716—774),遗命席氏外甥崔倬为自己撰写墓志。第一章 31 号左神武军将军秦公之妻杨氏(741—807),次子秦宗衡工文游艺,临终留遗命:"陵谷不常,可记贞石。"故宗衡奉遗命,"扶力强述"。第二章 24 号刘和(760—821),遗令其子试太常寺太祝齐同撰写墓志铭。第二章 12 号邢州龙岗令王某继室崔蕴(793—852),遗嘱其子令侄乡贡进士王凭撰写墓志。第三章 63 号马雷五(卒于元和中前期),及笄之年命终,遗言父母,希望姨父永州司马柳宗元撰写墓志铭。

　　另外,还有人为丧葬而提前修理馆舍。第二章 47 号仙州襄城县丞李珽夫人卢氏(686—710),遗旨:"修旧馆前规。粤以通年,虔供葬事。"

---

①　吕璐瑶《唐代洛阳士人遗言研究》,兰州大学硕士学位论文,2020 年,第 68 页。

四、遗言中的宗教关怀

唐代女性遗言中的宗教关怀,主要包括写经造佛、临终设斋、表达宗教志向、陪葬戒具四个方面。如:第一章 49 号归州刺史韦端符之妻郑霞士(806—874)病逝之前,"凡释氏预修追往之说,迨衣衾之制,无遗事在后人",说明她对佛教预修之说很关注。另外,女性佛教信徒遗言中的一些葬式要求,如塔葬、壁龛葬、穴葬、火葬、天葬等,也具有宗教色彩或受宗教影响,但因属丧葬安排,故放在上一个标题进行说明。

(一) 表达宗教志向

一些女性在临终之际,希望皈依宗教。第一章 5 号唐玄宗赵丽妃(693—726),逝世当辰表达了入道的愿望,在"答还辇之问"时,曰:"生可捐于浮假,心独系于元真。神往土清,愿承恩而入道。"有的女性在临终之前选择帔缦出家。第三章 40 号潞州屯留县令温炜之妻李功德山(654—716),因为其堂兄弟徐敬业与前夫右玉钤卫郎将王勖卷入朝争的影响,一生坎坷,63 岁殁于季弟沧州官舍。因其"常以惠定加行,贪慕真如,临终乃建说一乘,分别三教,谈不增不减,以寂灭为乐,意乐出家,遂帔缦服,如如永诀,非复常情"。第一章 46 号泗州刺史王同人之妻裴夫民(685—741)信佛,"隐化时顾命勤勤,只令归依三宝,不惊不怖,如眠如睡"。

有的女性生前便已入道,临终前重申了自己的志向。第一章 9 号太仆卿、驸马都尉柳潭夫人和政公主(729—764),夫妻"并受法箓"。卒前尝谓驸马:"若幸启手足,必当襚我以道服,瘗我于支

提,往来行言,时见存恤,则所怀足矣!"提出死后着道服。第二章
18号长安至德观主元淳一(卒于大历年间),60余岁卒,临终谓门
弟子曰:"吾方欲撷三芝,练五石,干白日、升青天。虽事将志违,而
道与心叶。适去顺也,归夫自然。"虽然女冠淳一并未达成飞升的
心愿,但归于自然,亦是其本心,可知道教信仰给了她莫大的安慰。

还有的女性不仅自己信佛,临终还希望晚辈信佛。上编附录
1号太原隐士王仙客之妻无名氏(约卒于开元时期),临终"手付遗
文"给孙女荥阳郡长史崔府君之妻王京,希望其信仰佛教,王京"孝
不忘心,言若在耳,克符宿愿,果证真如"。

总的来讲,选择此类做法者虽然也有男性,但更多为女性,佛
教常在她们遭受重大打击或家庭变故时起到慰藉作用,成为她们
的精神支柱。

(二)写经造像立经幢

具有佛教信仰者,为了死后能达到彼岸世界,广做功德,表达
自己对佛教的信奉。第三章69号华州长史骞公之妻范氏(?—
672),遗志"敬造阿弥陀石像一躯,并观音、大至两菩萨夹侍"。第
二章73号剑州刺史郭府君夫人元婉(680—746),中年寡居信
佛,并受具足戒。临终遗命左右广修功德,"转大藏经,发最上
愿"。第二章27号曹某之妻何无住行(699—772),遗命二女在
其卒后"立一陀罗尼幢,以取日出之影"。第一章56号长安龙花
寺尼契义(753—818),遗言"积土为坛,植尊胜幢其前,亦浮图教
也。"第二章25号河南县尉李琯别室张留客(842—871),疾渐
笃,"自取衣装首饰等,施以写经铸佛,一无留者"。希望藉此回
归净土。

(三) 临终设斋

第二章 9 号毛处士之妻贾三胜(638—711),在丈夫中年离世后,选择皈依佛教。景云二年(711),临终前设斋,"延诸大德,三日行道,并放家僮四人"。第三章 21 号衮州瑕丘县令崔某之妻朱氏(657—740)信佛,"大齊行暮,遗言余教,抚诲不爽。遂舍钱十万,克修胜果"。

(四) 陪葬宗教物品

第一章 51 号右补阙高盖之妻刘宝(713—755),在给丈夫的遗言中提到:"唯随求陁罗尼咒所得水精念珠,系之肘上,他无所入。"指定水精念珠为自己的唯一陪葬物品。

五、遗言中的政治关怀

有一些女性在临终之前会表达对社稷的忧心和对国家的忠贞,这些女性或具有一定政治身份,或因情况紧急、特殊,需要对一些事项进行特别说明。

(一) 忧心社稷

显然,临终之前念念不忘江山社稷者一般为唐代上层政治人物,主要是帝王和高官,也有少数后妃。这里举三例为证。第一章 1 号唐太宗长孙皇后(601—636),36 岁将大渐,与太宗辞诀。时玄龄以谴归第,后固言:"玄龄事陛下最久,小心谨慎,奇谋秘计,皆所预闻,竟无一言漏泄,非有大故,愿勿弃之。"希望太宗保全房玄龄。

同时提出:"妾之本宗,幸缘姻戚,既非德举,易履危机,其保全永久,慎勿处之权要,但以外戚奉朝请,则为幸矣。"希望勿重用自己家族的人,一方面是为了保护长孙家族,另一方面也是为大唐江山考虑。她还"请帝纳忠容谏,勿受谗,省游畋作役"。第二章 15 号唐高宗皇后、武周女皇武曌(623—705)于 83 岁薨逝,"将大渐,遗制祔庙、归陵,令去帝号,称则天大圣皇后;其王、萧二家及褚遂良、韩瑗等子孙亲属当时缘累者,咸令复业"。此举奠定了她作为李唐王朝皇后、皇太后的位置,也提出为曾经遭迫害的政敌平反冤案。第一章 6 号顺宗王皇后(763—816),54 岁薨,遗令:"皇太后敬问具位。万物之理,必归于有极,未亡人婴霜露疾,日以衰顿,幸终天年,得奉陵寝,志愿获矣,其何所哀。易月之典,古今所共。皇帝宜三日听政,服二十七日释。天下吏民,令到临三日止。宫中非朝暮临,无辄哭。无禁昏嫁、祠祀、饮食酒肉。已释服,听举乐,侍医无加罪。陪祔如旧制。"当然,这是一例典型的政治遗嘱,具有一些程序化的内容。

(二) 对国忠贞

有的女性会在特殊情况或突然面临死亡的情况下,临终前表达了对国家的忠心。此举三例为证。第三章 20 号蔡州吴元济之军人李湍之妻无名氏(卒于 814—817 年间),卒于元和中。时淮南未平,李湍"心怀向顺,乃急渡潊河,东降乌重胤"。李湍之妻为贼束缚在树,脔而食之,至死,叫其夫曰:"善事乌仆射。"用行动支持丈夫投降河阳怀汝节度使、检校尚书右仆射、司空乌重胤归顺朝廷之举。第一章 32 号检校司空、同中书门下平章事张孝忠夫人谷氏(748—796)临亡时,遗表中除提到希望其子张茂宗与义章公主成

婚之外,还"以车服器用上献"。第一章 34 号尚书右仆射于琼夫人
广德公主李氏(？—881),唐末中和元年(881),因丈夫为黄巢所
害,她并贼号咷而谓曰:"予即天子女,不宜复存,可与相公俱死。"
表明了她誓与国家共存亡、与夫君共死生的决心。同日自缢于
室中。

　　一些具有一定政治身份的女性和遭遇政局动荡的官员之妻,
会在临终前考虑自己是否可以无愧地面见先人于地下。第三章
38 号贝州刺史裴仲将夫人东光县主(652—705)极孝顺,其父纪王
慎在武曌以太后听政时期,与被害的李氏诸王一样,"皆藁掩之"。
神龙初,中宗"诏州县普加求访,祭以牲牢,复官爵,诸王皆陪葬昭、
献二陵"。东光县主闻后,感恸而卒,遗言敕其子曰:"为我谢亲戚,
酷愤已雪,下见先王无恨矣!"因父亲沉冤得雪,为可以无愧面见先
人而深感欣慰。第一章 24 号太子中舍人刘濬之妻李氏(651—
729),其丈夫因拒绝为武曌拟表劝进而长流岭南而死。李氏与夫
同心,诫其二子不可仕于武周。直至神龙初中宗复帝位,李氏即刻
率子入京"修词诣阙",母子各获恩命。开元十七年(729)临绝之
际,回顾自己的一生,李氏叹曰:"古有失行者,耻见亡灵,所以用物
覆面。后人相习,莫能悟之。吾内省无违,念革斯弊。"因维护了丈
夫的英名,内省无违,故死后得以面见先人而无愧。

　　综合上述,唐代女性遗言主要涵盖情感眷念、经济安排、丧葬
安排、宗教关怀和政治关怀五方面的内容。她们临终的情感眷念
主要体现于她们对家人的惦念、与亲朋诀别、报恩亲人等方面,以
前两者为主,同时,对家人的惦念主要是对晚辈而言。情感在不同
时期均具有共通性,这一点是亘古不变的,唐代女性也不例外。经
济安排包括财产分配和丧葬花费两大方面,丧葬花费以厚葬为主,

以薄葬为辅,虽然女性遗言中要求薄葬者较多,依然能够清楚地看到这一事实。这表明唐代作为中古盛世,有实行厚葬的条件和基础;同时,虽然唐代儒释道并行,但儒家思想仍居统治地位,子女或孙子女等通过厚葬父母或祖父母以实践孝道成为当时社会的总体氛围。丧葬安排方面,主要包括葬式要求、指定埋葬地或权厝地、关心墓志撰写等方面的内容。宗教关怀方面,主要包括表达宗教志向、写经造像立经幢、临终设斋、陪葬宗教物品四个方面。宗教关怀涵括了唐代女性对彼岸世界的思考与追求,也是她们现世生活状况的表现之一。如果我们考虑到唐代社会诸多老少配现象的存在,就会理解为何寡居妇女对宗教,特别是佛教情有独钟,无疑,宗教对女性的精神慰藉是十分巨大的。僧道等宗教徒或宗教信仰者与在家俗人的临终关怀差异最大,她们的临终心态普遍淡定,井然有序地安排临终前的事务,与弟子亲人告别,甚至能怡然待终、视死如归。政治关怀方面,主要表现在一些女性在临终之前会表达对社稷的忧心和对国家的忠贞,当然这些女性都是具有一定的政治身份的,或者虽然身份普通,但是其身上具有国家需要倡导或表彰的言行,因此被载入史册,或者在墓志中被详细书写下来。

第二节　合葬背景下的唐代女性遗言与丈夫分葬现象

唐代女性遗言中对安葬事宜多有安排,涉及的主要问题包括:是否与丈夫合葬,薄葬还是依俗厚葬,指定安葬地点,有的则要求归葬祖茔,等等。遗言中提出的这些要求,与其思想观念、生活习惯、人生经历等密切相关。

在唐代时期,除了信仰佛、道二教的女性遗言不与丈夫合葬较多之外,相较而言,俗家女性遗言与丈夫合葬者只占一小部分。这是因为夫妻同体,男主外,女主内,妻子与丈夫合葬是世俗之人最常见的情形,①应该是古人"死葬之以礼"②的内容之一。唐代女性特意遗言合葬者,一般夫妻感情可能更为深厚。例如:第三章 2 号相王府谘议参军事殷仲容之妻颜颀(631—677),夫妻伉俪 30 年,"夫人平生所愿,指期松竹,或先或后,誓拟柏舟"。再如,第三章 22 号行国子监主簿柳庭诰之妻薛氏(685—742),遗命与丈夫合葬于河南县龙门乡北原。又如,第二章 20 号苏州吴县尉余凭之妻洪氏(782—841)卒于东京旅舍,遗言二子余从周、余宗周"我死必葬我于洛北。他日,筮通年,启护尔父来祔我玄堂"。

唐代女性在遗言中多有明确提出与丈夫分葬者,包括独葬和与丈夫之外的其他人合葬两类。刘琴丽《唐代夫妻分葬现象论述——以墓志铭为中心》主要依据墓志铭分析唐代夫妻分葬这一文化现象,指出道教信仰、妇女婚后无子嗣、担心打搅亡灵、再嫁、占卜和时辰禁忌等五种夫妻分葬的影响因素。③ 尽管该文也运用了几条遗言材料,但并不是其论证所使用的主要材料。通过对唐代女性遗言的分析,笔者发现女性遗言与丈夫分葬时,还存在其他多种主观和客观原因。主观认识和观念方面的原因有五:墓主基

---

① 杨树达《汉代婚丧礼俗考》云:"妇从其夫葬为合葬,凡夫妇以合葬为常。"上海:上海古籍出版社,2000 年,第 138 页。
② 《论语·为政》,程树德《论语集释》卷 3,北京:中华书局,第 81 页。
③ 刘琴丽《唐代夫妻分葬现象论述——以墓志铭为中心》,《中华文化论坛》2008 年第 2 期,第 11—15 页。

于合葬非古、神道暇通、没有必要与丈夫合祔安葬等认识而遗言不与丈夫合葬,有一部分女性希望自己归葬于本家祖茔,还有因不欲与丈夫嫡妻相争而遗言改葬者;客观原因有五:不具备合葬的经济条件、合祔存在经济原因之外的其他困难、希望改葬他地、丈夫去世时遗言分葬、女子为续弦而丈夫已与其前妻合葬。以下将重点说明前述刘文未提及的女性遗言中显示的不与丈夫合葬的十种因素,也对其提出的出于占卜不吉和因无子承继而选择夫妻分葬进行补充论述。因下编第一章已对唐代信仰佛教和道教的女性因宗教原因而遗言不与丈夫合葬的情形进行了探讨,以下仅对以非佛教信仰原因提出不与丈夫合葬的女性遗言进行分析,包括虽然信仰佛教,但在遗言中以非佛教原因提出不与丈夫合葬者,这部分女性遗言不与丈夫合葬,佛教信仰仅是原因之一,同时存在其他原因。

一、基于主观认识而遗言与丈夫分葬

首先,唐代女性遗言中最常被提及的与丈夫分葬的理由是合葬非古。神龙元年(705)武曌死后,唐中宗主张将母亲与高宗合葬乾陵。当时给事中严善思即以此为由,上疏反对。他指出:"乾陵玄宫以石为门,铁铟其缝,今启其门,必须镌凿。神明之道,体尚幽玄,动众加功,恐多惊黩。况合葬非古,汉时诸陵,皇后多不合陵,魏、晋已降,始有合者。望于乾陵之傍更择吉地为陵,若神道有知,幽涂自当通会;若其无知,合之何益!"但中宗并未听从。① 虽然严

---

① 《资治通鉴》卷208,唐中宗神龙元年十二月条,第6714页。

善思反对武曌和高宗合葬背后亦有政治含义,①但他提出的这一表面理由显然是在当时容易被大家所接受的。以下试举二例。

第三章64号宣武军节度判官刘谈经之妻崔达(759—836),"晚参禅诵,不茹荤血"。故常谓长子山南西道节度判官刘濛曰:"神理好静,合葬非古道也。"故归葬于东都邙山丈夫坟茔之北。第三章11号太府卿裴友植继室封氏(670—726),生二子,其丈夫先于其逝世,谈及临终问题,常曰:"吾性略近俗,事存远风。后起孤坟,无循合葬。"

第二,希望自己归葬于本家祖茔。② 归葬是古代重视礼制的重要表现,墓志中常出现祔葬字眼,即谓归旧茔,子孙从其父祖,死后仍希望通过归葬与家人团聚于地下,故归葬在唐人心目中占有至关重要的地位。杨梅指出:"在唐代,女儿未嫁而死,依俗礼应葬于家族墓地。在当时人的观念里,显然认为未嫁女死后其魂灵仍与本家男子属于同一家族。"③但已出嫁女性为何仍希望归葬本家祖茔呢? 以下专就此问题进行探讨,笔者归纳为包含五种情形,家人均尽力遵嘱执行。

---

① 赵雨乐著《武后晚年政治与祔葬争议》,载氏著《文才武略:唐宋时期的国家危机与管治精英》,香港:三联书店(香港)有限公司,2014年,第61—64页。作者认为给事中严善思被视为是党于张柬之的人物之一,他以以卑动尊反对帝后合祔,是武韦党人与张柬之附党的初次交锋。

② 陈弱水《试探唐代妇女与本家的关系》对出嫁女归葬本家现象有所论及,除公主陪葬皇陵之外,作者将平民女性归葬本家归为尚未庙见的已婚妇女,长期归宁的妇女,权葬、不再醮等特殊原因归葬本家,未归宗妇女无特殊原因的归葬四类,对子女、孙子女限于客观环境将无法葬在家族墓地或与配偶合葬的唐代妇女迁葬本家进行了探讨,明确涉及归葬本家是自己意愿者五例。载《中研院史语所集刊》第68本第1分,1997年,第233—237页。

③ 杨梅《唐代尼僧与世俗家庭的关系》,《首都师范大学学报》2004年5期,第25页注释②。

　　情形之一是女性婚后丈夫早逝，且信仰佛教，长期在娘家生活或常持戒行。第二章 63 号唐高祖窦皇后挽郎周绍业之妻赵璧（627—702），因丈夫早逝，"鞠育孤孺，屏绝人事，归依法门"，武周末期，76 岁卒。"以府君倾逝年深，又持戒行，遗嘱不令合葬坟陇，还归旧茔"。希望归葬赵家祖茔。第一章 37 号膳部员外郎兼侍御史崔君之妻、汾阳郡王郭子仪孙女郭佩（761—801），早年丧夫后，常年居于娘家生活，"归宗誓志，垂廿春"。习大乘佛教，诵禅宗《金刚经》。在不惑之年卒于贞元晚期，遗言"葬于城南凤栖原尊阙之左次"。

　　情形之二是女性婚后时间不长，且病逝时年龄较轻，与娘家感情更为深厚。第三章 13 号陕州安邑县丞沈群之妻杨氏（781—812），监察御史检校户部员外郎兼侍御史杨鈇之女，32 岁卒于安邑县私第。她"以去家相离，疚心缠疾"，渴望返回娘家，不惜提出离婚，多次请于其姑："愿衣褐还家。请夫别娶。"但直到病逝，其姑并未同意。最终历经曲折，杨氏得以归葬祖茔。与此类似，将作监主簿孟友直之女孟心（695—714）19 岁出嫁冯贞佑，次年即终于洋州兴道县廨舍，开元三年（715）归葬于陈仓县新于原。从其墓志铭为《唐将作监主簿孟友直女墓志铭并序》及其墓志中所载"惟父与母，恩深骨肉，痛切哀怜，方备仪于幽隧，用留念于终天"[①]来看，孟心显然是由父母埋葬的，当葬于孟家茔地，这很可能也是孟心的遗愿。第三章 17 号润州长史程怀宪之妻崔氏（？—784），其父官至秘书监。崔氏奉命出适程家，兴元元年（784），中年而丧。次年十月，"迁窆于龙门西原，陪先君茔，盖从治命，示不忘亲也"。墓志中

---

① 载《唐代墓志汇编》，开元 021，第 1165 页。

强调崔氏婚后"上下辑睦,理无咎悔",以说明她并非对婚姻不满而归葬洛阳龙门本家祖茔。

情形之三是虽然结婚时间较长,但出于不忘本、尽孝先人于地下的心理,遗言归葬祖茔。这种情况主要见于唐前期。第一章53号司勋郎中杨府君继室韦净光严(652—711),在丈夫暴终后,自己做主"命与前夫人合葬"。她"平昔之日,尝召诸子勒言,以为孝实天经,哀缠风树。生不遂于庐墓,死愿陪于窀穸"。诸子在母亲60岁过世后,"敬遵先旨""窆于万年县义丰乡铜人原父茔北一里间"。第二章36号黄州刺史高府君之妻、长安县令李绾第三女李端淑(670—728),其丈夫56岁卒,归葬于孝子原。李氏幼年丧母,年轻丧父,希望死后葬于娘家茔地,每敕其子曰:"吾故知有同穴之义,愿从侍奉之情。冥目之后,勿违斯志。"第二章46号亳州尉氏县尉杨琎之妻、随州刺史源杲之女源内则(675—741),67岁终于洛阳私第,"遗命薄葬,愿陪考妣之茔域,不忘本也"。

情形之四是虽有子女且老年病逝,但丈夫早逝,女性守寡多年,一生凄苦,十分思念娘家亲人,欲返葬祖茔,以在阴间寻求家庭的温暖。第三章39号亳州刺史郑公之妻、颍川郡长史独孤府君长女独孤氏(?—766),河南洛阳人。丈夫郑公早逝,时儿女尚年幼。乾元三年(760),因安史之乱,洛阳被再次攻占,随子北征。永泰二年(766)终于钜鹿郡。因其"少因有行,思归宁而不得,晚值多故,去邦族而无复,由是终身有远父母兄弟之痛焉"。一直痛苦于远离娘家亲人的独孤氏,临终顾其子曰:"葬我必于先大夫之垅。"长子郑季华大历三年(768)至钜鹿,将母亲返葬于洛阳龙门外祖父茔兆之侧。第三章53号朔方节度十将游击将军左内率府率臧晔之妻翟氏(774—796),宥州刺史翟义方之女"少罹金夫之祸,时艰旅寓,

不胜居孀之苦"，贞元中期，73 岁病逝于扬州客舍。遗命："吾考妣
松柏在洛城西北金谷乡，愿早归祔茔葬。"其长子次年冬将亡母合
祔于金谷乡之原外氏茔地。武职家庭女性遗言归葬本家祖茔者仅
见此例。第三章 77 号乡贡进士孙绿之姜王氏（826—853），17 岁
出嫁，与丈夫感情甚笃。婚后 10 年，大中七年（853），孙绿带王氏
东下，王氏于途中遘疾，28 岁终。平日，王氏尝谓王绿："余父家长
安中，苟终，愿归窆于其侧，得冥路以养，且无恨矣。"王绿深感其孝
顺，但为方便孩子日后祭祀，将其归葬于北邙山孙氏先茔。

　　情形之五是女性的夫、子俱均无寿，先已亡故，因无子承继而
遗言归葬本家先茔。第三章 1 号将作监丞董钦孙女董氏（756—
841），笄年娉于方镇僚佐薛公。其子宣城参军薛高因"官寓疫"而
殁，"夫与子俱无寿而先丧"。董氏则于会昌元年（841）86 岁终，遗
言："吾无子承继，勿葬吾于夫之茔。卜地于我家先茔之侧，君身后
所有办其事焉。"五个月后，祔于万年县霸城乡南窑村先茔之左。
前述刘琴丽论文曾简单提及此例，作为无子继承夫妻分葬之例。
应该指出的是，董氏本有子，且已入仕，不幸死于疫病。董氏的丈
夫生活于唐后期，从方镇僚佐官至御史台朝官，应该先于其子亡
故，而其父董安在其墓志中仅载一从三品上武散官的赠官，但董氏
治病时"善医者经至门馆，究病所得，奉公竭诚，药无征而不禄"，说
明经济条件很好。另外，第一章 23 号渭南县尉陈苌夫人柳氏
（758—801），35 岁高龄归陈氏，婚后九年因痼疾病逝。遗言丈夫：
"愿杀礼，以成吾私。迩先夫人之墓而窆我焉。将俟君之不讳，而
归复于正其可也。"希望降礼，将其葬于其亡母茔地，待陈苌身死再
葬于陈家祖茔。她提出的理由一是"不及养于舅姑"，二是所生一
子"不期月而殒"。

综上,唐代女性遗言归葬本家祖茔的情况,唐前期较少,以唐后期为主。这种情况当与安史之乱之后的唐朝情势有关,守洛阳县令杜信在为江西道都团练副使郑高(745—805)撰写的墓志铭中认为:"自天宝已来,四方多故,权窆旅殡,飘寓江淮,未克归葬,十有七八。"①归葬的难度增大可能使唐人在临终之际对归葬更为关注。

第三,基于神道暇通的观念遗言与丈夫分葬。第二章68号瀛州刺史杜怀古之妻、韦城县君韦氏(633—697),武周中期,65岁卒于神都私第。夫人平昔处分云:"神道有知,岂隔泉壤。百年之后,但于大茔内□厝,不须合葬。"儿女等葬之于长安少陵原杜怀古坟东五步。

除了葬于丈夫坟茔之侧,还有改卜新茔者。第二章19号硖州刺史、巂州都督姚懿(590—662)第三任妻子刘氏(？—707),神龙中卒于洛阳私第。遗令不与已经离世45年的丈夫合葬,其曰:"生以形累,死以魂游。然事尊在冥,无远不至,何必合葬,然后为礼。昔邴根矩沐德信,并通儒达识,咸以同窆为非,实获我心。当从其议,无改吾志。尔惟孝乎。殁已可于龙门山外用为窀穸,冀近家园,以慰吾平生之好耳。"其子姚崇等遵嘱葬之于万安山。

第四,因不与丈夫嫡妻相争而遗言改卜新茔。第二章26号长安万年县丞崔合之女崔氏(798—822),与其姊前后嫁前华州华阴县尉夏侯敏为妻。她不幸在婚后两年25岁病逝。弥留之际,崔氏请于其姑:"妾之亡姊已坟于兆域之内。妾瞑目之后,愿得改卜他所。若丘墓并列,则邻于争嫡矣。"因不希望与其姊争嫡,提出改

① 朝议郎守洛阳县令杜信撰《大唐故侍御史江西道都团练副使郑府君(高)墓志并序》,《唐代墓志汇编续集》,贞元079,第792页。

葬，不葬于夏侯家邙山墓地。第三章 50 号右领军卫兵曹吴弘简继室陇西郡夫人李氏（791—821）遗言与丈夫分葬，应该也有不与其姊、丈夫嫡妻相争的考虑，将稍后于下文讨论。

第五，有的信佛女性，认为没有必要合祔。第三章 57 号杭州司士参军赵越宝之妻张柔范（658—726），因"无后胤"，随女婿睦州司功参军杜宪游宦，69 岁卒于睦州官舍。张氏食素信佛，临终诚曰："若逝者有知，虽异穴而奚妨；如逝者无知，纵合祔而岂益！我殁之后，勿祔先茔。"

二、基于客观原因而遗言与丈夫分葬

第一，不具备合葬的经济条件。第三章 16 号清苑公刘府君之妻岑平等（638—698），秘书省校书郎岑文昭之女。因丈夫早卒，岑氏 20 岁即守寡，读经信佛。后随子前郑州司仓刘敦仁宦游，圣历元年（698）终于郑州。因其"宿悟无生，尝观怛化""以清苑公早从悬窆，远在渚宫，言念修途，良难同穴，知合葬之非古，使随处以安神"。从其侄岑义所撰墓志铭可知，基于佛教信仰和客观条件所限，岑氏遗言不与丈夫合葬。刘府君早在 40 年前已经葬于渚宫（代指江陵，即今湖北省荆州市），其地距郑州路途遥远，合葬难度很大。虽然其并未明言同穴合葬"良难"的具体原因，但从其父、子均为低层文官，而丈夫又早逝，可知其家庭的经济条件并不好，很大程度上并不具备将夫妻二人合葬的经济基础。她提出的另一理由是合葬非古，说明分葬具有可行性。四年后的大足元年（701）冬，迁厝于洛州洛阳县清风乡和仁里之原。夫妻分葬，一葬于江陵，一葬于洛阳。基于客观经济条件提出不与丈夫合葬者，当不在少数,只是很多时候不便在史书和墓志铭中提及。

第二,女子为续弦,且丈夫已与其原配之妻合葬。第三章44号守蓟州刺史静塞军营田等使陆岘(767—814)继室王氏(776—842),其丈夫先于其40余年离世,与先夫人雍氏迁祔于蓟城北。会昌二年(842),王氏终于范阳县私第。疾笃时谓二子曰:"吾闻魂飞长夜,幽没岂殊冥;魂归九泉,万里无异壤。必葬我于府君之茔侧。"遗言与丈夫坟陇相依,不合葬。第三章50号右领军卫兵曹吴弘简继室陇西郡夫人李氏(791—821),汴州陈留县尉李贤小女。吴弘简先娶李氏次姊,在其妻殁世后,因吴、李二族相睦,续娶妻妹。小李氏生有一女二男,长庆元年(821)夏,31岁终于本家,归柩于金城之第。李氏持独见之志,临终告其母:"我姊已坟于吴之先茔,今将死,必葬近我先君之墓,庶得下侍于泉台。"七个月后,"从其志",李氏葬于长安县高阳原南姜村先君茔之北。小李氏因丈夫已与原配合葬,其本人又在娘家生活,故选择归葬本家祖茔。

第三,出于占卜不吉而遗言与丈夫分葬。前述刘琴丽论文中提及因占卜和时辰禁忌而夫妻分葬现象,但所举之例均为夫妻中妻子先于丈夫逝世,家人占卜不吉而选择不合葬者。而我们发现有的唐代女性在临终前就进行占卜,因结果不吉而遗言不与丈夫合葬。上编附录4号试左骁卫胄曹参军赵启之妻任氏(787—848),试通王府长史赵缙之女。婚后17年丈夫先逝,任氏年过花甲,因病吃药无效,索笔遗诲其子曰:"吾之凤契,将祔汝先。命日者筮,固不吉,知不可袭,无如之何,但罄其家,遽备四事,归吾于女氏之党。"任氏的本意是与丈夫合葬,但因日者占卜的结果是合祔不吉,故遗言其子将自己归葬娘家祖茔,且不惜家财。

　　第四,合祔存在经济原因之外的其他困难。第一章 40 号尚舍奉御张浑之女张氏(740—794),出嫁嗣申王李楒嘉为妻,年轻守寡。贞元十年春(794),55 岁终于京第。其墓志载"远日未融,合祔犹阻",其子女"从其志",以当年七月权厝于城南高阳原,"迩先茔"。张氏与丈夫合葬的阻力在于"远日未融",不知具体所指,但显然并非经济困难。

　　第五,丈夫去世时遗言分葬。第二章 64 号试大理评事兼淮西节度马步都虞候陶英妻张氏(733—803)临终向三子重申丈夫夫妻"坟垄相依"、不合葬的遗命,并云:"吾不敢违子先父之命乎,汝可知之。"张氏遗言分葬是从夫遗愿。其嗣子遵嘱,以其年创玄堂于父茔之东。

　　第六,女性信仰佛教,希望改葬。第二章 1 号行洪府法曹参军荥阳郑府君(?—740)之妻河南万俟氏(696—744),殿中监万俟肃孙女。寡居后习禅,其二子一女皆"随母师训诲,志法王戎律"。天宝三载(744),49 岁坐终。因其"不欲窆于荥阳,务随便于洛师可也",以其先志,次年七月,葬于洛阳县平阴乡之原。

　　综合上述,尽管夫妻合葬是唐代的主流,但唐代女性也会因各种主客观原因而与丈夫分葬,这也体现在临终遗言之中。有时,唐代女性出于综合原因而选择与丈夫分葬。如第二章 37 号纳言韦思谦继室、琅耶郡君王婉(626—696)言及窀穸之事,曰:"生者必死,人之大端。葬之言藏,礼有恒制。魂而有识,何往不通?知或无知,合之何益?况合葬非古,前圣格言。先嫔已创别坟,吾复安可同穴。若余生就毕,启手归全,但于旧茔因地之便,别开幽室,以瘗残骸。亲属子孙勿违吾意。"她坚持与丈夫分葬,除了上述所说魂灵无往而不通、合葬非古之外,或亦与韦思谦已与嫡妻崔氏合葬有关。另一现实原因是旧茔域狭窄,不能安葬,墓志言韦氏茔域内先有二坟,左右更无余地。鉴于中国古代是夫权制社会,从遗言不与丈夫合葬女性之多,可见唐代社会环境相对自由宽松,女性的思想也相对比较自由,受限制不像其他朝代那么严重。

第三节 从厚葬背景看唐代 女性的薄葬遗言

　　唐代社会厚葬蔚然成风,是具有历史渊源的。秦汉时期帝王即竞为厚葬,即使在相对薄葬的魏晋南北朝时期,后魏"俗竞厚葬,棺厚高大,多用柏木,两边作大铜镮钮,不问公私贵贱,悉白油络幰辒车,迤素挐仗,打房鼓,哭声欲似南朝"。① 厚葬在整个社会的流行也是上行下效的结果。唐高祖在建国之初就曾留意到这一问题,其云:"上之化下,犹风之靡草。自秦、汉帝王盛为厚葬,故百官众庶竞相遵仿。"并指出其严重后果:"凡是古冢丘封,悉多藏珍宝,咸见开发。"②北宋史臣则进一步揭示了秦汉以来帝王不顾盗墓风险进行厚葬的心理根源:即使"聪明英伟之主""虽有高谈善说之士,极陈其祸福",仍有"不能开其惑者",是"富贵之欲,溺其所自私者笃,而未然之祸,难述于无形,不足以动其心"。③ 所说诚然,世人难以割舍对于逝去亲人的感情,富贵至极的帝王在亲人死后,其

① ［唐］段成式撰《酉阳杂俎》卷 13《尸穸》,方南生点校,北京:中华书局,1981年,第 123 页。
② 《旧唐书》卷 63《封伦传》,第 2396 页。
③ 《新五代史》卷 40《温韬传》史臣曰,第 441 页。

作为政治人物的特点淡化,也流露出其重视感情的一面。而唐朝社会作为中古盛世,相对较好的经济条件也提供了此时期流行厚葬的物质基础。

一、唐代的厚葬之风

牛志平在《唐代婚丧》第三章《厚葬之风》中,对唐代盛行厚葬的表现和历史背景进行过分析,认为"唐前期厚葬之风渐兴,中期最盛,到唐后期,已不见什么势头"。[①] 唐代厚葬成风,开始是勋戚之家、商贾富人、群臣百官竞为厚葬。唐前期不同阶段厚葬的表现如下表所见:

表 3 - 3 - 1:唐代前期厚葬表现一览表

时　间		厚　葬　表　现	厚葬指出者	文献出处
太宗朝	贞观十一年(637)	勋戚之家多流遁于习俗,闾阎之内或侈靡而伤风,以厚葬为奉终,以高坟为行孝,遂使衣衾棺椁极雕刻之华,灵冥器穷金玉之饰	太宗李世民	《贞观政要集校》卷6《俭约第十八》
高宗朝	永隆二年(681)正月	商贾富人,厚葬越礼	高宗李治	《旧唐书》卷5《高宗本纪下》
中宗朝	神龙年间(705—707)	群臣务厚葬,以俑人象骖眩耀相矜,下逮众庶,流宕成俗	度支员外郎兼博士唐绍	《新唐书》卷113《唐临传》

① 《唐代婚丧》,第193页。

（续表）

	时　间	厚　葬　表　现	厚葬指出者	文献出处
睿宗朝	太极元年（712）	近者王公百官，竞为厚葬，偶人像马，雕饰如生，徒以眩耀路人，本不因心致礼。更相扇慕，破产倾资，风俗流行，遂下兼士庶	左司郎中唐绍	《旧唐书》卷45《舆服志》
玄宗朝	开元二年（714）九月	近代以来，共行奢靡，递相仿效，浸成风俗，既竭家产，多至凋弊。且墓为真宅，自便有房，今乃别造田园，名为下帐，又冥器等物，皆竞骄侈	唐玄宗	《旧唐书》卷8《玄宗本纪上》
	开元廿九年（741）	棺有纹饰，用木及金、银、铜、锡为棺；寿衣罗锦绣画；下帐有珍禽奇兽、鱼龙化生；园宅广作院宇，多列侍从；丧车得用金银花，结彩为龙凤及垂流苏、画云气	唐玄宗	《唐会要》卷38《葬》
	—	送葬者或当衢设祭，张施帷幕，有假花、假果、粉人、面粮之属	封演	《封氏闻见记》卷6《道祭》

　　由上表可知，唐前期确实厚葬成风，丧葬违反礼制，逾越等级，重要表现之一是用"俑人象骖"，这些雕饰栩栩如生的"偶人像马"已并非"因心致礼"，而是出于向路人炫耀的心理。表现之二是别造田园，广为冥器，此风从王公百官刮到普通士庶后，多有"破产倾资"者。神龙初，中宗厚葬岳父韦玄贞及韦皇后四位兄弟为其尤，玄贞墓号曰荣先陵，置令丞，给百户扫除，韦后的四兄弟赠郡王，墓

葬规模和随葬品皆逾制。① 至天宝九载（750），玄宗诏发韦氏冢而平之，差长安县尉薛荣先专知其事，"其中宝玉已经盗发罄矣，而柩榇狼狈"。② 依唐式，"公主、王妃已下葬礼，惟有团扇、方扇、采帷，锦䍐之色"。景龙二年（708），韦皇后上言："自妃、主及命妇、宫官，葬日请给鼓吹。"获得中宗特许。③ 这些上层女性葬日获得鼓吹特权，至少延至开元时期。开元时期，厚葬达到极盛，官员严重逾越等级，表现在棺材的纹饰、材质及寿衣、下帐、园宅、丧车等很多方面。

　　唐代社会从上到下对厚葬趋之若鹜，因积习难返，厚葬演变为一种风俗习惯，丧乱之后的唐后期，厚葬的势头依然持续，亲人会尽可能厚葬逝者，不少人家不惜财力。据《封氏见闻记》所载，"丧乱以后，此风大扇，祭盘帐幕，高至八九十尺，用床三四百张，雕镌饰画，穷极技巧，馔具牲牢，复居其外。"④代宗特颁布《申约葬祭式敕》对葬祭之仪进行限制，规定："自今以后，宜俭约，悉依令。不得于街衢致祭，及假造花果禽兽，并金银平脱宝钿等物，并宜禁断。"⑤即使普通百姓，送葬时也讲究排场。代宗"诏诫薄葬，不得造假花果及金手脱宝钿等物"⑥说明造假花果及金手脱宝钿等物，在当时送葬时较为流行。元和三年（808），"是时厚葬成俗久矣"，虽然宪宗依京兆尹郑元修上奏，诏令王公士庶及其妻子依品级分三等下葬，且"其凶器悉请以瓦木为之"，相较开

① 李明《论唐代的"毁墓"——以唐昭容上官氏为例》，《考古与文物》2015 年 3 期，第 98 页。
② 《唐会要》卷 21《诸僭号陵》，第 408 页。
③ 《旧唐书》卷 85《唐临附孙唐绍传》，第 2813—2814 页。
④ 《封氏闻见记校注》卷 6《道祭》，第 61 页。
⑤ 《全唐文》卷 48，第 533 页。
⑥ 《旧唐书》卷 11《代宗本纪》，第 300 页。

元末只能用素瓦为之有所放松,但仍"事竟不行"。① 长庆三年
(823)十二月,浙西观察使李德裕在奏书中指出江南富庶之地:"缘
百姓厚葬,及于道途盛设祭奠,兼置音乐等,闾里编甿罕知报义,生
无孝养可纪,殁以厚葬相矜,丧葬僭差,祭奠奢靡。仍以音乐荣其
送终,或结社相资,或息利自办,生业以之皆空,习以为常,不敢自
废。"他认为闾里编甿盛设路祭、以音乐为亲人送终,甚至结社、贷
款以厚葬相矜,失去了孝养的根本,是导致"人户贫破"的原因
之一。②

　　综上,尽管唐高祖、唐太宗、唐玄宗、唐代宗、唐宪宗、唐穆宗等
接受大臣建议,纷纷颁布厚葬禁令,但因种种原因,难以令行禁止。
尽管唐朝的经济和实力在唐后期已然转弱,一些人仍然希望得到
以礼厚葬。例如:第三章 32 号家居于汾州的武威郡人若干元
(684—731)之妻太原郭氏(约 706—762),守寡 30 余年,约 56 岁
时,临终遗言长子若干勃海"死葬以礼",其子敬从,其葬礼车马
如云,将母亲葬于平遥新茔。唐末人亦勉力厚葬。咸通八年
(867),幽州副将孙英(776—837)夫人太原王氏(771—867),97
岁卒,权窆于丘园。咸通十一年(870)十月,袝葬于孙英旧茔幽
州良乡县金山乡韩村,同日安葬的还有其仲孙孙克绍,他于七个
月之前卒于私舍,卜葬于涿州范阳县弘化乡白带管中庄西一里
龙岗原新茔。夫妻有子二人:器仗官兼马步军头孙孝晟、幽州副
将孙士林。孙英夫妻合袝时由次子孙士林主持,"副将孙公擗哭
泣,号素穹旻,庶几厚葬。生,事之以礼;死,葬之以礼。孝子之

① 《唐会要》卷 38《葬》,第 695 页。
② 《唐会要》卷 38《葬》,第 697 页。

事亲终矣"。① 孙英夫妇获得厚葬。

二、薄葬清流下的唐代女性薄葬遗言

唐代反对厚葬、主张薄葬者多为有识之士。开元时期紫微令姚崇（650—721）为代表，在留给子孙的遗令中，明确提出反对厚葬。其曰："凡厚葬之家，例非明哲，或溺于流俗，不察幽明，咸以奢厚为忠孝，以俭薄为悭惜，至令亡者致戮尸暴骸之酷，存者陷不忠不孝之诮。"指出唐人厚葬者，或因认识不清，或因流俗所致，导致盗墓，陷自己于不忠不孝的境地。认为死者无知，厚葬徒"破衣食之资"而已。② 史官将姚崇对厚葬的反对态度详细写入史书，表现出对其识见的赞赏。玄宗时期著名道士吴筠认为薄葬是高士所为③，可以为后来者效法。白居易（772—846）生前反对厚葬，为警醒世人，曾作《草茫茫》一诗：

> 草茫茫，土苍苍。苍苍茫茫在何处？骊山脚下秦皇墓。墓中下涧二重泉，当时自以为深固。下流水银象江海，上缀珠光作乌兔。别为天地于其间，拟将富贵随身去。一朝盗掘坟陵破，龙椁神堂三月火。可怜宝玉归人间，暂借泉中买身祸。奢者狼藉俭者安，一凶一吉在眼前。凭君回首向南望，汉文葬

---

① 前幽州节度衙前兵马使中散大夫检校太子宾客周蓟郎撰《唐故幽州副将乐安郡孙府君(英)夫人太原王氏合祔墓铭并序》，《新中国出土墓志·北京〔壹〕》下册，第 26 页。
② 《旧唐书》卷 96《姚崇传》，第 3027 页。
③ 吴筠《高士咏·玄晏先生》歌咏西晋皇甫谧曰："薄葬信昭俭，可为将来则。"载《全唐诗》卷 853，第 9660 页。

在霸陵原。①

告诫世人厚葬的后果，他以刑部尚书致仕，"遗命薄葬，勿请谥"。②
白诗通俗易懂，传唱流传甚广，有助于缓解厚葬之风。

　　因厚葬是唐代的一种常态，唐人遗言厚葬者很少，在当时的社
会背景之下，这是题中应有之意。正因为薄葬不同常人，文献中反
而留下了不少逝者有关薄葬的遗言。笔者统计出 43 例，详见表
3－3－2。

表 3‑3‑2　唐代女性遗言薄葬统计表

类别	编号、姓名及生卒年	身　份	籍　贯	宗教信仰	卒　地	卒龄	上编编号
皇室后妃及王妃 4	1. 长孙氏（601—636）	太宗皇后	河南洛阳	—	长安立政殿	36	一章 1 号
	2. 燕氏（611或稍前—671）	太宗德妃、越国太妃	华阴弘农	—	郑州之传舍	60 多	三章 15 号
	3. 赵氏（693—726）	玄宗丽妃、废太子李瑛之母	天水	道教	长安春华殿	34	一章 5 号
	4. 陆氏（631—665）	纪王妃李慎妃	河南洛阳	—	泽州馆舍	35	三章 34 号

① 白居易《草茫茫》，谢思炜校注《白居易诗集校注》卷 4《讽谕四》，北京：中华书局，2006 年，第 430 页。
② 《新唐书》卷 119《白居易传》，第 4304 页。

（续表）

类别	编号、姓名及生卒年	身份	籍贯	宗教信仰	卒地	卒龄	上编编号
朝官之妻、姜、母、女 13	5. 杜德（644—718）	齐国太夫人，中书令（正三品）崔知温之妻	京兆杜陵	—	河南府永丰里第	75	二章 41 号
	6. 卢西华（689—752）	范阳郡夫人，礼部尚书（正三品）崔翘之妻	范阳	—	河南崇政里	64	二章 39 号
	7. 萧氏（740—797）	兰陵郡夫人、工部尚书（正三品）鲍宣之妻	河南偃师	佛教	长安光福里私第	58	一章 44 号
	8. 李娘（609—693）	陇西郡君、太子右千牛卫率（正四品上）刘府君之妻	陇西狄道	佛教	雍州长安县义宁里私第	85	一章 16 号
	9. 张威德山（756—811）	清河县君、行内侍省内给事（从五品下）宋公之妻	京兆蓝田	佛教	长安大宁里	56	一章 13 号
	10. 郑正（766—813）	太常少卿（正四品上）崔公之妻	荥阳	—	私第	48	上编附录 3 号
	11. 尼辩惠（702—754）	西京法云寺禅师，太子文学（正六品）房温之女	清河	佛教	长安延康里第	53	一章 36 号

（续表）

类别	编号、姓名及生卒年	身份	籍贯	宗教信仰	卒地	卒龄	上编编号
朝官之妻、妾、母、女13	12. 崔氏（689—755）	太子左春坊典设局典设郎（从六品下）郑公之妻	博陵	佛教	长安平康里私第	67	一章21号
	13. 赵懿懿（646—666）	殿中省尚衣局奉冕直长（正七品下）源氏侧室、平民赵感之女	雍州渭南	—	京师崇仁坊第	21	一章17号
	14. 刘宝（713—755）	右补阙（从七品上）高盖夫人	徐州彭城	佛教	长安宣平康里第	43	一章51号
	15. 韩氏（600—675）	左台殿中侍御史（从七品下）李巢之母、韩君之妻	—	—	河南府崇业坊私第	76	二章33号
	16. 卢氏（823—859）	殿中侍御史（从七品下）内供奉杨知退之妻	范阳	儒教	长安靖恭里第	37	一章42号
	17. 慕容氏（715—739）	左武卫司戈（正八品下）宋君之妻	—	—	洛阳乘黄署公馆	25	二章14号
地方官妻、女20	18. 裴冬日（637—724）	闻喜县君、魏州刺史金城公（从三品）尹元绰之妻	河东太原	佛教	洛阳尊贤里私第	88	二章45号

（续表）

类别	编号、姓名及生卒年	身　份	籍　贯	宗教信仰	卒　地	卒龄	上编编号
地方官妻、女 20	19. 魏氏（663—729）	巨鹿郡夫人，守洺州刺史（从三品）高力牧之妻	定州鼓城	佛教	洛阳履道里私第	67	二章 58 号
	20. 万俟氏（723—791）	遂州刺史（从三品）侍御史钱府君之妻	河南郡	—	洛阳清化里私第	69	二章 6 号
	21. 尼寂照（753—825）	长安崇敬寺故临内外坛大德，郢州刺史（从三品）崔婴季女	博陵郡	佛教	长安崇敬寺	73	一章 54 号
	22. 元氏（775—835）	晋陵县君，衢州刺史（从三品）徐放之妻	河南	佛教	—	61	三章 75 号
	23. 李晋（653—725）	赵郡太夫人，魏州司马（从四品下）卢璥继室	赵郡平棘	佛教	怀州武德县丞廨宇	73	三章 36 号
	24. 郑冲（686—750）	华阳郡夫人，黔州都督府长史（从五品上）卢藏用之妻	荥阳开封	佛教	洛阳崇让里第	65	二章 62 号
	25. 崔氏（？—784）	润州长史（从五品上）程怀宪之妻	博陵郡	—	郑州中牟县千塔□私第	中年	三章 17 号

（续表）

类别	编号、姓名及生卒年	身　份	籍　贯	宗教信仰	卒　地	卒龄	上编编号
地方官妻、女20	26. 王氏（806—854）	守河南府颍源府右果毅（从五品下）张质之妻	太原	—	洛阳永丰里第	49	二章43号
	27. 王氏（732—794）	荣管经略招讨处置使参谋大理司直（从六品上）李荣初之妻	太原	—	江陵府表义里私第	63	三章47号
	28. 尼体微（720—791）	洛阳修行寺主大德，益州大都督府录事参军（正七品上）李践曾长女	陇西姑臧	佛教	孟州河阴县	72	三章35号
	29. 张氏（792—857）	泗州仓曹参军（从七品下）刘某之妻	吴郡	佛教	洛阳私第	66	二章75号
	30. 裴琡（814—849）	河南府河南县丞（正八品下）、进士李涣之妻	河东闻喜	—	扬州	36	三章54号
	31. 宋五娘（597—671）	德州平原县丞（从八品下）毕粹之妻	广平郡	—	洛阳教业里	75	二章10号
	32. 李氏（631—707）	许州扶沟县主簿（正九品下）郑道夫人	赵郡赞皇	道教	洛阳私第	77	二章69号

（续表）

类别	编号、姓名及生卒年	身份	籍贯	宗教信仰	卒地	卒龄	上编编号
地方官妻、女 20	33. 萧博（722—752）	饶阳郡安平主簿（正九品下）王君之妻	兰陵	—	东京会节里	31	二章 35 号
	34. 阎氏（635—712）	虢州卢氏县尉（从九品上）杜嗣俭之妻	常山	—	河南府巩县客舍	78	三章 10 号
	35. 源内则（675—741）	亳州尉氏县尉（从九品上）杨珽之妻	河南洛阳	—	洛阳尊贤里私第	67	二章 46 号
	36. 窦氏（719—743）	汉中郡都督府西县尉（从九品上）李府君之妻	扶风	道释兼善	汉中郡西县官舍	25	三章 49 号
	37. 宋尼子（628—691）	邢州任县主簿（从九品下）王挺继室	广平	佛教	洛阳利仁坊私第	64	二章 49 号
平民之妻、女 6	38. 崔淑（693—726）	太原王晓之妻	清河东武城	—	郓州平阴乡别业	34	三章 25 号
	39. 韩自明（764—831）	京城玉晨观上清大洞三景法师，孝廉张则见之妻	—	道教	京城亲仁里咸宜观旧院	68	一章 38 号
	40. 赵氏（773—847）	焦氏之妻，赵谊之女	相州内黄	道教	潞州上党县府第	75	三章 33 号

（续表）

类别	编号、姓名及生卒年	身份	籍贯	宗教信仰	卒地	卒龄	上编编号
平民之妻、女 6	41. 梁氏（794—849）	刘处士之妻、梁邕之女	安定郡	—	魏州永济县贝丘乡南苏孟村私第	56	三章37号
	42. 李琡（837—871）	进士孟启之妻	陇西	—	长安通化里私第	35	一章26号
	43. 唐氏（？—875）	张免（816—879）之妻	西河郡	—	私第	64	三章79号

　　在上表所列 43 例唐代女性薄葬遗言中，唐前期（618—755）遗言薄葬者 25 例，唐后期（756—907）遗言薄葬者 18 例，其中，文献中未提及薄葬的具体要求者有 14 例，[1]其余 29 例均对如何薄葬有说明，参见本章第一节唐代女性遗言中的经济安排部分的相关内容，此不赘述。从遗言薄葬女性的具体死亡时间来看，唐代的不同时期普遍存在遗言薄葬者，卒于 7 世纪者 8 人，卒于 9 世纪者 13 人，卒于 8 世纪者最多，为 22 人。卒于 8 世纪的 22 人中，卒于前半世纪者 12 人，卒于后半世纪者 10 人。总的来看，遗言薄葬女性在各阶段的分布较为均衡。从死亡年龄来看，除 25 号崔氏（？—784）仅知其卒于中年之外，其余 42 名女性中，卒于 20—29 岁者 3 人，卒于 30—39 岁者 8 人，卒于 40—49 岁者 3 人，卒于 50—59 岁者 4 人，卒于 60—69 岁者 13 人，卒于 70—79 岁者 9 人，卒于 80—

---

[1]　第一章第 5、16、21、44 号，第二章第 10、33、35、39、46、62 号，第三章第 15、35、49、54 号。

89 岁者 2 人。显然,卒于 60—69 岁者是各年龄阶段遗言薄葬女性人数最多者,其次是 70—79 岁,再次是 30—39 岁,三个年龄段合计 30 人,占卒龄信息确定者的 71.43%。从出身阶层来看,唐代遗言薄葬女性的出身阶层广泛,包括皇帝后妃、王妃 4 人,朝官之妻、妾、母、女 13 人,地方官妻、女 20 人,平民之妻、女 6 人。从婚姻情况来看,这些遗言薄葬的女性,仅 11 号尼辩惠(702—754)年幼出家、28 号尼体微(720—791)未婚出家之外,其余全部为已婚。已婚者中 1 例在经历短暂婚姻后,因丧偶离家,后为玉晨观法师。

　　从籍贯来看,除 15 号韩氏(600—675)、17 号慕容氏(715—739)、39 号韩自明(764—831)籍贯未知之外,其余 40 位遗言薄葬女性的籍贯共来自 6 个道:陇右道、河南道、关内道、河北道、河东道、江南道,以北方诸道为主。开元十道中,北方诸道均有女性遗言薄葬,共计 38 名,占籍贯可知遗言薄葬女性的 95%。其中,来自河北道、河南道、关内道三道者最多,分别为 13 名、9 名、6 名,合计 28 名,占确切可知籍贯遗言薄葬女性的 70%;另有来自河东道4 名、陇右道 4 名。籍贯来自南方的遗言薄葬女性仅 2 名,来自江南道。薄葬遗言女性籍贯之地的分布明显北少南多,这与唐墓多在唐都长安、东都洛阳等北方地区出土有很大关系,但也可能反映出南方女子遗言薄葬者确实较北方为少的现象。据姚崇所见,遗言薄葬者需要是不溺于流俗的明哲之人,仅从唐代都城的设置也可知唐朝的政治、经济重心均在北方,只是到了安史之乱之后,经济重心才有所南移,但文化的发展又后于经济的发展而发生,故南方文化观念方面的发展当迟滞于北方,这与今日中国南北方经济的发展情况恰恰相反。

　　从死亡的具体地点来看,唐代遗言薄葬女性的卒地大致包括私第、官舍、客舍、寺观四类。其中,22 号元氏(775—835)卒地未知;6 号卢西华、33 号萧博分别卒于河南崇政里、东京会节里,很可能为其个人私第,但不能明确断定;28 号尼体微卒于孟州河阴县,未知是否为寺宇或其他容身之所;30 号裴耀卿之玄孙裴琡(814—849),其丈夫李涣本为黔中部从事,后丁内外艰,后制授河南县丞、书殿雠校。裴琡墓志铭记载李涣"将述职而夫人殁于扬州",留下"二男一女皆稚孺",且幼子"不幸后夫人一月亦殁于楚州",似裴氏卒于随夫述职的途中,很有可能是客舍,或寺观等容身之地,但不能明确。除此 5 例外,具有明确卒地信息的遗言薄葬女性共 38 人。第一类,史料明确记载卒于私人里第者 27 人,卒于私人别业者 1 人(38 号),卒于宫城寝殿者 2 人(1 号、3 号),合计为 30 人。卒于私人宅第者占明确卒地信息遗言薄葬女性的 71.05%,是最主要的死亡地点。这也是唐人认为理想的死亡地点,行吏部侍郎韩愈(768—824)视"获终于牖下"①为其荣幸。第二类,卒于传舍、馆舍、客舍者 3 名,即 2 号燕氏、4 号陆氏、34 号阎氏,占留下卒地信息女性遗言的 7.89%。第三类,卒于官舍、廨宇、公署者 3 名,23 号李晋、36 号窦氏、17 号慕容氏,占比亦为 7.89%。第四类,卒于寺、观者两人,21 号长安崇敬寺尼寂照卒于本寺,39 号长安内玉晨观法师韩自明,卒于出外养病的京城咸宜观旧院,占比为 5.26%。

　　从遗言薄葬女性的宗教信仰来看,信仰佛教者 15 人,信仰道教者 4 人,道释兼善 1 人,具有佛道信仰者合计 20 人,约占唐代遗言薄葬女性总数的 46.51%。其中,信仰佛教者最多,占具有宗教

---

① 〔唐〕李翱撰《故正议大夫行尚书吏部侍郎上柱国赐紫金鱼袋赠礼部尚书韩公(愈)行状》,《全唐文》卷 640,第 6462 页。

信仰者遗言薄葬总数的 75％。其余 23 人为无宗教信仰者，占遗言薄葬女性之比为 53.49％。

三、从遗言看唐代女性薄葬的原因

在盛行厚葬的唐代，遗言薄葬是具有个性的一种表现。蒲慕州指出：虽然个别唐人遗言对薄葬内容的要求与原因有所不同，但不愿随波逐流的用意则相同。[①] 这种显示个性的遗言，是需要家人冒着一定风险才能完成的，逝者在临终时提出薄葬，表明了对其的无比重视。吕思勉在其所著《隋唐五代史》中，曾概括说明唐代遗言薄葬者包括三种类型：信佛者、信道者及守礼或尚俭之士。而且提出冯宿、李勣等人似欲借遗言薄葬而博得嘉誉。[②] 其对男性遗言薄葬的三种类型的划分可能代表了大多数情况，但通过遗言薄葬而博得清誉的观点，笔者并不认同。在生死之际，即使博得声誉已无益处，李勣足智多谋，更可能为避免盗墓或其他原因而遗言薄葬。冯宿提出把自己平生的书放到墓中与遗命薄葬，很可能同时存在，不一定就为假。从所掌握的资料来看，唐代女性遗言薄葬的原因，大致包括四种。

其一，出于对佛教、道教的信仰而遗言薄葬。表 3－2－2 中 3 号赵丽妃（693—726）、39 号韩自明（764—831）信仰道教，在临终前都表达了自己对道的感悟，并提出薄葬。36 号汉中郡西县尉李某之妻窦氏（719—743），"道释兼善"，25 岁早亡，临殁"以厚葬非

---

① 蒲慕州著《墓葬与生死：中国古代宗教之省思》，台北：联经出版事业公司，1993 年，第 254—268 页。
② 吕思勉著《隋唐五代史》，上海：上海古籍出版社，2005 年，第 850—851 页。

礼"遗嘱其夫,李少府"勉就高志"。40 号赵氏(773—847)"洞识玄机,倾心好道""性好闲□,疏于义方",寝疾在床时,命诸子告曰:"然□举哭殡葬之□,尤□□□无上奢荣。吾灵有知,□□是吾平生之志。吾若无知,奢荣何益。"其想法与其信道有关。因信仰佛教,遗言不与丈夫合葬和薄葬的女性有四。23 号李晋(653—725)遗令:"不须祔葬,全吾平生戒行焉。时服充敛送终,唯须俭省。祠祭不得用肉。"18 号裴冬日(637—724)"誓将依佛,至愿出家",故临终"遗约子孙,勿置封树。旧域是遵,玄堂莫祔"。37 号宋尼子(628—691),临终遗言诸子:"吾心依释教,情远俗尘,虽匪出家,恒希入道。……归该反真,合葬非古,与道而化,同穴何为? 棺周于身,衣足以敛,不夺其志,死亦无忧。"7 号萧氏(740—797)临终"顾命薄敛,异其茔兆。且合葬非古,矧我修其真哉"。

其二,出于本性节俭,习惯了日常节俭度日而遗言薄葬。表3-2-2中,34 号阎氏(635—712)与丈夫虢州卢氏县尉杜嗣俭,"并性居素约,恶兹奢侈,不许厚葬,将贻我伤",遗言"有棺无椁",夫妻"合葬归茔"。38 号崔淑(693—726),34 岁终于平阴别业,有三男二女,临终"顾念遗托,自尊逮卑,使彻其珍华,敛以时服,不忘俭也"。6 号礼部尚书崔翘夫人卢西华(689—752),生前"遵俭约,以济恤孤幼""胭妹而寒衣辍己",并"鞠育兄子,爱加所生",临终,召五子,遗命薄葬。10 号太常少卿崔公夫人郑正(766—813),临终诫子曰:"尔家上皆硕厚,可以立代,不为俗倾。吾疾膏肓,久乐俭薄,且处世已来,四十八年,生已不然,葬何必备,敛形而已。"尽管家庭条件"硕厚",郑正仍因本性乐于节俭、不喜浪费而遗言薄葬。26 号王氏(806—854),49 岁因病离逝,"顾命儿女,侍立左右,诲诫勤俭,不坠家风,是吾所尚"。儿女遵嘱,"阙地为隧……不埋

珠宝"。显然,薄葬母亲也是传承节俭家风的表现。16 号卢氏
(823—859),37 岁病逝,当疾之际,谓丈夫殿中侍御史内供奉杨知退
曰:"古人之制,所贵称家。送终之仪,不尚虚饰。况蒸尝所奉,方切
朝夕。但一钗一梳,衣装之故者,粗备斯可矣。岂复以今日之事而
务丰费以为也。"卢氏认为称家有无安葬即可,没必要浪费。杨知退
认为其妻遗言薄葬是居家节俭的延续,在其所撰墓志铭中云其妻
"何知礼遵俭之意,如此其多耶? 是则夫人居家成妇,始终俱至矣"。

其三,考虑到后人现实生活的实际需要而遗言薄葬,希望不要
因自己的丧事妨害到后代的生活。这是鉴于丧葬费用在流行厚葬
的唐代是一笔巨大的开支。表 3-2-2 中,14 号刘宝(713—755),
危亟之际,遗言丈夫右补阙高盖:"遗约棺才周身,敛以时服。"高盖
在为其妻撰写的墓志中云夫妻结婚 20 年,刘宝一直甘于贫困,"盖
官卑禄微,居僻室隘"。故高盖平时即"衣则缯素,食惟蔬粝"。①
故其遗言薄葬的原因当是限于家庭经济条件。29 号泗州仓曹参
军刘某之妻张氏(792—857),因丈夫"幼失二亲",需要巨资迁祔,
故张氏"一心辅助,唯俭唯勤"。丈夫改任他官后,张氏"又以家道
未立,弥更苦心,减口食而添聚归粮,服浣濯而不辞暗弊"。养成了
勤俭持家的习惯。大和二年(829)丈夫离世,张氏 38 岁寡居,卧病
四年后,66 岁终于洛阳私第。其一生勤俭,以佛教为精神寄托,病
重之际,遗命嗣子刘航:"汝当节去哀情,无令害己,俭薄营葬,勿遣
妨生。"且三番五次提及"此处分"。27 号王氏(732—794)临终谓
其子李士华曰:"吾不起,可敛以时服,勿加缯彩。丧事称家有无,
靡至伤生,罔有殚财。此吾所志,汝无庸违。"三人遗言薄葬,主要

---

① 右补阙高盖撰《高盖故妻彭城刘氏墓志》,《长安新出墓志》,第 191 页。

是限于家庭经济条件,不希望因丧事而"妨生""伤生"。

其四,有的女性认为厚葬会招致盗墓贼觊觎,以致露骸于野,故遗言薄葬,反对厚葬。苏冕、苏弁两兄弟认为韦玄贞荣先陵及其四子逾制厚葬导致被盗而宝玉罄竭一空之事"足以诫将来厚葬者"。① 类似盗墓事例多有,这种现象导致一部分女性遗言薄葬。20 号万俟氏(723—791)遘疾之初,诫子曰:"吾殁已后,可殓以时服,棺以凡材。然珠玉而瘗之,是暴骸于中原也。"特别提出对陪葬珠玉的强烈反对。

还有出于多种原因而遗言薄葬者。表 3-2-2 中,1 号长孙皇后(601—636)临终前,与太宗辞诀,遗言薄葬:"愿因山为垅,无起坟,无用棺椁,器以瓦木,约费送终。"长孙氏出身高门,贵为皇后,出于个人观念和本性"性仁孝俭素"②而遗言薄葬。12 号崔氏(689—755)就是出于平素节俭、多藏厚亡的观念及修梵信仰佛教等综合因素而遗言薄葬。天宝十四载(755),崔氏终于京第。归于丈夫的 31 年间,崔氏平素"恶奢尚俭,好静忘躁,不以外荣为贵,恒以内修为德"。尝曰:"此身无常,如水聚流;此欲难满,如火□□。"疾亟,内外皆归,谓太子典设郎郑府君曰:"死生天地之理,物之自然,奚可甚哀。多藏厚亡,圣师所诫。家大周也,愿返葬焉。"

在唐代,不同阶层、不同信仰的唐代女性的临终遗言中,都有因为各种原因遗言薄葬者,且多数薄葬遗言得到了子孙的遵行。这说明女性思想在唐代具有一定的自由度,作为长辈的女性,在家中的地位较高。笔者认为绝大部分女性要求薄葬,应该是出于个人意志,而非子女出于家庭经济困难而杜撰。

① 《唐会要》卷 21《诸僭号陵》,第 408 页。
② 《资治通鉴》卷 194,唐太宗贞观十年六月条,第 6232 页。

代结语：唐代女性的生死观

　　本书共搜辑隋唐遗言女性 236 人，隋代 9 例、唐代 227 例①。唐代遗言女性中，安史之乱前的唐前期 110 人，②唐后期 117 人；③具有佛、道宗教信仰女性 115 人（信佛者 96 人，④信道者 12 人，⑤佛道兼修者 7 人⑥），非佛道信仰女性 112 人，⑦两者基本各占一半。唐代遗言女性中，除两位长安女性婚况不明外，未婚女性 19 人，⑧包括年轻而逝未及与婚和出家为尼、出家为女冠两种情况，年轻而逝者中，除待字闺中者外，还有官妓一人，即上编第二章 8 号沈子柔；已婚遗言女性 206 人，⑨至少占遗言唐代女性的 90.75％，除妻子身份外，还包括侧室、妾、如夫人等身份，如上编第一章 17 号赵懿懿（646—666）为尚衣局奉冕直长（正七品下）源氏侧室，第二章 16 号曲丽卿（801—859）为东都留守留守李大素之

---

① 　包括京师长安女性遗言 69 例、东都洛阳女性遗言 75 例、两京以外地区女性遗言 79 例及所在地区不明女性遗言 4 例。
② 　长安 36 人，洛阳 44 人，两京以外 29 人，所在地区不明 1 人。
③ 　长安 33 人，洛阳 31 人，两京以外 50 人，所在地区不明 3 人。
④ 　长安 38 人，洛阳 34 人，两京以外 22 人，所在地区不明 2 人。
⑤ 　长安 6 人，洛阳 4 人，两京以外 2 人。
⑥ 　长安 1 人，洛阳 2 人，两京以外 4 人。
⑦ 　长安 24 人，洛阳 35 人，两京以外 51 人，所在地区不明 2 人。
⑧ 　长安 9 人，洛阳 5 人，两京以外 5 人。
⑨ 　长安 58 人，洛阳 70 人，两京以外 74 人，所在地区不明 4 人。

妾,第三章 27 号邓氏(? —868)为同州白水县令夏侯府君如夫人,
皇帝的皇后为正妻,其余妃嫔亦不为妻。

具体而言,在唐代信佛的遗言女性中,比丘尼 16 人、[①]在家出
家女尼 3 人;[②]信道的遗言女性中,女冠 3 人,[③]在家出家女冠 3
人。[④] 在已婚遗言女性中,除丈夫身份未知者 16 人[⑤]外,其余已婚
遗言女性中,官员之妻 157 人,[⑥]是已婚遗言女性的主体,占比为
76.21%;平民之妻遗言仅 18 人,[⑦]占比为 8.74%;皇帝后妃遗言
12 人,[⑧]占比 5.83%,另有三人分别为赠官、小吏和流人之妻。

唐代遗言女性为官员之妻者,大部分为文官夫人。也有十余
人为武官夫人、武将之妻,所占比例十不及一,其中,四品以上高层
武官约占一半,如上编第一章 16 号太子右千牛卫率刘府君之妻李
娘(609—693),31 号左神武军将军秦公夫人杨氏(741—807),32
号谷氏(748—796),其夫张孝忠出身奚族,"以勇闻于燕、赵",曾任
义武军节度使、支度营田易定观察处置等使;第三章 9 号右卫中郎
将李府君夫人郭氏(679—752),53 号朔方节度十将、左内率府率
臧晔之妻翟氏(724—796)、71 号李元谅(本名安元光)夫人阿史那
氏(? —771),其丈夫功勋卓著,曾官潼关防御使、镇国军使、陇右
节度支度营田观察处置、临洮军等使。中下层武官之妻约占一半,
如上编第一章第 15 号李氏(697—768)、22 号姚氏(722—788),二

---

① 长安 9 人,洛阳 3 人,两京以外 4 人。
② 长安 1 人,洛阳 2 人。
③ 长安 2 人,洛阳 1 人。
④ 长安 1 人,洛阳 2 人。
⑤ 长安 4 人,洛阳 7 人,两京以外 5 人。
⑥ 长安 41 人,洛阳 57 人,两京以外 56 人,所在地区不明 3 人。
⑦ 长安 4 人,洛阳 4 人,两京以外 9 人,所在地区不明 1 人。
⑧ 长安 9 人,洛阳 2 人,两京以外 1 人。

人之夫赵府君、张晕均为卫府果毅都尉，属中层武官；第二章 14 号慕容氏（715—739）、50 号长孙氏（668—734），前者丈夫宋府君任左武卫司戈、后者丈夫柳府君任左豹韬卫兵曹参军，为低层武官。

　　关于唐代遗言女性的年龄，除未知年龄者 30 人[①]之外，49 岁以前遗言女性 58 人，[②]50 岁以后遗言女性 139 人。[③] 将唐代遗言女性的卒龄按年龄分为 9 个年龄组，遗言分布最少的是 90 岁以上年龄组和 10—19 岁年龄组，前者有 2 人，[④]后者有 5 人；[⑤]遗言分布最多的年龄组是 60—69 岁，有 54 人，[⑥]其次是 70—79 岁，有 40 人，[⑦]再次是 50—59 岁年龄组，有 32 人。[⑧]

　　唐代女性的遗言内容涉及情感眷念、经济安排、丧葬安排、宗教关怀及政治关怀等多种方面，其中论及较多的与丈夫分葬、薄葬，原因复杂多样，前文已单独阐释。生老病死，乃人之常情，不少唐代女性在生死之际，认识并接受人皆有老、会死亡的事实，故能坦然接受死神的来临。一些中青年女性对此亦有清醒认识。河南府缑氏县尉薛弘庆之女薛氏（799—822）谓："生之短长，命也。"司农少卿柳泽之女柳婉（720—732）曰："生死者，盖人之常分。"刘处士之妻梁氏（794—849）临终告诫子弟时提到"夫生灭人之常□"。一些老年重病者临终前拒绝医药亦是其体现，例如：睿宗贤妃王芳媚（673—745）曰："吾年过耳顺，待终可也。何药之为？"她们对

① 长安 6 人，洛阳 3 人，两京以外 20 人，所在地区不明 1 人。
② 长安 20 人，洛阳 16 人，两京以外 21 人，所在地区不明 1 人。
③ 长安 43 人，洛阳 56 人，两京以外 38 人，所在地区不明 2 人。
④ 长安、两京以外各 1 人。
⑤ 长安、京以外各 2 人，洛阳 1 人。
⑥ 长安 14 人，洛阳 25 人，两京以外 13 人，地区不明 2 人。
⑦ 长安 8 人，洛阳 19 人，两京以外 13 人。
⑧ 长安 15 人，洛阳 9 人，两京以外 8 人。

于死亡的态度决定着其临终心态，与其生死观密切相关，以下试就隋唐女性遗言中所体现的生死观略作说明，大体可依思想来源的不同，区分为儒家、佛家、道家、俗家四种类型。

一、儒家类生死观

隋唐典籍及墓志等文献资料中比较少见对于女性信仰儒家思想的明确说明，但从其遗言中却可发现她们的儒家生死观。

一是舍生取义，杀身成仁。来自孔孟的这一主张在隋唐女性遗言中多有表露。无论是隋末欣慰于其子行给事郎许善心（568—618）死于国难绝食而死的永乐郡君范氏（527—618），唐末黄巢军进入长安后誓与国家共存亡自缢而死的故相驸马都尉于琮之妻广德公主（？—881），还是为蔡州吴元济军脔而食之仍高叫其丈夫李湍"善事乌仆射"的无名氏，都是死于忠义的典型代表。值得一提的是颍州刺史高彦昭之女高妹妹（775—781），虽为女童，亦因忠义而死。高彦昭原为淄青节度使李正己部下将领，奉命镇守濮阳，因继任者李纳抗拒朝命，在德宗建中二年（781）挈城归河南都统刘玄佐。其被质妻子因此被屠，七岁之女高妹妹本可免死为婢，她因母兄"以忠义诛"，不忍独生，西向再拜其父后就死。[①]

二是士可杀不可辱。不少隋唐女性重视名节，因义不受辱，自杀而亡或被杀而死。在隋末或唐末战乱时期，多有高门大族之女主动求死或为贼所杀。在隋末，渭源县令裴伦夫人河东柳氏（579—618）带年轻美貌的二女和儿媳投井而死，历阳郡丞赵元楷

① 《太平广记》卷270《妇人一》"高彦昭女"条引《广德神异录》，第2122页。

之妻清河崔氏（？—616）拒绝盗贼逼娶被乱箭射杀，被幽废的华阳王杨楷之妃河南元氏（？—618）羞于为宇文化及之党校尉元武达所辱绝食身亡；唐末黄巢之乱时，进士、校书郎殷保晦之妻封绚拒为黄巢贼党逼娶，骂贼曰："我，公卿子，守正而死，犹生也，终不辱逆贼手！"遂遇害。在遇贼寇受辱之际，唐代非名门大族之女亦多有为守节主动求死者，多发生于唐中期。例如：前安乐公主府仓曹符凤之妻玉英（约卒于睿宗时期），在随夫流放儋州途中为獠贼所胁选择自沉于海；武康尉薄自牧之女薄氏，随丈夫邹待征赴江阴县尉途中，因拒为海贼所污于江滨投水而死；① 奉天县窦烈待嫁二女伯娘、仲娘为持刃剽劫的草贼所掠，姊妹为拒逼辱先后投谷而死；② 张弘靖幕府观察判官韦雍之妻萧氏，在幽州朱克融军乱丈夫被劫临刃之际因不愿为贼所辱而被杀。她们因义不受辱，或投井、或绝食、或被箭射、或沉海、或投江、或跳谷、或被杀身亡。

　　三是侍亲行孝，无愧先人。儒家主张事死如事生，提倡行孝，无论是在父母生前还是身后。一些中青年女性，在临终前以不能再侍奉行孝于舅姑而遗憾，如京兆府渭南县尉陈苌夫人柳氏（758—801）、试左内率府胄曹参军裴简之妻崔氏（789—814）、前华州华阴县尉夏侯敏续弦崔氏（798—822）、前沧齐协律北平田宿之妻李鹄（834—859）。纪王李慎之女东光县主李氏（？—705），因父亲沉冤得雪，得以下见先王而无恨。京兆府功曹参军诗人韦应物之妻元苹（740—776）临终遗言遵先人遗训薄葬，"缯绮铜漆，一不

----

① 《旧唐书》卷 193《列女·邹待征妻薄氏传》，第 5148 页。参见《太平广记》卷 270《妇人一》"邹待征妻"条，第 2118 页。
② 《旧唐书》卷 193《列女·奉天县窦氏二女传》，第 5147 页。

入圹，送以瓦器数口"。① 李氏对父亲冤狱的挂怀、元苹对先人遗训的尊重，都是孝顺的表现。

出于死后尽孝、不忘本的目的，一些已婚出嫁女在临终前遗言归葬本家祖茔，选择死后在另一个世界一家团聚。例如：司勋郎中杨府君续弦韦净光严（652—711）、黄州刺史高府君夫人李端淑（670—728）、亳州尉氏县尉杨璡之妻源内则（675—741）、亳州刺史郑公之妻独孤氏（？—766）、乡贡进士孙绿之妾王氏（826—853）。韦美美（716—732）由祖母养育成人，遗言葬于祖母墓旁，以报祖母养育之恩。还有一些女尼遗言将自己葬于本家祖茔，洛阳大安国寺大德惠隐禅师（659—734）遗命与师僧父母同葬龙门；京师临坛大德资敬寺尼释然（732—766）遗愿葬于毕原其祖母魏国先祖夫人之茔旁。虽然她们已经皈依佛教，但应该仍和本家保持着比较密切的联系，亦有侍亲之观念。

四是慎终追远，葬祭以礼。儒家主张慎终追远，重视葬祭之礼。《论语·为政》曰："生，事之以礼；死，葬之以礼，祭之以礼。"②唐人一般都希望在死后以礼安葬。亲历安史之乱年过半百的叶元之妻郭氏（？—762）临殁，泣谓其子，希望得到以礼安葬。其子叶勃海敬从，"椁于是，棺于是，不愧于乾坤；车如云，马如云，无惭于拜送"。秘书郎兼摄虢州朱阳县令席府君继室杨云（716—774）后于丈夫及继子而亡，卒后由席府君之妹嫁于崔氏者营葬，崔氏女亦"泣血主丧，毁瘠过礼，罄家举事"。对葬礼很重视。唐代流行厚葬，除了因经济较为富庶，受重视葬祭之仪的儒家观念影响也很

① 朝请郎前京兆府功曹参军韦应物：《故夫人河南元氏（苹）墓志铭》，《西安碑林博物馆新藏墓志续编》下册，第 383—385 页。
② 杨伯峻：《论语译注·为政篇第二》，北京：中华书局，1980 年，第 13 页。

重要。

五是重视生前身后名。因墓志铭事关身后形象的塑造，唐代女性重视自身名声的另一表现是关心自己墓志铭的撰写。一些女性在临终前指定自己墓志的撰写人，如秘书郎席府君续弦杨云（716—774），遗愿以席氏外甥崔倬"纪事幽壤"；将军秦公之妻杨氏（741—807），遗命次子秦宗衡撰写墓志；邢州龙岗令王某之妻崔蕴（793—852）嘱其子令侄乡贡进士王凭撰写墓志。而女皇武曌（623—705）死后，其乾陵建立无字碑，寓意人生功过后人评价。"将大渐，遗制祔庙、归陵，令去帝号，称则天大圣皇后；其王、萧二家及褚遂良、韩瑗等子孙亲属当时缘累者，咸令复业"。此举奠定了她作为李唐王朝皇后、皇太后的位置。武则天虽然信仰佛教，作为一代女皇，临终前关心的仍是身后声名。

二、道家类生死观

隋唐遗言女性中，持道教信仰者仅 12 人，出家女冠 3 人，在家出家女冠 3 人，所占比例仅为 5.08%。她们对待死亡的态度表现为如下三个方面：

一是道法自然，安之若命。李耳认为世间万物都有生死变化，需顺应自然之道。庄周将死，遗言弟子以天地为棺椁，意欲回归自然。信道女性往往具有死为自然之常道的死亡观。长安至德观主元淳一（卒于大历年间）在给门弟子的遗言中提到其"适去顺也，归夫自然"。守太府寺主簿卢府君夫人李真（786—839），"达观彭殇之分，不以寿夭婴心"。"豫戒终期，形于文字，藏在箧笥，人莫得知。粗说生平，犹未绝笔"。在预感到即将走到生命尽头之时，李真尚能执笔写下其生平,平静以终。

二是追求长生不老,肉身成仙。许州扶沟县主簿郑道夫人李氏(631—707),"平生闻王母瑶池之赏,意甚乐之"。在诸子成年后屏绝世事,"受法箓,学丹仙"。晚年精于老庄,因曰:"夫死者归也,盖归于真;吾果死,当归于真庭,永无形骸之累矣。"太子中允□谌之母卢起信(？—754)诏许出家,将受法箓之际仙逝,遗言曰:"无或怛化,吾其升真!"长安至德观主元尊师淳一(卒于大历年间),临终谓门弟子提及其志向是:"吾方欲撷三芝,练五石,干白日、升青天。"长安玉晨观法师韩自明(764—831),婚后一年多丈夫暴终,她托孤于父母家,栖心于神仙学。临终前谓门人曰:"吾将无形,消息大患尔。"

三是生死齐一,重生乐死。这是顺应自然生死的升级,庄周认为死生如昼夜,循环往复,故达观于生死。试太常寺协律郎郑当之妻王缓(807—833),是庄子生死观的代表人物。病逝前一日,告丈夫"寿夭阴定,非人能易,勿药俟命,鼓盆当师"。虽非道教信徒,但王缓乐观对待死亡,是受到庄周的影响。

三、佛家类生死观

一是死如蝉脱,生死轮回。长安龙花寺尼尼实照(719—797)觉察到自己寿命将尽,尝曰:"慈云高飞,法雨当歇。轮回世界,吾其久欤。"泗州仓曹参军刘府君夫人张氏(792—857)病重之际,遗命嗣子刘航曰:"吾年过岁制,病在膏肓,余气幸存,幸有诚约。况吾心崇释教,深达若空,人之死生,岂殊蝉脱。汝当节去哀情,无令害己,俭薄营葬,勿遣妨生。"

　　二是通过功德布施，寻求解脱，以超越生死，往生净土。信佛女性临终前会通过写经造像、素食长斋、施舍、释放奴婢等各种方式做功德。寡居的毛处士之妻贾三胜（638—711）皈依佛教，"摈绝尘俗，虔归净土"，大量抄经造像，菜食长斋，礼忏忘倦。"临终设斋，延诸大德，三日行道，并放家僮四人。"其嗣子毛希望葬母并未采取通常的夫妻合葬方式，而是"坟兆虽同，仪形各异，非周文之合葬，祈释教之往生"。衮州瑕丘县令崔府君之妻朱氏（657—740）信佛，"大齑行暮，遗言余教，抚诲不爽。遂舍钱十万，克修胜果"。剑州刺史郭府君夫人元婉（680—746），中年寡居信佛，并受具足戒，预见到自己将亡，"顾谓左右，广修功德。乃舍财宝，放家僮，转大藏经，发最上愿"。河南县尉李瑄别室张留客（842—871）"栖心释氏"，疾渐笃，"自取衣装首饰等，施以写经铸佛，一无留者"。另外，华州长史骞公之妻范氏（？—672），其子检校内史、同凤阁鸾台三品骞味道，在母亲死后，"奉遵遗志，敬造阿弥陀石像一躯，并观音、大至两菩萨夹侍"。司农少卿柳泽之女柳婉（720—732）临终之前"分遣赎生"。这是基于她们的佛教信仰，希望死后能达彼岸世界的表现。

　　三是皈依三宝，意乐出家。典型之例为李勣孙女李功德山（654—716），"临终乃建说一乘，分别三教，谈不增不减，以寂灭为乐，意乐出家，遂帔缁服，如如永诀，非复常情"。泗州刺史王同人之妻裴夫民（685—741）"久得道"，"隐化时顾命勤勤，只令归依三宝，不惊不怖，如眠如睡"。此外，隋唐信佛女性多有遗言塔葬者，还有遗言火葬、窀葬、天葬者，希望借此到达彼岸世界，详见下编第三章丧葬安排部分，此不赘述。

四、世俗类生死观

一是悦生恶死,忧愁不寿。唐代女性中执着于生死的典型代表是兖海沂密等州观察推官杨牢(801—858)之妻郑琼(809—841)。其人出身名门,善守妇道,但性本悲怯,因幼年卜卦而深忧不寿。由是恳苦求助于佛道,衣黄食蔬斋戒,讽诵《道德经》,抄写佛经,晦朔放生,以图庇佑。平时十分敏感,特别在意平日吉凶征兆,恶闻哭声,喜吉语。最终,她在得疾后逾年而终。郑琼虽然求助于佛道,但显然并未成为其内心的信仰,最终因对寿夭过分忧虑33 岁便过世。

二是生命有限,追求人生圆满。光州刺史张策之女、吕藏元之妻张氏(?—759),临终遗命诸子孙曰:"吾行年八十有三,教训汝曹,未尝愠色。汝既忠于国,孝于家,及吾无身,吾亦何患。忽乖寝膳,祷药靡效,谁谓荣蓼集于我家。"张氏回顾自己的一生,自认圆满,已是人生赢家,对自己教育得法,长子吕諲身为同中书门下平章事而感到欣慰。殁世之前有未了之事和心愿者则会抱憾而终。户部侍郎、御史大夫、诸道盐铁转运等使张滂续弦郭仪(?—798)随夫贬谪,薨于汀州开元寺别院,临终云:"死生常理,何恨如之。但忧其夫近来多病,男又童稚,未及与婚媾。"田某妻李鹄(834—859)临终谓其夫曰:"所沉恨者,来子家未再周,舅姑知我厚,不得尽供养之道,以报慈爱,死且不瞑矣。"抱憾而终是追求人生圆满的另一种表现。

综合上述,唐代儒释道并行,女性的生死观受到儒道佛三大主流思想的影响。儒家思想为统治者所提倡,子女或孙子女等通过厚葬父母或祖父母以实践孝道成为当时社会的总体氛围，舍生取义、义不受辱者占有相当比例。唐代女性佛教信众较多，如果考虑到唐代社会诸多老少配现象的存在，我们就会理解寡居女性对宗教，特别是佛教情有独钟的原因，无疑，宗教对女性的精神慰藉是十分巨大的。道教信徒所占比例远较佛教为少，但仍具有一定影响，代表了另一种出世追求。宗教力图超越生死，有宗教信仰者一般能够坦然对待死亡的来临，尘世俗人则牵绊较多，多执着于生死。应该说明的是，少数女性的生死观较为复杂，表现出佛儒杂糅的特点，典型之例如张威德山（756—811），作为宦官之妻，她信仰佛教，属纩之际，"功德布施，自终其愿"。而在告诫子弟后事时，提及"夫立身之本，以忠孝为先，但守前规，吾死无恨"。忠孝显然又属于儒家的范畴，从其遗言可见，佛、儒在其身上是融合在一起的。太仆卿张曄夫人许日光（671—735）亦具有同样特点，她信仰佛教，"性晤轮转，心依法空"。又嘱托其子仁义，"临终遗约，不忘仁义"。

附录：

上编唐代留有遗言女性基本信息一览表

地区	编号	姓名及生卒年	所在章及编号	身　份	年龄	婚况	信仰
长安	1.	曹令姝（536—618）	一章 62 号	唐君之妻	83	已婚	佛教
	2.	太宗长孙皇后（601—636）	一章 1 号	太宗皇后	36	已婚	—
	3.	杨十戒（587—644）	一章 19 号	李君之妻	58	已婚	—
	4.	徐　惠（627—650）	一章 2 号	太宗充容	24	已婚	—
	5.	达奚淑（590—651）	一章 35 号	陈密公之妻	62	已婚	佛教
	6.	高宗王皇后（？—655）	一章 3 号	高宗皇后	20 多	已婚	—
	7.	高宗萧淑妃（？—655）	一章 4 号	高宗之妃	20 多	已婚	—
	8.	征氏夫人程氏（约贞观初期—659）	一章 63 号	征士之妻	50 多	已婚	佛教
	9.	董夫人（575—661）	一章 18 号	某君之妻、董恭之女	87	已婚	佛教

（续表）

地区	编号	姓名及生卒年	所在章及编号	身　份	年龄	婚况	信仰
长安	10.	尼法愿（601—663）	一章 43 号	萧瑀之女	63	未婚	佛教
	11.	赵懿懿（646—666）	一章 17 号	源氏侧室	21	已婚	—
	12.	罗四无量（623—688）	一章 30 号	刘府君之妻	66	已婚	佛教
	13.	李娘（609—693）	一章 16 号	刘府君之妻	85	已婚	佛教
	14.	崔公夫人郑氏（667—703）	一章 45 号	崔公之妻	37	已婚	佛教
	15.	韦净光严（652—711）	一章 53 号	杨府君继室	60	已婚	佛教
	16.	李君之妻裴氏（655—711）	一章 64 号	李君之妻	57	已婚	—
	17.	裴行俭继室库狄氏（？—717）	一章 65 号	裴行俭继室	—	已婚	佛教
	18.	尼坚行（649—724）	一章 59 号	鲁某之女	76	未知	佛教
	19.	玄宗赵丽妃（693—726）	一章 5 号	玄宗之妃	34	已婚	道教
	20.	刘潚夫人李氏（651—729）	一章 24 号	刘潚之妻	79	已婚	儒家
	21.	尼法澄（630—729）	一章 27 号	孙同之女	90	未知	佛教
	22.	韦虚舟夫人李氏（703—729）	一章 28 号	韦虚舟之妻	27	已婚	佛教
	23.	韦美美（716—732）	一章 8 号	韦恂如之女	17	未婚	—

（续表）

地区	编号	姓名及生卒年	所在章及编号	身　　份	年龄	婚况	信仰
长安	24.	柳婉（720—732）	一章 48 号	柳泽之女	13	未婚	佛教
	25.	张知仁夫人李氏（657—739）	一章 39 号	张知仁之妻	83	已婚	—
	26.	裴夫民（685—741）	一章 46 号	王同人之妻	57	已婚	佛教
	27.	宋功德山居长（689—745）	一章 10 号	宦官雷公之妻	57	已婚	佛教
	28.	王芳媚（673—745）	一章 66 号	睿宗贤妃	73	已婚	佛教
	29.	朱祥夫人蔺氏（671—748）	一章 58 号	朱祥之妻	78	已婚	佛教
	30.	杨真一（692—749）	一章 61 号	玄宗淑妃	58	已婚	道教
	31.	孙四娘（约卒于 751 年或稍前）	一章 41 号	樊行淹之妻	87	已婚	佛教
	32.	尼义空（697—753）	一章 60 号	杨某之女	57	未婚	佛教
	33.	卢起信（?—754）	一章 14 号	谌之母	未知	已婚	道教
	34.	尼辩惠（702—754）	一章 36 号	房温之女	53	未婚	佛教
	35.	郑公夫人崔氏（689—755）	一章 21 号	郑公之妻	67	已婚	佛教
	36.	刘宝（713—755）	一章 51 号	高盖之妻	43	已婚	佛教
	37.	和政公主李氏（729—764）	一章 9 号	柳潭之妻	36	已婚	道教

（续表）

地区	编号	姓名及生卒年	所在章及编号	身　份	年龄	婚况	信仰
长安	38.	尼释然（732—766）	一章 47 号	裴冕之女	35	未婚	佛教
	39.	赵府君夫人李氏（697—768）	一章 15 号	赵府君之妻	72	已婚	佛教
	40.	杜钺夫人郑氏（卒于 769 年或稍前）	一章 67 号	杜钺之妻	未知	已婚	佛教
	41.	张晕夫人姚氏（722—788）	一章 22 号	张晕之妻	67	已婚	佛教
	42.	郭府君夫人刘氏（738—791）	一章 68 号	郭府君之妻	54	已婚	佛教
	43.	李楹嘉夫人张氏（740—794）	一章 40 号	李楹嘉之妻	55	已婚	—
	44.	张孝忠夫人谷氏（748—796）	一章 32 号	张孝忠之妻	49	已婚	儒家
	45.	鲍宣夫人萧氏（740—797）	一章 44 号	鲍宣之妻	58	已婚	佛教
	46.	尼实照（719—797）	一章 55 号	张某之妻	79	已婚	佛教
	47.	郭佩（761—801）	一章 37 号	崔君之妻	41	已婚	佛教
	48.	陈苌夫人柳氏（758—801）	一章 23 号	陈苌之妻	44	已婚	—
	49.	董嘉猷夫人郭氏（755—804）	一章 20 号	董嘉猷之妻	50	已婚	—
	50.	秦公夫人杨氏（741—807）	一章 31 号	秦公之妻	67	已婚	—
	51.	张威德山（756—811）	一章 13 号	宦官宋公之妻	56	已婚	佛教

地区	编号	姓名及生卒年	所在章及编号	身　份	年龄	婚况	信仰
长安	52.	顺宗王皇后（763—816）	一章 6 号	顺宗良娣，谥庄宪皇后	54	已婚	—
	53.	尼契义（753—818）	一章 56 号	韦衮之女	66	未婚	佛教
	54.	薛弘庆之女薛氏（799—822）	一章 33 号	薛弘庆之女	24	未婚	—
	55.	卢大琰夫人李氏（797—824）	一章 29 号	卢大琰之妻	28	已婚	佛教
	56.	尼寂照（753—825）	一章 54 号	崔婴之女	73	未婚	佛教
	57.	韩自明（764—831）	一章 38 号	张则见之妻	68	已婚	道教
	58.	姚衮夫人李氏（771—832）	一章 52 号	姚衮之妻	62	已婚	道教
	59.	朱公夫人赵氏（760—834）	一章 11 号	宦官朱公之妻	75	已婚	佛教
	60.	武宗王才人（？—846）	一章 7 号	武宗才人	30 岁左右	已婚	—
	61.	裴棣（783—846）	一章 69 号	韦庆复之妻	64	已婚	—
	62.	杨知退夫人卢氏（823—859）	一章 42 号	杨知退之妻	37	已婚	—
	63.	裴公夫人彭氏（801—861）	一章 25 号	裴公之妻	61	已婚	佛教
	64.	吴德塸夫人赵氏（807—863）	一章 12 号	宦官吴德塸之妻	57	已婚	—
	65.	李珫（837—871）	一章 26 号	孟启之妻	35	已婚	—

（续表）

地区	编号	姓名及生卒年	所在章及编号	身　份	年龄	婚况	信仰
长安	66.	郑霞士（806—874）	一章49号	韦端符之妻	69	已婚	佛教
	67.	韦珪（813—877）	一章50号	郭镠之妻	65	已婚	佛道二教
	68.	广德公主李氏（？—881）	一章34号	于琮之妻	未知	已婚	儒家
	69.	封绚（卒于881—882年间）	一章57号	殷保晦之妻	未知	已婚	儒家
洛阳	1.	韦珪（597—665）	二章51号	太宗贵妃	69	已婚	儒家
	2.	王和夫人李氏（590—666）	二章66号	王和之妻	77	已婚	—
	3.	宋五娘（597—671）	二章10号	毕粹之妻	75	已婚	—
	4.	李巢之母韩氏（600—675）	二章33号	李某之妻	76	已婚	佛教
	5.	宋尼子（628—691）	二章49号	王挺继室	64	已婚	佛教
	6.	张玄弼夫人丘氏（613—691）	二章67号	张玄弼之妻	79	已婚	儒家
	7.	王婉（626—696）	二章37号	韦思谦继室	71	已婚	—
	8.	杜怀古夫人韦氏（633—697）	二章68号	杜怀古之妻	65	已婚	—
	9.	柏善德之妻仵氏（628—700）	二章28号	柏善德之妻	73	已婚	佛教
	10.	许行真夫人李氏（645—701）	二章34号	许行真之妻	57	已婚	—

（续表）

地区	编号	姓名及生卒年	所在章及编号	身　份	年龄	婚况	信仰
洛阳	11.	赵璧（627—702）	二章63号	周绍业之妻	76	已婚	佛教
	12.	武曌（623—705）	二章15号	太宗才人、高宗皇后	83	已婚	佛教
	13.	郑道夫人李氏（631—707）	二章69号	郑道之妻	77	已婚	道教
	14.	姚懿夫人刘氏（？—707）	二章19号	姚懿继室	未知	已婚	儒家
	15.	李琪夫人卢氏（686—710）	二章47号	李琪之妻	25	已婚	—
	16.	张伏宝夫人万氏（643—710）	二章70号	张伏宝之妻	68	已婚	—
	17.	贾三胜（638—711）	二章9号	毛处士之妻	74	已婚	佛教
	18.	杜德（644—718）	二章41号	崔知温之妻	75	已婚	—
	19.	薛府君夫人柳氏（643—718）	二章44号	薛府君之妻	76	已婚	佛教
	20.	王媛（648—721）	二章38号	崔瞪之妻	74	已婚	佛教
	21.	裴冬日（637—724）	二章45号	尹元綷之妻	88	已婚	佛教
	22.	刘府君夫人卢氏（660—724）	二章52号	刘府君之妻	65	已婚	佛教、儒家
	23.	薛府君夫人裴氏（667—725）	二章21号	薛府君之妻	59	已婚	佛教
	24.	李端淑（670—728）	二章36号	高府君之妻	56	已婚	儒家

（续表）

地区	编号	姓名及生卒年	所在章及编号	身　份	年龄	婚况	信仰
洛阳	25.	高力牧夫人魏氏（663—729）	二章 58 号	高力牧之妻	67	已婚	佛教
	26.	韦奂夫人卢氏（681—730）	二章 59 号	韦奂之妻	50	已婚	—
	27.	袁恕己之妃张氏（668—732）	二章 22 号	袁恕己之妻	65	已婚	佛教
	28.	柳府君夫人长孙氏（668—734）	二章 50 号	柳府君之妻	67	已婚	佛教
	29.	尼惠隐（659—734）	二章 30 号	荣怀节之女	76	未婚	佛教
	30.	许日光（671—735）	二章 71 号	张暐之妻	65	已婚	佛教
	31.	侯府君夫人王氏（687—735）	二章 4 号	侯府君之妻	39	已婚	佛教
	32.	卢未曾有（717—738）	二章 72 号	薛氏之妻	22	已婚	佛教
	33.	宋府君夫人慕容氏（715—739）	二章 14 号	宋府君之妻	25	已婚	—
	34.	源内则（675—741）	二章 46 号	杨珃之妻	67	已婚	—
	35.	朱元斡（675—741）	二章 5 号	王令珣之妻	67	已婚	佛教
	36.	郑思九夫人陈氏（？—743）	二章 3 号	郑思九之妻	未知	已婚	佛教
	37.	郑府君夫人万俟氏（696—744）	二章 1 号	郑府君之妻	49	已婚	佛教

（续表）

地区	编号	姓名及生卒年	所在章及编号	身　份	年龄	婚况	信仰
洛阳	38.	元　婉（680—746）	二章 73 号	郭府君之妻	67	已婚	佛教
	39.	郑　冲（686—750）	二章 62 号	卢藏用之妻	65	已婚	佛教
	40.	吴　嘉（675—751）	二章 17 号	清江郡太守之妻	77	已婚	佛教
	41.	刘会如（693—752）	二章 23 号	韩某之妻	60	已婚	佛教
	42.	萧　博（722—752）	二章 35 号	王府君之妻	31	已婚	—
	43.	卢西华（689—752）	二章 39 号	崔翘之妻	64	已婚	—
	44.	卢府君之妻李氏（687—753）	二章 55 号	卢府君之妻	67	已婚	佛教
	45.	何无住行（699—772）	二章 27 号	曹某之妻	74	已婚	佛教
	46.	杨　云（716—774）	二章 53 号	席府君继室	59	已婚	—
	47.	李府君夫人云氏（714—777）	二章 48 号	李府君之妻	64	已婚	佛教
	48.	元淳一（卒于大历年间）	二章 18 号	元府君之女	60 多	未婚	道教
	49.	钱府君夫人万俟氏（723—791）	二章 6 号	钱府君之妻	69	已婚	—
	50.	陶英夫人张氏（733—803）	二章 64 号	陶英之妻	71	已婚	—
	51.	尼清悟（755—805）	二章 31 号	某君之妻、严武之女	51	已婚	佛教

（续表）

地区	编号	姓名及生卒年	所在章及编号	身　份	年龄	婚况	信仰
洛阳	52.	苗府君夫人杨氏（756—807）	二章2号	苗府君之妻	52	已婚	—
	53.	韦丛（783—809）	二章74号	元稹之妻	27	已婚	—
	54.	李良夫人任氏（736—810）	二章11号	李良之妻	75	已婚	佛教
	55.	何凑之妻边氏（744—812）	二章13号	何凑之妻	69	已婚	佛教
	56.	尼法真（730—813）	二章32号	裴恂之女	84	未婚	佛教
	57.	裴简夫人崔氏（789—814）	二章7号	裴简之妻	26	已婚	—
	58.	郑嬛（766—814）	二章40号	王绾之妻	49	已婚	—
	59.	刘和（760—821）	二章24号	某府君之妻、齐同之母	62	已婚	—
	60.	夏侯敏继室崔氏（798—822）	二章26号	夏侯敏之妻	25	已婚	—
	61.	蒋道微（754—826）	二章42号	王汶之妻	73	已婚	佛道儒
	62.	王缓（807—833）	二章29号	郑当之妻	27	已婚	—
	63.	李真（786—839）	二章56号	卢府君继室	54	已婚	道教
	64.	王玄真（803—839）	二章61号	侯某之妻	37	已婚	—
	65.	余凭夫人洪氏（782—841）	二章20号	余凭之妻	60	已婚	—

（续表）

地区	编号	姓名及生卒年	所在章及编号	身　份	年龄	婚况	信仰
洛阳	66.	王府君夫人苏氏（766—844）	二章65号	王府君之妻	79	已婚	佛教
	67.	曲元缜夫人李氏（791—851）	二章60号	曲元缜之妻	61	已婚	—
	68.	崔蕴（793—852）	二章12号	王府君继室	60	已婚	—
	69.	张质夫人王氏（806—854）	二章43号	张质之妻	49	已婚	—
	70.	刘府君夫人张氏（792—857）	二章75号	刘府君之妻	66	已婚	—
	71.	曲丽卿（801—859）	二章16号	刘纾前妻、李士素之妾	59	已婚	—
	72.	沈子柔（？—870）	二章8号	沈某之女	未知	未婚	—
	73.	徐玉京（823—870）	二章54号	崔府君之妻	48	已婚	道教
	74.	张留客（842—871）	二章25号	李琯别室	30	已婚	佛教
	75.	郑张八（861—877）	二章57号	郑鸾之女	17	未婚	—
两京以外地区	1.	杨庆夫人王氏（？—620）	三章68号	杨庆之妻	未知	已婚	—
	2.	李慎妃陆氏（631—665）	三章34号	李慎之妻	35	已婚	—
	3.	武士彟继室杨氏（579—670）	三章7号	武士彟继室	92	已婚	佛教
	4.	太宗德妃燕氏（？—671）	三章15号	太宗之妃	60多	已婚	—

（续表）

地区	编号	姓名及生卒年	所在章及编号	身　份	年龄	婚况	信仰
两京以外地区	5.	骞府君夫人范氏（卒于 672 年之前）	三章 69 号	骞府君之妻	未知	已婚	佛教
	6.	颜颀（631—677）	三章 2 号	殷仲容之妻	47	已婚	—
	7.	阎婉（622—690）	三章 60 号	李泰之妃	69	已婚	—
	8.	薛士通夫人张氏（622—695）	三章 23 号	薛士通之妻	74	已婚	佛道
	9.	岑平等（638—698）	三章 16 号	刘府君之妻	61	已婚	佛教
	10.	王美畅夫人长孙氏（648—701）	三章 12 号	王美畅之妻	54	已婚	佛教
	11.	裴仲将夫人李氏（652—705）	三章 38 号	裴仲将之妻	54	已婚	—
	12.	杜嗣俭夫人阎氏（635—712）	三章 10 号	杜嗣俭之妻	78	已婚	—
	13.	玉英（？—约睿宗时期）	三章 66 号	符凤之妻	未知	已婚	—
	14.	郑崇道夫人魏氏（卒于 713 年或稍前）	三章 70 号	郑崇道之妻	未知	已婚	—
	15.	李功德山（654—716）	三章 40 号	王勖前妻、温炜之妻	63	已婚	佛教
	16.	李晋（653—725）	三章 36 号	卢璥继室	73	已婚	佛教

地区	编号	姓名及生卒年	所在章及编号	身　份	年龄	婚况	信仰
两京以外地区	17.	李　琼（698—726）	三章 45 号	赵公之妻	29	已婚	儒家
	18.	张柔范（658—726）	三章 57 号	赵越宝之妻	69	已婚	佛教
	19.	裴友植继室封氏(670—726)	三章 11 号	裴友植继室	57	已婚	—
	20.	崔　淑（693—726）	三章 25 号	王晓之妻	34	已婚	—
	21.	崔府君夫人朱氏(657—740)	三章 21 号	崔府君之妻	84	已婚	佛教
	22.	柳庭诰夫人薛氏(685—742)	三章 22 号	柳庭诰之妻	58	已婚	—
	23.	李府君夫人何氏(685—742)	三章 8 号	李府君之妻	58	已婚	儒释
	24.	李府君夫人窦氏(719—743)	三章 49 号	李少府之妻	25	已婚	佛道
	25.	陈　照（697—744）	三章 52 号	徐文公前妻、卢全寿之妻	48	已婚	儒释道
	26.	殷府君夫人张氏(667—744)	三章 59 号	殷府君之妻	78	已婚	—
	27.	裴处琠夫人赵氏(？—750)	三章 19 号	裴处琠之妻	未知	已婚	—
	28.	李府君夫人郭氏(679—752)	三章 9 号	李府君之妻	74	已婚	佛教
	29.	吕藏元夫人张氏(677—759)	三章 29 号	吕藏元之妻	83	已婚	儒家

（续表）

地区	编号	姓名及生卒年	所在章及编号	身　份	年龄	婚况	信仰
两京以外地区	30.	若干元之妻郭氏（约 706—762）	三章 32 号	若干元之妻	56	已婚	—
	31.	郑府君夫人独孤氏（？—766）	三章 39 号	郑府君之妻	未知	已婚	—
	32.	苑咸夫人邵氏（？—768）	三章 46 号	苑咸之妻	未知	已婚	佛教
	33.	李元谅夫人阿史那氏（？—771）	三章 71 号	李元谅之妻	未知	已婚	—
	34.	崔藏之夫人王氏（713—780）	三章 72 号	崔藏之之妻	68	已婚	—
	35.	贾府君夫人裴氏（709—781）	三章 26 号	贾府君之妻	73	已婚	道教
	36.	程怀宪夫人崔氏（？—784）	三章 17 号	程怀宪之妻	中年	已婚	—
	37.	柳府君夫人权氏（？—786）	三章 58 号	柳府君之妻	未知	已婚	—
	38.	吴金（716—788）	三章 42 号	吴休之女	73	已婚	佛教
	39.	郭延寿夫人房氏（724—788）	三章 73 号	郭延寿之妻	65	已婚	—
	40.	尼元应（737—790）	三章 55 号	李晋卿继室	54	已婚	佛教
	41.	尼体微（720—791）	三章 35 号	李践曾长女	72	未婚	佛教
	42.	李荣初夫人王氏（732—794）	三章 47 号	李荣初之妻	67	已婚	—

（续表）

地区	编号	姓名及生卒年	所在章及编号	身　份	年龄	婚况	信仰
两京以外地区	43.	臧晔夫人翟氏（724—796）	三章53号	臧晔之妻	73	已婚	—
	44.	郭仪（？—798）	三章61号	张滂继室	40多	已婚	—
	45.	陈润夫人白氏（731—800）	三章24号	陈润之妻	70	已婚	—
	46.	陆翰夫人元氏（770—804）	三章6号	陆翰之妻	35	已婚	—
	47.	沈群夫人杨氏（781—812）	三章13号	沈群之妻	32	已婚	—
两京以外地区	48.	马雷五（卒于元和中前期）	三章63号	马师儒之女	15	未婚	—
	49.	李湍之妻无名氏（卒于814—817年间）	三章20号	李湍之妻	未知	已婚	儒家
	50.	崔珏（786—819）	三章30号	郑造之妻	34	已婚	—
	51.	韦雍夫人萧氏（？—821）	三章43号	韦雍之妻	未知	已婚	—
	52.	吴弘简继室李氏（791—821）	三章50号	吴弘简继室	31	已婚	—
	53.	元洞灵（762—822）	三章14号	王淮之妻	61	已婚	道佛
	54.	曲系之妻蔡氏（747—822）	三章48号	曲系之妻	76	已婚	佛教
	55.	郑本柔（792—823）	三章5号	杨汉公之妻	32	已婚	—

（续表）

地区	编号	姓名及生卒年	所在章及编号	身　份	年龄	婚况	信仰
两京以外地区	56.	孙廿九女（?—823）	三章18号	孙起之女	不满20	未婚	—
	57.	张婉（804—823）	三章56号	张士阶之女	20	未婚	—
	58.	韦宥夫人无名氏（?—829）	三章74号	韦宥之妻	未知	已婚	—
	59.	班蘩夫人李氏（?—831）	三章3号	班蘩之妻	未知	未婚	佛教
	60.	郑澡夫人崔氏（766—832）	三章28号	郑澡之妻	67	已婚	—
	61.	徐放夫人元氏（775—835）	三章75号	徐放之妻	61	已婚	佛教
	62.	崔达（759—836）	三章64号	刘谈经之妻	78	已婚	佛教
	63.	陈公之妻蒋氏（773—841）	三章76号	陈公之妻	69	已婚	—
	64.	薛府君夫人董氏（756—841）	三章1号	薛公之妻	86	已婚	—
	65.	陆岘继室王氏（776—842）	三章44号	陆岘继室	67	已婚	—
	66.	焦某之妻赵氏（773—847）	三章33号	焦某之妻	75	已婚	道教
	67.	刘处士之妻梁氏（794—849）	三章37号	刘处士之妻	56	已婚	—
	68.	裴琡（814—849）	三章54号	李涣之妻	36	已婚	—
	69.	孙絿之妾王氏（826—853）	三章77号	孙絿之妾	28	已婚	—

（续表）

地区	编号	姓名及生卒年	所在章及编号	身　份	年龄	婚况	信仰
两京以外地区	70.	卢子蓍之母无名氏（卒于854年之前）	三章78号	卢某之妻	未知	已婚	—
	71.	韦户户（卒于856年之前）	三章65号	李荀之妻	未知	已婚	—
	72.	李鹄（834—859）	三章41号	田宿之妻	26	已婚	佛教
	73.	李绒（818—864）	三章31号	谢观之妻	37	已婚	—
	74.	尼灵惠（？—865）	三章51号	潘某之女	未知	未婚	佛教
	75.	夏侯府君如夫人邓氏（？—868）	三章27号	夏侯府君如夫人	未知	已婚	—
	76.	韦东真（？—870）	三章67号	杨收之妻	未知	已婚	—
	77.	李钦说夫人赵氏（838—871）	三章4号	李钦说之妻	34	已婚	—
	78.	张免之妻唐氏（？—875）	三章79号	张免之妻	未知	已婚	—
	79.	尼善悟（837—879）	三章62号	许实之妻	43	已婚	佛教
地区不明	1.	王仙客之妻无名氏（约卒于开元中）	附录1号	王仙客之妻	66	已婚	佛教
	2.	张具瞻夫人无名氏（卒于永泰中）	附录2号	张具瞻之妻	未知	已婚	—

（续表）

地区	编号	姓名及生卒年	所在章及编号	身　份	年龄	婚况	信仰
地区不明	3.	郑　正（766—813）	附录 3 号	崔公之妻	48	已婚	—
	4.	赵启夫人任氏（787—848）	附录 4 号	赵启之妻	62	已婚	佛教

　　表中姓名及生卒年一栏，同上编三章中的小标题，诸人依卒年先后排序；
身份一栏，婚者列某人之妻等，未婚者列某人之女。

参考文献及部分省称

1. 在正文中仅出现一次的论著，直接在正文注释中标注版本信息；在正文中至少出现两次以上的论著列入参考文献，正文中不再标注相关的版本信息。

2. 按作者、编者姓氏首字母笔画，对参考文献进行排序。作者、编者为两位以上者，依第一作者首字母排序；编者为一机构者，依机构首字母排序；作者、编者姓氏首字母相同者，依出版先后顺序排列。

B

［唐］白居易著，朱金城笺校《白居易集笺校》，上海：上海古籍出版社，1988年；

北京图书馆金石组编《北京图书馆藏中国历代石刻拓本汇编》，郑州：中州古籍出版社，1989年，简作《北图石刻拓本》。

C

洛阳古代艺术馆编，陈长安主编《隋唐五代墓志汇编·洛阳卷》，天津：天津古籍出版社，1991年，简作《隋唐五代·洛阳》。

D

［清］董诰等编《全唐文》，北京：中华书局，1983 年，简作《全》。

F

［唐］封演撰、赵贞信校注《封氏闻见记校注》，北京：中华书局，2005 年。

G

郭育茂、赵水森等编著《洛阳出土鸳鸯志辑录》，北京：国家图书馆出版社，2012 年，简作《鸳鸯志》。

H

胡戟、荣新江主编《大唐西市博物馆藏墓志》，北京：北京大学出版社，2012 年，简作《西市》；

胡戟著《珍稀墓志百品》，西安：陕西师范大学出版总社有限公司，2016 年，简作《珍稀墓志》。

L

李昉等编《太平广记》，北京：中华书局，1961 年，简作《广记》；

中国文物研究所、河南省文物考古研究所编，李秀萍主编《新中国出土墓志·河南〔贰〕》，北京：文物出版社，2002 年，简作《新中国·河南〔贰〕》；

［后晋］刘昫等撰《旧唐书》，北京：中华书局，1975 年，简作《旧》；

［唐］柳宗元著《柳河东集》，上海：上海人民出版社，1974 年；

卢建荣著《北魏唐宋死亡文化史》，台北：麦田出版社，2006 年；

刘淑芬著《中古的佛教与社会》，上海：上海古籍出版社，2008 年；

陆心源《唐文拾遗》，附于［清］董诰等编《全唐文》，北京：中华书局，1983 年，简作《拾遗》；

卢建荣主编《唐宋变革说及其宰制论述的猖獗》，台北：时英出版社，2010 年；

陕西省考古研究院编，李明、刘呆运、李举纲主编《长安高阳原新出土隋唐墓志》，北京：文物出版社，2016 年 9 月，简作《高阳原》。

M

毛汉光撰《唐代墓志铭汇编附考》第 12、14、15—18 册，台北：台湾商务印书馆；台北：学生书局，1992—1994 年，简作《附考》；

毛阳光、余扶危主编《洛阳流散唐代墓志汇编》，北京：国家图书馆出版社，2013 年，简作《洛阳流散》；

毛阳光主编《洛阳流散唐代墓志汇编续集》，北京：国家图书馆出版社，2018 年，简作《洛阳流散续》。

N

牛志平著《唐代婚丧》，西安：三秦出版社，2011 年。

O

〔北宋〕欧阳修、宋祁撰《新唐书》,北京:中华书局,1975 年,简作《新》;

〔宋〕欧阳修撰,徐无党注《新五代史》,北京:中华书局,1974 年。

P

〔清〕彭定求等编《全唐诗》,北京:中华书局,1960 年。

Q

洛阳市第二文物工作队,乔栋、李献奇、史家珍编著《洛阳新获墓志续编》,北京:科学出版社,2008 年,简作《洛阳新获》;

齐运通编《洛阳新获七朝墓志》,北京:中华书局,2012 年,简作《新获七朝》;

齐运通、杨建锋编《洛阳新获墓志二〇一五》,北京:中华书局,2017 年,简作《二〇一五》。

R

饶宗颐编著《唐宋墓志:远东学院藏拓片图录》,香港:中文大学出版社,1981 年,简作《远东拓片图录》。

S

〔北宋〕王钦若等编《册府元龟》,北京:中华书局,1960 年,简作《册》;

孙兰风、胡海帆主编《隋唐五代墓志汇编》(北京大学卷),天津：天津古籍出版社，2009 年 3 月，简作《隋唐五代·北大》；

〔宋〕司马光编著《资治通鉴》，北京：中华书局，2011 年，简作《通鉴》。

T

唐耕耦主编《敦煌法制文书》，《中国珍稀法律典籍集成》甲编第三册，北京：科学出版社，1994 年，简作《敦煌法制文书》。

W

〔宋〕王溥撰《唐会要》，北京：中华书局，1955 年；

〔唐〕魏徵、令狐德棻撰《隋书》，北京：中华书局，1973 年；

吴钢主编《隋唐五代墓志汇编·陕西卷》，天津：天津古籍出版社，1991 年，简作《隋唐五代·陕西》；

吴钢主编《全唐文补遗》第 1 辑，西安：三秦出版社，1994 年；

吴钢主编《全唐文补遗》第 2 辑，西安：三秦出版社，1995 年；

吴钢主编《全唐文补遗》第 3 辑，西安：三秦出版社，1996 年；

吴钢主编《全唐文补遗》第 4 辑，西安：三秦出版社，1997 年；

吴钢主编《全唐文补遗》第 5 辑，西安：三秦出版社，1998 年；

吴钢主编《全唐文补遗》第 6 辑，西安：三秦出版社，1999 年；

吴钢主编《全唐文补遗》第 7 辑，西安：三秦出版社，2000 年；

吴钢主编《全唐文补遗》第 8 辑，西安：三秦出版社，2005 年；

吴钢主编《全唐文补遗》第 9 辑，西安：三秦出版社，2007 年；

吴钢主编《全唐文补遗·千唐志斋新藏专辑》，西安：三秦出版社，2006 年；

赵雨乐著《文才武略：唐宋时期的国家危机与管治精英》，香港：三联书店（香港）有限公司，2014 年；

赵力光主编《西安碑林博物馆新藏墓志续编》（上、下册），西安：陕西师范大学出版总社有限公司，2014 年，简作《碑林新藏续编》。

后 记

本人留意隋唐人物遗言这一课题，至少始自 2015 年。当年12 月，本人以《遗言所见唐人临终关怀述论》为题，参加了在北京召开的第 22 届中外传记文学研究会年会，这次会议的主题是碑传墓志悼词遗嘱研究。此后亦一直留意于对隋唐人物遗言资料的整理和研究。本书为中央高校基本科研业务费专项资金资助项目（18LZUJBWZY028）"隋唐女性临终遗言研究的"的结项成果，也是本人对于隋唐人物遗言研究的阶段性成果。

本书合作者吕璐瑶，河南郑州人，兰州大学 2017 级中国史研究生，目前在郑州政协文史馆工作。因具有地缘便利，负责搜集项目中洛阳出土墓志中的隋唐人物遗言资料。她在其基础上完成了其硕士学位论文《唐代洛阳士人遗言研究》，获评兰州大学优秀硕士学位论文。并以第一作者发表《唐代士人阶层遗言薄葬原因考——以洛阳地区为中心》（《河南科技大学学报》2019 年第 4 期）一文。本书稿由本人具体负责各章的撰写，吕璐瑶撰写了绪论中的个别研究成果条目。关于隋校书郎宋文之女宋五娘和德州平原县丞毕粹的夫妻关系，为我们共同完成的考证。第六章第一节"丧葬花费中的薄葬表现"及第三节"从厚葬背景看唐代女性的薄葬遗言"中薄葬原因的概括，部分结合了吕璐瑶的毕业论文。她还负责了书稿的校对工作，以其一贯的耐心细致，发现了几条比较重要的疏漏之处。我的研究生李明旭、张文文也参与了本书稿的校对工作，在此表示感谢！

书稿的写作是在美国完成的，感谢我的合作导师陈怀宇教授对这一课题的支持和鼓励，并给予我在亚利桑那州立大学访问交流的机会。本书的写作正值新型冠状病毒流行肆虐于全球各国之际，在写作这篇后记之时，所处的美国正是第二波疫情的震中，深感生命之宝贵，愿人类珍惜健康、维护和平的环境，共同进步，希望我们能从古人遗言中汲取营养元素，更好地面对生活的挑战和威胁。诚挚地希望各位学人朋友为本书多提宝贵意见，欢迎交流！

么振华

2020 年 6 月于美国亚利桑那州坦佩寓所

2021 年 5 月最后修订

图书在版编目(CIP)数据

离形去智　无累乎物：遗言中的隋唐女性世界 / 么
振华,吕璐瑶著. —上海：上海古籍出版社，2021.6(2021.9重印)
ISBN 978 - 7 - 5732 - 0006 - 8

Ⅰ.①离… Ⅱ.①么… ②吕… Ⅲ.①妇女－社会生
活－研究－中国－隋唐时代 Ⅳ.①D691.968

中国版本图书馆 CIP 数据核字(2021)第 143971 号

离形去智　无累乎物

——遗言中的隋唐女性世界

么振华　吕璐瑶　著

上海古籍出版社出版发行

(上海瑞金二路 272 号　邮政编码 200020)

(1) 网址：www.guji.com.cn

(2) E-mail：guji1@guji.com.cn

(3) 易文网网址：www.ewen.co

苏州市越洋印刷有限公司印刷

开本 890×1240　1/32　印张 12.375　插页 5　字数 278,000
2021 年 6 月第 1 版　2021 年 9 月第 2 次印刷
印数：3,101—6,200
ISBN 978 - 7 - 5732 - 0006 - 8

K·3015　定价：78.00 元

如有质量问题,请与承印公司联系